1919年の人民委員ルカーチ・ジェルジ。ロシア革命直前の1917年秋ドイツより帰国。全二十代を包みこむ留学を了えるや、翌年、ハンガリー共産党に入党、1919年夏にかけタナーチ共和国で、教育人民委員。まだ観念的な前半生から、実践の世界へと舵をきる曲り角、34歳の肖像。

Kosáry Domokos (ed.), Magyarország Története Képekben, Budapest, Gondolat Könyukiadó, 1977

ブダペストのミダース王

若きルカーチとハンガリー文壇

ジュラ・ヘレンバルト 著
Hellenbart Gyula
西澤龍生 訳
Nishizawa Ryusei

König Midas in Budapest : Georg Lukács und die Ungarn

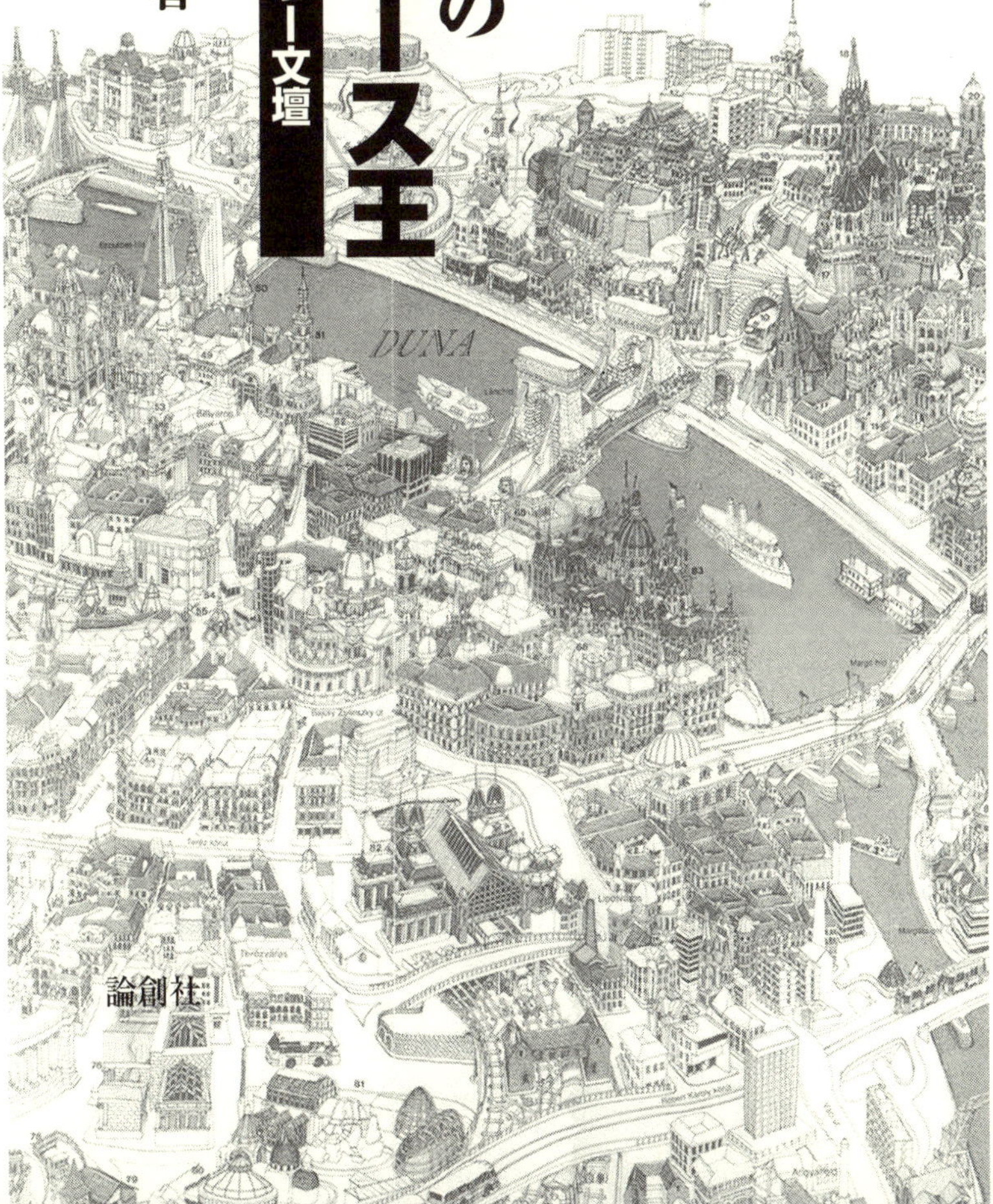

論創社

ブダペストのミダース王——若きルカーチとハンガリー文壇

はしがき

ルカーチ・ジェルジに関する文献という点で欠落したものがあるわけではなく、この人並びにその作品と取り組んだ論述や分析は、陸続と世にお目見得してくる。けれどもこの哲人とその故郷なる教養環境との関わり、己が精神的遺産の刻印との関わりにつき知見を得ようとする者は、幻滅に襲われるであろう。その上ルカーチ文献から見聞するところもまた無きに等しいのだ。このうるさ型の哲学者が郷土の精神風土を相手にわたり合った多くの、啓発されるところ大なる対決の数々については。その際これらの丁々発止でしばしば重要だったのは、今日只いまでも政治家や学者たちが世界規模で携っている諸問題、つまりは〝西欧化〟、換言すれば、近代化への努力と、それへの伝統主義からする抵抗との間の軋轢の諸問題なのである。これら対決の数々の、少なくともその最も重大なものが、もはや〝前人未踏の荒野《テルラ・インコグニタ》〟をかたちづくることなきよう、本書ではルカーチ文献における欠除を埋める第一歩が企てられるであろう。

著者はこの場を借りて、本書成立へと最初に背を押して下さったデーチ・ジュラ先生（目下は合衆国ブルーミントン）、資料の調達に労をおとり下さったセンデ・トーマス先生（ブダペスト）、昔の学位請求論文をデータ処理して下さったバルバラ・シュヴァルスキ夫人、草稿にお目をお通しいただいたハンス・ヘラルド・ミュラー博士（ハンブルク）に謝意を献げたい。

ジュラ・ヘレンバルト
一九三〇年生まれ
一九五六年より在ドイツ

ブダペストのミダース王——若きルカーチとハンガリー文壇

目次

凡例

一、本書はGyula Hellenbart, König Midas in Budapest, Georg Lukács und die Ungarn, Wien, Passagen Verlag, 1995 の全訳である。

一、ハンガリー語の表記に関しては以下の諸点を留意されたい。

（1）原則の貫徹を心がけたが、わが国の慣例に服さざるを得なかった場合がある。たとえばBudapest はブダペシュトの筈であるが（sはシュと発音する）、ブダペスト、Magyar はアクセントが第一音節にあって、マジャルであるが、何故かわが国ではマジャールとなる。

（2）人名は、日本語と同じく姓が先、名が後となり、他の欧米諸国と異なる。そこでハンガリー人の人名表記は、日本人と同じく、姓・名の順で表記されて、誤読に誘う惧れがつきまとうが、その代り訳註における表記では、姓の部分に傍線を施したので、一々当る労を払われるようお願いしたい。なおついでながら、ハンガリー人に関する訳註では、一々ハンガリー人云々という出自への言及は省いた。姓に傍線が施されれば、ハンガリー人であることは自明だから。

（3）本文では地名やその他でドイツ語となっている場合が多いが、出来るだけハンガリー語表記に還元した。書名などにも、つとめてハンガリー語のカタカナ表記によるルビを付した。

ハンガリー語以外による文学作品でも、ロシア語でのそれをはじめ、本文にはなくとも、訳者の越権行為として敢て付けさせていただいた。諒とされたい。

一、本文に登場する固有名詞は、原則としてすべて初出のところで、訳註項目に挙げ、その欧文スペル並びに生歿年とともに記した。ハンガリー人の場合には、当然姓・名の順序で、姓と名の間にコンマは付けない。他の欧米人の場合は、これも姓・名の順序としながら姓と名の間にコンマを付して、後続の名がVornameである所以を明示する。説明文については、出来るだけ簡略を宗とし、欧文スペルと生歿年だけで、あとは省くか、せいぜい出身国名表示だけにとどめた場合が多いが、いずれにせよ臨機応変とした。なお註の人名見出しでハンガリー人以外については、姓のみで判別可能の場合、原則として個人名《フォーナーメ》を省いた。

一、本文の理解のためには、ハンガリー史その他につき或る程度の基礎知識を必要とする。不十分ながらこの必要を充たすため、一般読者を考慮し、初歩的なところも含めた最少限の説明を訳註では試みた。一部哲学用語などについても大方の御叱正を覚悟しつつ同様のお断りをしたい。

一、ブダペスト市内の地理的説明に関しては、文字を以てする御理解を期すのは所詮無理である。市街図《シュタットプラン》を御参照下されば有難いが、先ずは本書の表紙カヴァーとしたグラフィックから立体的な都市景観に夢をふくらませていただくに若《し》くはないであろう。

一、本文中の引用文はイタリック体になっているが、訳文では「　」で囲うことを以て示した。

語句や短文の引用は、本文中〃〃で示されていると判断するが、これはそのまま訳文でも〃〃として踏襲した。ただこの両方式が原文では時に取り違えられたりして混乱があるので、その点は訳者の一存において原則を貫くべく修正した。御容赦賜わりたい。なお書名(及び誌名)の引用は『』、論文の引用は、前記との混同の恐れはあるが、「」を以て指示する(歴然たる会話をやはり「」で示したところもある)。〔〕は概ね訳者による補足である。

一、ハンガリー語では、oおよびuのウムラウトは短母音(ö, ü)と並んで長母音(ő, ű)がある。本書では印刷所の都合により、いずれも短母音のそれを以て表記するほかなかった。ただ片仮名に転記した場合、長音のそれについては長音符(ー)が後続しているのでそこから判別は可能である。読者におかれてはこの労をおとり下さるようお願いしたい。

一、事象名・制度名はじめ慣用術語・訳語で必ずしも慣用に服さなかったものもある。一般読者の理解に近づけようとした私の試みであるが、恣意を許されたい。

一、参考付論として、はじめ拙論「ミダース王をめぐる音楽=神話学的雑考」(二〇〇〇年三月一五日、『東京成徳大学研究紀要』第七号所収)を掲げたが、その後これをふくらませ、清水書院より「人と思想」シリーズで『ミダース王』なる小著を上梓することになった(二〇一〇年秋)ので、そちらに代えさせていただく。

ブダペストのミダース王——若きルカーチとハンガリー文壇

ブダペスト北中心部(1896年頃)

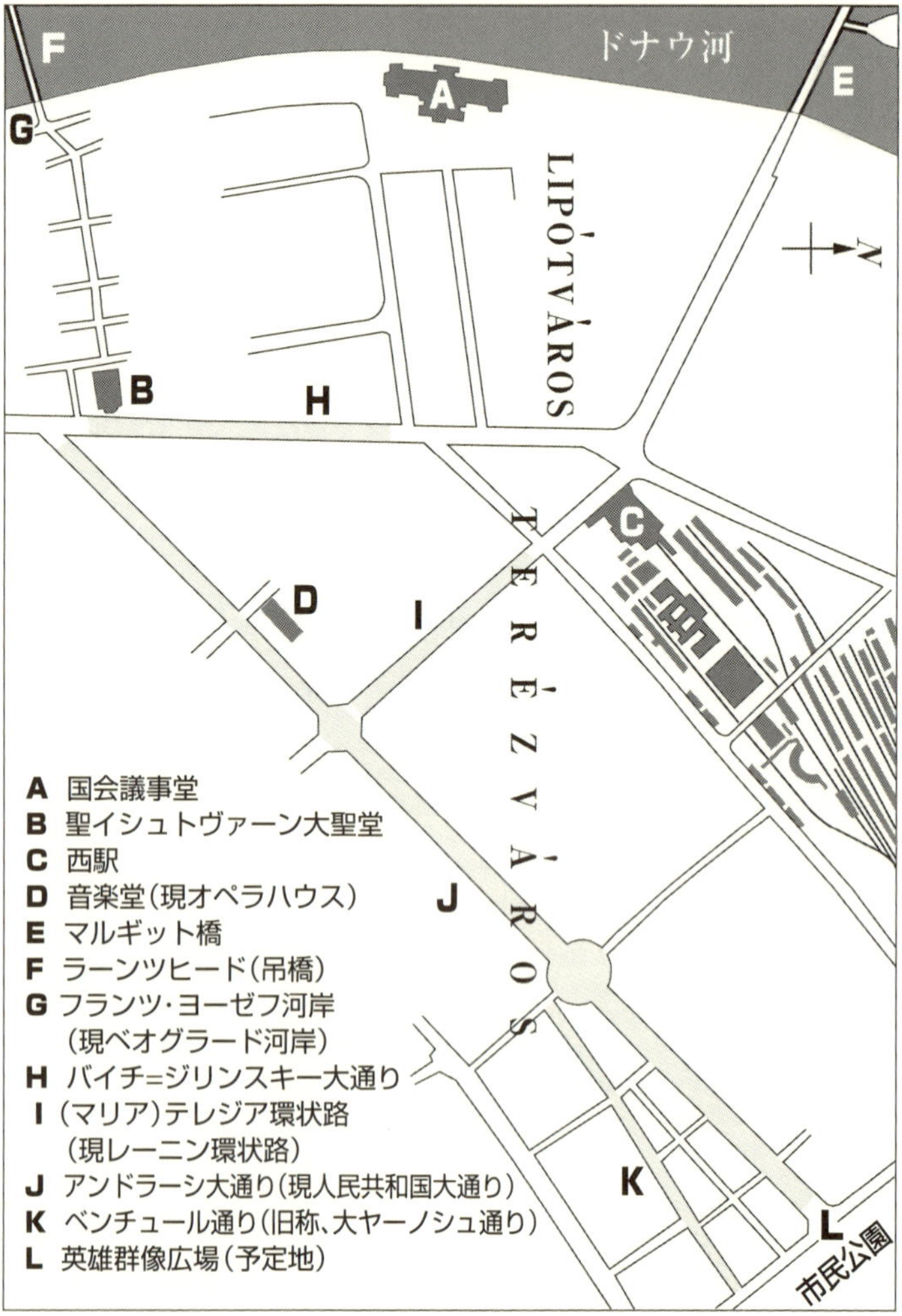
ドナウ河
LIPÓTVÁROS
TERÉZVÁROS
N
A
B
C
D
E
F
G
H
I
J
K
L
市民公園
A 国会議事堂
B 聖イシュトヴァーン大聖堂
C 西駅
D 音楽堂(現オペラハウス)
E マルギット橋
F ラーンツヒード(吊橋)
G フランツ・ヨーゼフ河岸
(現ベオグラード河岸)
H バイチ=ジリンスキー大通り
I (マリア)テレジア環状路
(現レーニン環状路)
J アンドラーシ大通り(現人民共和国大通り)
K ベンチュール通り(旧称、大ヤーノシュ通り)
L 英雄群像広場(予定地)

序章

一九六六年夏、ハンブルクからやってきた私は、ルカーチ・ジェルジ(1)のお宅の門口でベルを鳴らした。私の訪問は、信書で、またお電話することで打ち合わせてあった。すなわち私は、哲学者に、自分のハンガリー滞在中にお話をうかがわせていただきたいとお願いしていたのである。何故と申すに、少し前、私が指導教授から頂戴した博士論文の主題は「ルカーチ・ジェルジとハンガリー文学」というものであったからだ。が、バラトン湖畔にとった私の宿とブダペストの間の距離を見くびったものだから、フォルクス・ワーゲンなるわが〝甲虫〟で私がベルグラード河岸《ラクパルト》(2)に辿りついたのは、二〇分ほども遅《お》くれてであった。厳《いか》めしい家政婦が扉を開けてくれたが、やがてルカーチその人がお出ましになって、仕事部屋へと私を案内して下さった。私の無作法な大遅刻については一言も仰有らなかった。これは（そのあとこの訪問について報じた）ブダペストの或る友人が、甚だ注目に値いするとしたところであった。何故って誰にしろ本当は、とその友人は言う。ルカーチ・ジェルジを訪ねるなんて到底できることではなかろう。況んやそれに遅刻するなんて飛んでもない話だ、と。だのにこんなお目こぼしにさえあずかったのは、私の場合、ただただ私がハンブルクから、従って西ドイツからやってくるのだというその事実のおかげとしていいと。御老人はまあ選り好みして下さったのだとでもしておこう。こうした印象は、やがて私も抱くようになったのである。

先生の仕事机の上には、既に書物の山が築かれていた。わが博士論文のため私に奨めて下さろうとしていたもので、御自分についてのハンガリー人著者たちによる書物や論文の数々だけれど、むろんのこと、はや私の承知するところであった。それでも私は早手まわしにお気づかい下さっていたことに感謝した。

対談が始まって早々、先生が仰有ったのは、世紀初《はじめ》の幾歳月、御自分の最初の仕事がほんの僅かな人々にしか理解してもらえなかったということである。ただ或る書評子が一つの例外をなしたにすぎない。次のことを即座にこの男が確認することにおいてだ。すなわち、『近代演劇発達史』のうら若き著者は根本的には同時代のハンガリーにおける文学上、乃至哲学上のいずれの集団からも〝仲間〟として受け容れられなくてもやむをえないのだ、と。事実、そうだったのであり、徹頭徹尾それは既にして、私にとり或る一定の重要性を帯びる一つの事態だったのである。

私はそれこそ知りたかったのだ。このバイリンガルで教育された、金輪際〝民族の屑〟の出自ではないユダヤ系の大ブルジョワの息子、同時代西欧の哲学や文学にあんなにも熱烈に魅入られていることを自負して、故国の文学的所産にはただ行きずりの興味を寄せるに過ぎないその仁が、著作家としての己が立場をどのようにして固めたのかと。私としては、この人物が何とかしてハンガリー文学史に席を占めてほしかった。彼にとっての体制即応的な場を見出してほしかった。

ハンガリー文学史に、人がそれにつき抱懐する少なくと殊にもお馴染の――必ずしも特に体系的とは申しかねる——心象などをもぐり込ませるのは、彼の場合容易ではなかった、正にそのゆえである（学術的な文学史は、かかる困難をあっさり回避してしまった。文学史をただの一覧表《タブロー》に組み立ててしまうことによってだ）。

対談の進行は初めからルカーチの手中にあった。そして会話をいとも忽ち現下の西ドイツの主題へと彼は誘導していった。とにもかくにも私達は、それに先立ち、いくつかのハンガリーの事象に言及した。こうして私が聞き出したのは、四年前に上梓されたフェエシュ・エンドレ(3)の社会批判的小説『屑鉄墓場』のことであった。これはブダペストの或る無産階級一家が一九四五年（！）以後没落してゆくのを描いたもので、幾月にも亘り、全国津々浦々で熱心に議論された（西ドイツでも積極的な反応があった）ものだけれども、彼にはそれがお気に召さなかったということである。それは彼にとりあまりにも見通しを欠き、あまりにも気分を滅入らせるものであった。道徳的堕落からの何らの逃げ道もそれは示すものではなかった。今や福祉に守られて暮しているプロレタリアの淀んで植物的な消費者生活に対し何らの対案もそれは示してくれなかったのである。かかる拒否的な態度は、私の思うに、老マルクス主義者にこそぴったり当てはまればむろんいいのだ。社会主義の理想を相も変らず奉じたまま、社会主義の輝かしい展望を欠く後ろ暗い社会診断などは決して認めることをよしとしない、そうしたマルクス主義者にこそだ。かかる社会診断がカフカ(4)に由来しようと、ベケット(5)に基こうと、はたまた一人の若きハンガリー人作家のものであろうと。今日、私にはわかっている。このような態度と関わるのが、共産主義的確信よりは、むしろ遥かに、この老哲学者のいまだ若き日に発展させた道徳的原理なのだということが。本書におけるこのテーマにつき論議を先取りしてここに記しておこう。すなわち、ルカーチはそっくり同じ論拠を以て既にして一九一八年、モルナール・フェレンツ(6)のブダペスト小説『アンドル』(Andor)を拒んでいたのだ。どころか断乎としてである。モルナールがその小説において見せつけるのは、ふしだらで、つむじ曲りの、当時の不道徳なブダペスト社会の慰めようのない図絵である。それはその頃ルカーチ固有のブダペスト像とぴったり合致するところがあった。それでも彼はその小説を十把一からげに断罪したのだ。そこに描き出されたものを肯定していること、自身により描き上げられた図絵とこの著者が一体化していることを見てとったからである。

ここでは先ず、どの程度まで彼が正しかったかは、後まわしにすることとしよう。いずれにせよ、しかし、注目に価するのは、殆ど五〇年このかた変ることのなかったこの批評家的姿勢なのである。

私にとり嬉しい驚きだったのは、彼との対談において、私がたかく買う作家ネーメト・ラスロー(7)につき、別に求めたわけでもないのに、この「民衆派」の作家に一目おいた彼の言葉を見出したことであった。彼はこの人が一九五六年に上梓した小説『エステル・エーゲテー』(Esther Egetö)を絶讃しこの人を大作家と称えた。以前にはこの人物を頗る厳しく論難したのにである。オルテガ(8)心酔者にして強制追放を喰らった反マルクス主義の徒なる男をだ。〃ハンガリーにおける殆どあらゆる反動的理念の父にして祖父〃と彼はこの人を名づけたものである。明々白々たるかような心境の変化に当って、たしかに次の事実は、或る役割を果していた。すなわち、ネーメトが一九五六年以降、つまりは我々がソ連と妥協せざるを得ないことが明らかになって以降、その苦き現実の承認に肩をもったということは。（どころか、モスクワでの晩餐会で、ロシア民族とハンガリー民族の間の友情のためにという物議の種となる乾杯の音頭とりをさえやってのけたことは。）

さてルカーチ監督の下に、独白形式で大幅に話題に上せられてきた諸テーマは、実際上、もはや私の博士論文とは関わらぬものであった。私が後になって、ほかの新聞談話やテレビ・インタヴューの原本《テクスト》から見てとることが出来たように、私達の対談も、この時代にルカーチが独・仏その他からの訪問者を相手に行なった他の凡ゆる対談と同じパターンに則るものであった。こうして私は（『毎月《モーナト》』紙に叙べられた）ルカーチとの対談でのH・D・バール[9]と全く同じに、自分のことを全く以て代替可能な話し相手だったのだと感じたことではある。

バールもまた聞かされなければならなかったのは、たとえば、観念論、少なくともそれによって弄《もてあそ》ばれる流儀が大きな危険《リスク》を招来しますよ、ということであった。「もしもあなたがここ家の前で、ベルグラード河岸《ラクパルト》を横切ろうとなさるのでしたら」と往年のカント学者はこう私にも警告して下さったものである。「よほどの注意をなさらないといけません。何故って、あそこで往ったり来たり疾駆している車はね、現実の車ですよ。単に彼らの意識の中での車の表象に過ぎないのではありません。情容赦なくあなたも轢き殺してしまいますよ。車を単に表象に過ぎないなどと思っていらっしゃると……。」そのあと彼は、あの当時二・三の注釈者が、御自分につき筆にしたことを口にするにいたった。つまりは彼が根本においては変りはしなかったこと、それゆえ彼の観念論的な時期とマルクス主義的な時期の間で何ら基本的な精神的差異は存しないのだということ、そうしたことを喋々しているのだと。「どうすりゃいいの。」肩をすくめて、こう彼は尋ねた。そしてこうつけ加えた。「どんな控え目に見てもね。『イフィゲーニエ』のゲーテが、『ゲッツ・フォン・ベルリッヒンゲン』のゲーテとは同じでなかったとしてもですよ……」と。[10]

御年八十一歳の哲学者は見るからにいっそう快活になっていった。対談の間中、ひっきりなしに彼は火つきのわるい葉巻を薫《くゆ》らせていたが、遂に私達の談論を、あらまほしき方《かた》へと、つまり現在の西ドイツ政治、詳しくはそれへの苦言にもっていった。当時私達は奇蹟の戦後復興時代になお身を置いていて、アデナウアーの〔西ドイツ〕連邦首相在任は漸く三年前までのことであった。[11]景気は活況を呈し、完全雇用で、左翼リベラルの知識人連中はかなり薄い層をなしていただけである。かくて一人前のマルクス主義者にとっては、かかる状況のプチブル的で復古的な様々の趨勢を厳しく批判するほど易々たることはなかった。

ルカーチは、ドイツ選挙法における五パーセント制限条項を批判することから始め、[12]一九一四年、津々浦々歓呼一色の戦争に対しドイツ帝国議会ではたった一人の代議士、つまりカール・リープクネヒトが反対の叫びを上げたという事実に注意を促した。[13]が、それより遥か精力的に彼が攻撃を加えたのは、SPD〔ドイツ社会民主党〕に対してで、それは彼らのゴーデスベルク綱領のゆえ、[14]就中、しかし、一九六一年の夏における急旋回のゆえであった。彼にとり――ヘルベルト・

ヴェーナー[15]の連邦議会演説を開始ベルとした——この政治的軌道修正は、キリスト教民主同盟の政策への日和見主義的適応であった。私が、その上で、合い間に家政婦の給仕してくれたエスプレッソをかき混ぜながら、この歩みは、しかし、政治的に已《や》むを得なかったこと、新たな社会的経済的状況から結論を引き出した戦術的な指し手だったのではないですか、と反論すると、直ちに彼はそれに答えて、このような術策を弄すること、原則を宙ぶらりんにすることに正に自分は反対なのだと言うのであった。……尤も術策を弄することは、共産主義者にだってまさしく知られていないことではないんではないかしらと私は更に反論した。「ボリシェヴィキでも、そのことで成功が約束されてさえいたのならば、ありうべきあらゆる反動勢力とも本当は手を結んだところだったのでしょう」と。……「ええ、そりゃそうなんですがね」とルカーチは、これをひきとって言ったのだった。「けれど正にそれこそがいけないからではないですか。ボリシェヴィキともあろう者がこんな術策を社会民主々義の徒から受け継いだというそのことこそが……」

　これに対し私達は、当然のこと、両方で声を上げて吹き出した。その際彼は私をちらっと横目で見たのだが、今なお私は、彼の話の落ちを、どのようにぴたっと判断すればいいのかがわからない。心の底から彼が笑いを共にしたのでないとするなら、こう言ってもいいところであろう。それこそは一箇の至純なる共産主義者の見解、社会民主々義者を毛嫌いして、妥協することなく、まっしぐらに、己が目標へと邁進してゆく一箇の革命家の意見なのだ、と。

　けれどもルカーチは破顔一笑した。もしかしたら、ただ嬉しかっただけなのかも知れない。彼の話の落ちが私に感銘を及ぼしたのを目のあたりにして。（恐らくはだからこそあの一瞥だったのだ。）ひょっとすると、己が名も高き弁証法、幾度もの粛正にもなお彼が生き延びることを保証したあの弁証法から一つの見本を、ユーモアたっぷり、彼が私に示すことが出来たからなのかも知れない。ひょっとしての話だけれども。

つづく幾年かに書き上げて、今やいくつか修正も加えた上で、本書に姿をあらわす私の作業に、ルカーチ・ジェルジのかかる政治的見解とか言説とかは、殆ど重要性がない。私が努めたのは、若き日に理想主義者で後年はマルクス主義者だという当り前なそのことを些かつぶさに吟味してみることであった。彼がいかに、またいつ〝正しかった〟り〝正しくなかった〟りしたか、どんな「失敗」を彼が犯したか等々を、検証しようと私は欲したのではない。私が欲したのは、むしろ彼の思考の構造、中欧乃至東欧なる彼の出自から生じてきたあの特異性を解明してみせることであった。いずれの哲学者も、はた文人も、何らかの伝統に立脚している。でなくとも少なくとも己が具体的な教養環境に多かれ少なかれ強い影響を蒙っている。ルカーチの全作品の中で、ハンガリー語を以てものされたり、ハンガリーの主題を取り上げたりしている分は、量的に成程さして大きくはない。その上かなり孤立した一章をかたちづくりもしよう。が、にも拘らず、それが供するのは、彼の思考や彼の発展ぶりへの示唆に富む洞察なのだ。ひょっとするとドイツ語を以てものされた労作などより以上に。彼がブダペストに生を享け、且つ長じたということ、彼が同地の大学の二つの学科で課程を終えたこと、それから最後に今ひとつ、彼の母語がハンガリー語であったこと、そうした何もかもが否応もなく、彼の精神的成長に痕跡を留めたのだ。ハンガリーの文筆家たちやハンガリー文学の一般的傾向との彼の対決が露見させるのは——内容的にはどんなに喰い違いがあろうと——しばしば彼とその同国人との間の思考態度の或る一定の類似性でもあるわけである。何故かと言えば、彼から批判的に分析されたハンガリーにも、はたまた彼自身にも、西欧の精神的成果への強い依存心、文学上乃至哲学上の典籍への或る一定の愛着が気づかされなくてはならぬからにほかならない。

さてこの依存性が彼ら一人々々において何を本質とするのか。いかにそれがハンガリー人の精神生活、また西欧文化の東方辺境なるオーストリアからロシアにまでひろがる人々の精神生活において露呈されるのか。更に踏みこんで申せば、西欧の〝古典的〟模範への心酔が、これらの地域のエリート達から如何に彼ら固有の自立せる思考を阻むことになるのか。それをこそ今や以下の詳述により描き出そうとするものである。

第一章　アントン親方と〝後進〟地域の文化変容

現代における全地球規模の社会的文化的変容――工業化、都市化、民主化――は、西欧の歴史の成果だ。その発展が内因性の根を張るのは、ひとり西欧においてのみである。他の地域々々では（東欧・南欧およびラテン・アメリカにおけるように）それはただ退化したかたちで行なわれるか、それとも（アジアやアフリカにおけるように）全然ないかだ。あれら諸地域の諸々の民族、つまり〝新参者〟たちは、今や、しかし、この発展の晩生の果実を手に入れている。そんな彼らが突如として直面させられているものこそは、工業労働や都市の生活様式に慣れなくてはならぬという不可避の必要なのだ。こうした無理矢理の適応過程、〝文化変容〟で成功を博すこと少なければ少ないだけ、次のような危険が増大してゆく。つまり受容され、彼ら本来の下部構造からは取り外されたヨーロッパ諸々の達成が、新たな環境《ミリュー》の中では不純なる形成物となって、人々の中に、現実離れした意識を呼びこむ危険だ。農民と貴紳《ジェントリー》の社会の迅速な工業化は、従って、精神的混乱と伝統的社会秩序の解体へと導くことになる。

ヘッベル[1]の戯曲におけるアントン親方《マイスター》の溜息〝俺はもう世の中のことはわからんよ〟は、ひょっとすると、新参者国家における多くの人それぞれに発するものかも知れないけれども、にも拘らず或る似たり寄ったりの精神状態に起因するものであって、昔の自信が失われたことによってもまた吐《つ》かれる溜息だったのである。

古来お馴染みのその行状に邪魔が入って平静さを失った社会もまた、この新たなる合点のいかぬ情況に対して反逆的に反応すること稀ではない。〝原住民保護主義《ナティヴィスムス》〟の総称を以て知られるそれら社会の運動は、外国による後見や人種的な押し被さりを相手どって刃向かうのであるが、その際、預言者的に響きわたる彼らの立論が抗《あらが》うのは、とりわけても近代文明の啓蒙的且つ懐疑的な精神を向こうにまわしてなのだ（今日、往時の社会主義諸国へのごり押し的な市場経済の導入により呼び起こされた適応困難は、根本的には百年前、百五〇年前にこれらの国々で既に一度生じていたことである）。

ヘッベルの戯曲の悲劇的な登場人物が示しているのは、近代世界の闖入が、多くの伝統を破壊しさったのが、本来近代世界の成立した正にそこにおいてだったということである。かくては西欧の土壌にも土着文化贔屓《ナティヴィズム》の潮流とそれに対立する潮流とがあって、その際、近代の社会構造がいかに深くその歴史に定着するかに応じ、当然ながら個々の国々において大きな相違を示すわけである。こうして抑々ドイツの保守主義者たちにあっても反西欧的な或るルサンチマンが起こってくる。けだし更に東へとゆくにつれ、この傾向の増大しゆくのがうかがわれるし、有色の諸民族にあってはその頂点に達する。けだし、ほかの点ではまちまちな新興諸国の若干の精神的選良らによる保守主義的な論争の数々に或る類似性のあることも注目に価いするのだけれども。

こうして嘗てトーマス・マン[2]が自由民主々義的な西欧を攻撃したのは、それに先立ち、ドストエフスキー[3]やポーランド人ミツケーヴィッチ[4]が利用したのとそっくり同じ論拠を以てしたことであった。また正にこのような論拠を以てスペイン人ウナムーノ[5]も、インド人ガンジー[6]やセネガルのサンゴール[7]も彼らの民族独自の伝統を、西欧的な世界市民主義《コスモポリタニズム》に対し、防衛したわけである。ドストエフスキーやミツケーヴィッチはスラヴの魂のため、ガンジーはインド魂のため気づかったし、トーマス・マンはドイツ人気質のため、ウナムーノはイスパニア精神のため、サンゴールは今日黒人たる本領のため案じたことになる。急進そのものの理論的首尾一貫性を以て土着文化贔屓《ナティヴィズム》の精神態度が正当化されたのは、ロシアの歴史哲学者N・ダニレフスキー[8]や言語学者N・S・トゥルベツコイ[9]、並びにアフリカ人フランツ・ファノン[10]によってであった。すなわち彼らは西洋の文明を、単にローマ的ゲルマン的諸民族が人種的景観的に結びついた文化としてしか見ていなかったし、それら諸民族の地球大的な膨脹には決然として立ちはだかったのである。土着文化贔屓《ナティヴィスト》の動機からではないが、彼らとも大幅に折り合いをつけながら神学者イワン・イリイッチ[11]も、身にそぐわぬ教養理想の発展途上国における押しつけに対して多年に亘り闘っている。

かかる見解への国内における論敵〝西欧派〟は、正反対の立場をとって、祖国の西欧化《ヨーロッパ》を求めていった。さてロシアに関して言えば、親スラヴ乃至親ロシアのイデオロギーと西欧に顔を向けたイデオロギーという極端な対立の間には諸々の濃淡の差や組み合わせがあったが、すべてこれらの見解は、しかし、西ヨーロッパとの接触を介し、「文化接触」を通じて、ロシア人の自己理解が問題を孕むものとなりもし、コンプレックスの塊となっていきもしたことの徴候であった。それは、己れ自身の強味への自負とおくれゆえの屈辱との間の、ヨーロッパ讃仰と自己主張への衝迫との間の、持続的な揺らぎによって際立っていた。一九世紀ロシアの通俗文学的な、はたまた哲学的な文芸は、かかる精神的混乱の直接・間接の証拠を夥しく含んでいる。こうして、たとえば、名が挙げられるのは、ツルゲーネフ[12]の『煙《ドイム》』（一八六七）である。曰く「ロシア人が十人集まると、忽ちロシアの未来と意味についての問いかけがもちあがる。ロシアの起源を彼らはもとめて〝レダの卵[13]〟にまでいたりつくのだ。この不運な問いをめぐって彼らはこれを抱きしめ、吸い、噛みしめる。まるで子供たちがふわふわのゴムでそうするように。……何にせよ結果は同じことだ。そして彼らはこの問いに、いいですか、触れることが出来ない。言、忽ちに、〝西方の腐敗菌〟に及ぶのでなければ。あらゆる点において、彼奴、西方人は我々を打ち負かす。ところが彼奴めは腐っているのだ！　それなら、我々がそいつを本当は軽蔑するとしたっていいのに。けれどもそうしたすべては決まり文句や嘘っぱち以外の何ものでもない。我々はそいつに反対の叫びを上げる。しかも我々はそいつの同意と承認を欠かすわけにはいかないのだ！」

A・J・トインビー[14]は、古きロシアの知識階級《インテリゲンツィア》のかかるヨーロッパへの愛憎定まらぬ思い《ハスリーベ》に取り組んで、それをカトゥルス[15]の〝我は憎み且つ愛す〟（'Odi et amo'）という警句を以て特徴づけた。そしてアドルノ[16]が、前衛芸術《アヴァンギャルド》への新参者たちの気障《きざ》な親近感につき筆を染めたとき、この関連でもそれは次のような目から鱗の断定であった。曰く「とてもあり得ないそうしたことの目覚ませるのが、ただ憎悪と怨恨でしかないなどと想定したりするとすれば、それは下の下の心理学だということとなろうに。が、それは、独占的で容赦なき愛のあり方をも呼びさまして、すると頭ごなしの文化が寄せつけてくれなかった憎悪と怨恨が、かかる文化の傍目《わき》もふらぬ守備隊となりおおせるのは、いと易きことだったのである」と。

生まれ故郷と西欧諸国の間の悲痛なまでに大きな文化隔差の外傷《トラウマ》的体験と、またかかる状況を一変させようとする努力とは、ハンガリーの知識人らの幾百年にも及ぶ伝統をかたちづくっている。彼らの多くにとってこの体験はライフワークの何もかもに影響を及ぼしたのであった。畏怖の念を催させる亀鑑が現に存するのだということは、慢性的に克服しえぬ問題なのだ。それゆえ、国民文化が本当はどのくらいにまで土着のものであるべきだったか、またどのくらいにまで本当は西方の模範と同種か、または同一レベルでなくてはならぬところであったか、といった問いは、今日でも（〝人民派〟と〝都会派〟の間の）議論を煽り立てかねないのである。同様にして、この周縁性ノイローゼの症候は、多くの場合無邪気に包みかくすことなく明るみに出てくる、西欧のお墨つきを得んとする欲求でもあれば、それと並んで、ハンガリーの文化、とりわけてもハンガリー文学に対しての西方の我関せず焉《えん》のあり得べき原因につきしばしばめぐらされてきた空論でもあるわけである。

詩人且つ文学史家で、現代ハンガリーの最高権威の一人であったバビッチ・ミハーイ(17)（一八七七―一九四二）は、ルカーチ・ジェルジともたびたび論争を闘わせた敵手だったが、次のような確信を抱いていた。すなわち、世界文学は、「一つの統一的な、連関し合った過程であって、唯一の血液循環だ」と。それの枠内で個々の国民文学が時につれ分泌されてゆくわけだけれど、その〝養分〟の一部は相も変らず世界文学の潮流から取り出してくる。〝世界文学〟――普く文化の丸ごと――が諸民族の魂の大協奏曲なのだ」と彼は記した。「いずれの未加工なる国民の音響も不協和である。その音響がこの協奏曲全体の中で音合わせがされない限りは。」この見解は、それこそ抽象的概念に現実性を確実に帰すものだけれど（また根本的に模倣者《エピゴーネン》的な態度を正当化することとなるが）、ハンガリーの文学大衆にあって議論の余地なく幅をきかせてゆくことになる。〝世界文学〟という漠たる一般概念は、むろん前以ての説明なしに用いられたものであるが、一つの確乎として殆ど形而上学的とも言うべき大がかりなものとなった。また同時に、実効ある概念ともなったのである。いたるところで引き合いに出されるのが、世界文学であり、それの〝主たる諸潮流〟であり、また都度々々の現在の、本当は足並を揃えてもらわねばならなかった、或いは〝共時的であって〟もらわねばならなかった諸々の潮流なのだということになる。

恰もよく似た例としてあげられるのは、〝ヨーロッパ〟とか〝西方（西欧）〟といった概念の用いられ方である。すなわち、重要性において断然最たる現代ハンガリーの文芸雑誌が、一九〇八年から一九四一年の間、信仰告白的につけたのは『西方《ニュガット》』なる誌名[18]であった。それとは別に、同時代のハンガリーの詩人たちが著わしたのは、『ヨーロッパに』という頌歌であったが、そこで言表されたのは、西欧への臣従の誓いと並んで、西欧との連携への誓いであった。このような方向を存分にとったのがバビッチである。西暦紀元前におけるハンガリー人の一切の伝統はかき消えてしまっていると彼が解釈したときのことである。彼の意見によれば、往古のハンガリー人は一〇世紀とか一一世紀の当時、己が異教文化の一切をかなぐり捨てるとわざわざ宣して、不退転の決意の下、キリスト教圏西欧に仲間入りをしたのだというわけである。曰く、「ハンガリーの文化は聖イシュトヴァーン(19)の所産である。我らが初代国王こそがハンガリー文化を始動させた。……それは偉大なる西欧文化の姉妹なのだ。……バルカンのそれは、ハンガリー文化にとっては馴染がない。」このような捉え方――それこそ言語やら、言語により何にもまして保証される文化的連続性とやらはあっさり無視した上のことだけれども――そんな捉え方は、イデオロギー的とする以外に解釈されようは殆どあるまい。でもそれは相も変らず毒性を発揮する。何故なら同様の考え方は、しばしばハンガリーの昨今における論壇にも見出されるのであるから。そこで私達がお目にかかるのは、ハンガリー文学の国民的な指標が、それの〝ヨーロッパ性〟であってもいいということについての何かしらの確認なのだ。それが思い出させるのはメレジュコフスキー(20)の主張であって、この人によれば、もともとロシア人のみが正しきヨーロッパ人だとしていいということになる。が、更にその上を行ったのが、あの西欧派の面々で、この連中は模倣を原理へと格上げした。彼らの一人にいたっては麗々しくも数年前、次のような命題を主唱したのであった。すなわち、ハンガリー文学の課題が西欧のお手本を学習することであってほしいのは、時が経つにつれ、ハンガリーにおける〝変種《ヴァリアント》〟をそこから生み出してゆくためでこそある、と（いずれその話に立ちかえることとしよう）。

ヨーロッパ文化なる概念をイデオロギーと化すことが、東欧に於てこそ吐露されるのは、一面では、西方の模範、つまり〝古典作品〟を確信犯的に無批判に崇めまつることにおいてであったし、他面では、アジアの変種の侵略に対する砦とでもいったものとして、キリスト教的西欧に歴史的・文化的に組み込まれようとする高度に自己顕示的な努力においてであった。ハンガリーとポーランドの歴史家が過去において惜しみなく証明しようと試みたものこそは、この砦なる命題であったし、彼らの国々が有機的に西方と編み上げられたものなのだということであった。このイデオロギーが学校教育にいかに刻みこむような影響を及ぼしたかは、ハンガリー人作家イエーシュ・ジュラ(21)の自伝的小説『パリのフン族』からも一目瞭然であろう。この書物に私達が読みとりうるのは、〔一九〕二〇年代のパリにおいて様々な東欧人亡命者たちの繰りひろげた極度に激しい議論が、彼らの祖国のうちいずれの国が真の砦だったとすべきかについてであったということなのである。

東欧文化景観の基本的問題と思われるのは、それなる景観が、卓越した精神文化の直接的且つ恒常的な影響に晒されていて、それゆえ文化の創造よりも、むしろ消費にいっそう運命づけられていたということである。東欧の教養人たちが己が固有の現実につき問いを呈するのに先立って、答は既にそこにあるというわけである。西方由来の文学が彼らに免れさせているのは、――むろん見た目だけのことに過ぎぬにせよ――己が固有の精神的努力であって、教養体験が感覚的経験を駆逐し、抽象化が経験知の機先を制する。オスワルド・シュペングラー[22]が見出したのは、このような状況を掌《たなごころ》を指すごとく目《ま》のあたりにさせる叙述であった。アラビア文化やロシア文化との関連で彼が用いるのも〝歴史的仮晶〟なる術語である。鉱物学から借用したこの概念は、専ら受容に合わせてセットされた文化境位をわかり易く説明するものなのである。すなわち、或る結晶がもしも他の結晶の空《から》になった凹面形の中に生じてくるなら、それはみずからに適した形を受け入れることが出来ない。何故かと言えば、それが、やむを得ず、勝手のきく空間を充たすことにより、他の結晶の形態《かたち》を受容してしまうからである。こうやって生じてくるのが――その図を文化群に応用すると――好ましからぬ状況であり、そこでは「外来の古き文化があまりにがっしりと国土を蔽いつくすものだから、そこを根城とする若い文化は息をつくことも出来ない。こうして純粋固有の表現形式をつくり上げるまでにはいたらぬばかりではなく、その自意識の十全なる展開にすら辿りつけない。むしろ太古の心性の深みから立ち昇ってくる一切が、外来なる生の凹面形の中に注ぎ入れられるのだ。若き感性がもはや若くはない作品の中で凝固しおわることになる。……」

　別言すれば、日常的洗練《カルチュア》は、より高度の精神的教養《カルチュア》と対応しない。精神と現実は互いに疎遠なのだ。さて、すると、生活実践からもっと高度の自律的領域へと文化《カルチュア》を引き上げるのは、近代ヨーロッパ文明固有の問題ではある。縁辺地帯では、しかしながら、必然的にそうした引き上げは、いよいよ以て突出したものとなる。何故かと言えば、より高度の精神的文化は、ここでは――歴史的な限定づきだが――大部分は既にいつも根なし草で、社会の現実に対し孤立していたからであった。それも、自己目的と化して西欧の現実からすら疎外された後期ブルジョワ的教養だけの話ではなかった。つまり、既にしてキリスト教の受容そのことが、東のかた中欧では――バビッチが思い描いたのとは異なり――もっと皮相な別なあり方の結果として生じていたのだ。西方の多かれ少なかれラテン化された中核地帯におけるよりは。「決して満足に伝道されたわけではないこの下級民族は」とフリードリッヒ・ヘーア[23]は、東欧諸民族の改宗につき筆にした。「……ただ上から、キリスト教のイデオロギーにより頭ごなしに制圧されたわけであった。けだし罪ふかき〝恥知らず〟の人間共なる反逆の輩《やから》に勝利を博した神なる皇帝の両剣論[24]をば福音書からつくり上げたイデオロギーによってではある。自律的個人《ペルソナ》なる根柢は……殆ど考慮されていなかった。」そして啓蒙思想なる所産に関して言えば、これが流布したのは、ただ排他的な貴族とか文人たちのサークル内におけることにすぎない。しかもそれは無責任で遊戯的な思弁やユートピア的なスケッチの対象となったのである。頭脳明晰とするのには打ってつけの手だてとしてという以上にだ。たとえば、ロシアの女帝エカチェリーナ二世[25]が一七六七年に発した改革計画は、フランス啓蒙主義の理念に基いて起草されたものだけれども、その理念は、それの普及がフランス本国では禁じられたほどにまで国家転覆的な思想だったのである。

受け容れられた理念的所産のこうした軽率にして此の世離れした運用、つまりは教養と生活の分裂は、二・三のロシア並びにハンガリーの文学的資料《ドキュメント》がこの上もなく一目瞭然たらしめてくれる。ゴンチャロフ(26)はその小説『オブローモフ』（一八五九）で、書名と同じ名の主人公につきこう叙べた。「学ぶことはイリヤ・イリイッチに奇妙な影響を及ぼした。すなわち、生活と学問の間には彼にとり全き深渕が口を開けていたのだ。その深渕を彼は克服しようとは努めなかった。生活は彼にとりそれ自体として一つの事柄であった。それから学問も、同様にして、それ自体としての何かしらだったのである」。

アラニ・ラースロー(27)の韻文叙事詩『幻想の英雄』（一八七二）の題名主人公バラージュ・ヒュベレは、ハンガリー人の国民性の消極的特性を具現したものと言えるのだけれども、彼の教養と何の関わりもそれは有してはいなかった。

教鞭の雁字《がんじ》搦《がら》めで過ぎていった
学校での彼の少年時代。
八つの学年《クラス》の粉挽き水車に苛《さいな》まれつつ
万巻の書を彼は平らげた。ごたまぜに
彼の頭蓋は大混乱《カオス》を呈しはしたが、
もう法学部に入ってもいいぞと太鼓判

アレクサンドル・ゲルツェン(28)は、ドイツ哲学に心酔するロシア人信奉者にヘーゲルの講読が及ぼした影響につき筆を染めている。曰く、「若き哲学者どもは、言語のみならず、知性までもが駄目になった。人生に対する、現実に対する考え方は、学校がらみ、書物がらみになった。……事実において直接的だった何もかもが、いずれの単純な感情もが抽象的な範疇へと格上げされ、生ける血潮の一滴とて流さぬままに、青白い代数の影として、そこへと還流していったのである。」

レーニン(29)やゴーリキー(30)もまた、繰り返し繰り返して、同時代ロシアの知識階級《インテリゲンツィア》の、生活には無縁の教養を槍玉にあげざるを得ぬ羽目に陥ったものである。その際レーニンも、オブローモフ的な生活類型が、決してただロシアの地主階級の間だけの話ではなく、ボリシェヴィキ一連の多数の代表者たちの間にも存したのだという確信をなお抱いていたのであった。

一九世紀初頭におけるロシア知識階級《インテリゲンツィア》の意識状況についての基本的であるのと同じぐらい一目瞭然たる、しかも最高度に啓発的な叙述にお目にかかるのは、ロシアの歴史哲学者チャダーエフ(31)(一七九四―一八五六)の第一哲学書簡においてである。さるロシア貴族の令夫人に宛て一八二九年フランス語を以てしたためられたこの書簡において、著者は、同時代のロシア人の教養が他人《ひと》任せでこの世離れしているのを嘆いている。曰く、「私共の回想は昨日をこえた更にむこうまでは届きません。時を経る私共の歩みは、それ自身に何かしら奇妙なところがございまして、私共の歩む一歩ごとに、以前のことが反響ひとつなしに消え失せてしまいます。それこそは、全く以て輸入と模倣の文化の当然の帰結なのでございます。私共は生来の内面的な成長を全く手にしてはおりません。つまり新しい理念がわが国では古い理念を跡かたもなく駆逐してしまいます。何故って、新しい理念は、この古い理念から、私共自身が別に骨折って獲た果実として齎《もた》らされたものではないのでございますから。むしろ私共のところに都度々々どこからか、既に出来上ったものとして、労せずして転がりこんでまいったものなのでございますから。私共はいつも既に出来上った思想的所産を単にもらい受けるだけでございますから。私共の知能はあの根絶しえぬ畝から滲《にじ》み出てまいったものではございません。徐々に絶え間なく前へと進む思考を精神に刻みつける畝、その本来的な力を成就する畝から滲《にじ》み出てまいったものではないのでございます。私共は成長いたします。ですが成熟はいたしません。私共は、独り立ちして物を考えるよう教育されなかった子供のようなものでございます。彼らが成長しても、何ひとつとして自分のものを有《も》っておりません。……年月を重ねた長い経験は、私共にとり何の意味もございませんでした。私共にとり何らの果実も稔《みの》らぬまま、時代は過ぎゆき世代は去りゆく。この世にひとり寂しく、私共は、何ひとつとして時代に齎《もたら》しませんでした。何ひとつ私共は学びませんでした。ただの一つの理念も私共は人類の理念の手持ち在庫に寄与いたしませんでした。いかなる点でも私共は人類精神の進展に何らかの貢献をいたしたわけではございません。そして人類の獲得いたしたところから私共に与えられました一切を、私共は歪曲してしまったのでございます。」

度外れに精密な心象記録《プシホグラム》ではある。出所は今日の心理分析家、疎外現象の専門家だとしてもいいかも知れない。たとえばエーリッヒ・フロムあたりからだと。(32)

さて件《くだん》のロシア人〔チャダーエフ〕が引用した本文《テクスト》の最後で筆にしている「歪曲」に関して言えば、それこそ否応なくそうした歪曲が生ずるのは、出来上ったものとして受け継がれてきた知識が都度々々の抽象化であり、従って既に――剰《あま》え大抵《つさ》は要約的なかたちで――遂行された思考過程の結果だからこそなのである。因みにこの思考過程はもはや理路整然と考えを先に進めたものでもなければ、生産的に更にかたちづくってゆくといったものでもなくて、従って辛うじて更なる手練手管により歪曲されうるものにすぎない。歪曲が誘発された具体的な経験は、受容者にとり未知であり未体験でありつづける。つまり受容者には個々の概念においてどのような矛盾が止揚されたのかは知らぬが仏だ。経験知から抽象への思考の道筋を知るところがないわけである。受容者には、学校教育式に習得された思考の産物の差異化だの相対化だのは、突拍子もない話なのだ。

恐らくはその辺の事情が説き明かすことであろう。ロシアの法哲学者ボリス・チチェーリン(33)(一八二八―一九〇三)がなにゆえ次のように白状しなくてはならなかったかを。曰く「いずれの概念も或る無条件の形式をとって我々のところに姿を現す。我々にとりそれを他の隣接諸領域から分かつ凡ゆる境界は姿を消す。つまり我々は、それが他の諸概念の系列の中で占める場所も識らなければ、またそれと接する諸概念とのそれの関係も認識しているわけではない。」ニコライ・ベルジャエフ[34]（一八七四—一九四八）もそれとよく似たことを突きとめた。曰く「西欧に於ては学問的な理論、仮説、或いは部分真理にしても、そういったものが、普遍妥当性への要求などを声高に持ち出したりしないのに対し、ロシアにあっては忽ちにしてそれが硬直した教義《ドグマ》、一種の宗教的啓示となる。いと易々とロシア人は、いずれの見解をも普遍化して、絶対的に把えがちとなる。何故なら西欧人の懐疑的な批判主義はロシア人には見当はずれも甚だしいからである」と。

かかる特異性は、それこそ決してただロシア人にあってのみ見出さるべきものではないのだけれども、そうしたあらゆる特異性に鑑みるとき、ヨーロッパ辺境諸地帯の知識人たちの自己発見が大抵はかなり問題を孕んだ成り行きであるのは、決して偶然ではない。東欧の通俗文学は、根なし草的で虚無的な、己が精神的正体《アイデンティティ》を求めて奮闘したり、或いは無気力で狐疑逡巡している登場人物たち、つまり〝特性のない男たち[35]〟の真の宝庫でもある。世界文学における最初の虚無主義者《ニヒリスト》はツルゲーネフの主人公（『父と子《アッツイ・イ・ジェチ》』からとったバザロフBazarov）みたいな男だし、ゴーリキーのクリム・サンギン[36]Klim Samginは一つの「空虚な魂」だ。プーシキンのオネーギンOneginやレールモントフ[37]の『現代の英雄《ゲロイ・ナシェヴォ・ヴレーメニ》』は、いわゆる〝余計者《リシニエ・リュージ》〟なのだが、ドストエフスキーの『悪霊《ビエスイ》』に私たちが読むのは、主人公スタヴローギンStavroginについてである。その曰く「もしも彼が信じていても、自分が信じているなんて彼は信じていない。またもし彼が信じていなくても、自分が信じていないとは信じていない」と。アルトゥール・シュニッツラー[38]の『アナトール』"Anatol"、つまりきっぱり決心する能がなくて、冷笑的且つ不安定なこの人物や、並びにホーフマンスタール[39]の『気むずかし屋《デア・シュヴィーリゲ》』（原題は『その気のない男《デア・マン・オーネ・アプジヒト》』！）とかグリルパルツァー[40]の大半の登場人物とかも、同様にしてこの系列に属している。

ハンガリー人の小説に出てくる主人公の変り種の数々、少なくとも故国の叙事詩への辛辣極まる批評家コロジュヴァーリ・グランピエール・エミール[41]（一九〇七―一九九二）が診断を下した主人公たちは、ロシア人やオーストリア人のそれと極めて酷似している。少なくともそれら主人公は悉くが一つの欠陥、すなわち経験を積むことが出来ないでいることに悩んでいる。彼らの意識は決まり文句に封殺されているのだ。ハンガリーの小説の主人公たちは、と我らの批評家は書く。行為する人間ではなく、受身で、足萎《な》えた、心的に活潑ならざる存在なのだ。彼らの悲劇ですらそれがひき起こされたのは、行為によってではない。むしろそれを手控えることによってだ。「……これらの主人公が何とかそこに居坐っている半睡半醒の状態で、自然のままの感情が一瞬々々の感覚と合流してゆく。識別的な感情の代りに、彼らの魂にひろがるのは、奇妙な均質の質料であって、その色彩も強度も何らの変化を蒙ることがないのだ。」

詩人でジャーナリストのアディ・エンドレ[42]（一八七七―一九一九）は一九〇六年その『新詩集』を以てハンガリー抒情詩に革命を惹き起こし、ハンガリー人の伝統的自明性を根柢から揺り動かしたが、一九一八年にはこう断言した。曰く、ドナウ河、ティサ河の流域では既に次第と信仰が先細りになった。が、今やむしろ無信仰こそ極まれりというのもやむをえない、と。彼の見方は、たまたま同じ年マンヘイム・カーロイ[43]により確証された。時代の極端な印象主義をこの人が批評して、それの頂点を同時代ハンガリーの某作家の警句を用いてこう告げたときのことである。曰く、〝私は己が見解を分かちもつものではない〟と。ブダペストの小説家デーリ・ティボル[44]（一八九四―一九七七）は、年老いて数多度びこの意味において、またその自伝（書名『判決なし！』）への註釈において、こう主張した。すなわち、己れ自身の人格《パーソナリティ》を、執筆しながら、捉えるわけにはいかない、と。たしかに、それはムジールとかホーフマンスタールの主人公のようなものから由来していないとも限るまい！

　ここで私たちはルカーチ・ジェルジを引き合いに出してきてもいい。彼が現代ハンガリーの精神文化を咎め立てたのは、それが浮世離れしていることに対してであった。こうした関連からなのだ。〝芸術のための芸術《ラール・プール・ラール》[45]〟イデオロギーの支配につき彼が語ったのは。第二次世界大戦直後、彼は、たとえば、こう揚言した。〝ブダペストなんか廃墟になっても、象牙の塔さえ昔の場所に屹立していてくれればいいのだ〟と。そして一九四六年の基調論文「文学と民主々義」で彼はこう筆にした。「このイデオロギーは、わが国では、市民階級《ブルジョワジー》の社会的能動性が欠けているだけに、進歩性という抽象概念の礼拝の中に（しばしば俗物根性《スノビズム》の中に）、包み込まれていた。文化的な企てのため何ら本気で社会規範が役立てられることもなかったがゆえに、〝当世風《モデルニテート》〟こそが規範となった。極上の者たちすらもが人生の目標としたのは、発展の〝先頭きって〟歩みをすすめること、パリから〝最新のもの〟を輸入すること等々であった。しかも故国の社会的諸前提が巨視的な現実にとり有難からぬものであったがゆえに、また西欧からは反現実主義的な退廃が手をかえ品をかえた諸傾向として流入して来たがゆえに、不可避的に最近のハンガリー文学ではこういった傾向が勝ちを制したわけである。」かくて〝流入してくる〟文学＝輸入が、多くの文人たちのまなざしを故国の現実から逸らせたのであった。こうして現代のハンガリー文学でも、とルカーチは別の箇所で記したものである。社会の大問題の首尾一貫した熟考吟味が欠落することとなる、と。こうした非難が他の文筆家らから発せられることは、まことに散発的であるに過ぎず、言うにたる反響もないままであった。

ただネーメト・ラースロー（一九〇一―一九七五）なる批判的愛国者にとってだけは、この問題がどっしりと重いものであった。いや本来はルカーチにとってよりも更に一層だ。文教政策にも並外れて参画したこの保守的な文筆家は、ルカーチの批判の種ともなった考察がきっかけとなって、〝ハンガリー研修会館《ワークショップ》〟なる一種の精神的センターの設立を提案しようと考えていた。けだし、西欧の模範にあやからねばならぬという義務的な志向の代りに、己が土着の価値体系をハンガリー文学のため築き上げてゆくことが出来もしよう、そうしたセンターの設立をである。[46]（ネーメトに対抗して、既に示唆したように、もっと若手の亡命作家ニェーキ・ラヨシュは一九六五年、模倣の原理を弁護した。曰く、「ハンガリー人は西欧の業績の〝変種《ヴァリアント》〟を産出しなくてはならない！」と。）ネーメトは、既にいつであろうと欣然として一種の〝国民意識〔作興〕総裁〟（“directeur de la conscience nationale”）とでもいったものになりたがっていたのであるが、〔一九〕

三〇年代には、ハンガリーの知識階級に対し、また国の政治指導全般に対して、歴然たる民族疎外や伝統喪失ゆえの非難の矢を放ったのであった。以て祖国の実状を、ハンガリー社会の殊にも歴史的で社会的な実状を、よくよく自覚するよう要請したわけである。ハンガリーの文学は、彼の意見では、作家たちの間で生き生きとしたやりとりが欠けていた。これらの作家たちは、しばしば大体は、互いに何ひとつ知るところがない。皆が皆、己れ固有の語彙をもっている。（しかも同じ語彙を有している場合にも、彼らはそのことに気づきもしない。）かてて加えて、文化経営全般に包括的な精神の地平、〝理念の天井照明〟が欠けているのもやむをえない。またそれゆえにこそ発育不良の文芸批評に個々の詩人の成果を国民的教養へと統合する能が欠けるほかなくて、ハンガリー文学は未熟な地方の天才に似通ってくる。けだし、脳裏には偉大な作品のあらゆる成分が現前しているのだけれども、とにもかくにも出来損ないとしてあるに過ぎず、無秩序で投げ散らかされた、そんな風にしてあらゆる成分が現前しているに過ぎぬわけである。

注目に価するのは、チャダーエフが何と百年も前に筆にしたその『書簡』において一字一句殆ど同じにロシア的教養の基本的不連続性を証明したことである。この人が嘆いたのは、彼の故郷では、日常生活がいかなる概念的志向をも欠いていること、個々人いずれもがそれぞれに自立してよく、「類縁関係の四分五裂した糸々」を独りで再び結び合わさなくてはならなくても仕方がないということであった。であればこそと彼は更に記す。ロシア人は大部分がいい加減で、その思考においては何もかもが〝個々別々、ぐらついていて、不完全〟であるほかない、と。〝関連やら首尾一貫性が欠けていればこそ、我らの脳裡では極上の理念と雖も見栄っぱりのまやかしとなり、崩折れてしまう。白日の下にそれが現われるのに先立って〟と[原註*]。

ネーメトは、その愛国的な自己批判の中で、己れをきっかりあの抒情詩人アディ・エンドレの跡継ぎと自覚していた。因みにこの詩人には、コスモポリタンな考え方をするルカーチもまた最初から燃えるような崇敬を献げていたのであって、しかも美学的と政治的と甲乙つけがたい根拠からであった。愛国者ネーメトがアディに感激するについては、しかし、特別な根拠があった。彼にとり決定的だったのは、革命的なこの〝新たなる調べ奏でる者〟が、深々と古ハンガリー的＝カルヴァン[47]派的伝統に根を下ろしていたのだということであった。どんなに現代風で進歩的であろうと、その果したのは、西欧諸々の理念や形式の輸入者としての役割だけではない。その詩を以て文化的連続性を表出したのだ。

アディの社会参加《アンガジュマン》は、事実上、地方の事情に根ざしていた。容赦なく彼は指導者を、坊主を、半封建的に支配されたその祖国における社会不正を鞭打った。その同郷人を、己が〝自らの人種〟を、激しく叩きのめした。彼らの無教養、〝ハンガリーの休閑地〟を罵ったのである。それこそ預言者の調子で彼は神にもとめた。ハンガリー人どもを休みなく懲らしめ給え、と。もっといい目にあうなんてことが奴らになければいいのだが。……かかる怒りを爆発させるにも拘らず、彼は、しかし、歴史的範疇でものを考えていた。ハンガリーの文化的欠損を彼は批判的に厳密な吟味に委ねた。〝我々は神殿を建立したことさえなかった。〟こう彼は一九一四年、或る詩にしたためた。ハンガリー人を聖書的象徴的な言葉を以て非難した詩においてだ。ハンガリー人が何ら固有の文化を建立することもなく、国民としての正体《アイデンティティ》のあとに残る記念碑を何ひとつ創り上げることもしなかったというので。彼らは、それこそ何もかもが〝溶融〟してしまう（あらゆる人種的特殊性が均質化してしまう、と言った方がいい）現代という時代にあっては、跡方もなく没落するであろう。〝何故なら彼らは己れ自身を失ったのであるから。〟〝火と燃える時代の怒りによって鍛えられなくてもいい〟のであるから……。一九〇四年パリから書き送られた書簡において、ハンガリーを、そこで彼は近代ギリシアと較べているのであるが、こう言っている。自分がそれで以て言わんとしているのは「ギリシアが、我々と全く同じに、その過去により麻痺させられているということ、我々と同じく半未開と超文明の間《はざま》での全く同じ悲喜劇的労苦を以て釣り合わされているのだということ……」である、と。

ウィーンの世紀末に、このような関連で、一瞥をくれておくのも、甲斐なきことではない。何故なら、既に挙げたハンガリー並びにロシアの観察者が己れの精神的環境について供した心象との構造的な類似性は顕著なものがあるからである。恰もこれら観察者たちに裏づけを与えようとでもするかのように、ヘルマン・バール(48)は、その試論『ヴィーン』において、オーストリアの自由主義につきこう書いたものである。「それは志操ではない。一つの流行である。それは需要ではない。一つの贅沢である。それは国内で成長してゆくものではない。輸入されたものである。

それは政治生活の原則を、己が必要性からではなくして、外来の典籍からもたらそうとする試みである。……教養とは外で通用するものにも与かりうるということである。無論のこと、それがその上で実生活においてもいずこであれ必要とされるといったわけではない。相憎、生活は別物だから。生活は自分の流儀に拠るものだからだ。なのに教養は生活などとなんの関わりもない。教養人は生活を敬遠する。生活を敬遠するのが正に教養というものなのだ。」

ヘルマン・ブロッホの試論『ホーフマンスタールとその時代』[49]は、第二次大戦後に執筆されて、ウィーンにおける世紀の変り目を回顧的に描写するものだけれども、同様の陳述を含んでいる。そこでブロッホが語っているのは、〝ハプスブルク式抽象主義〟についてであり、誰一人として信じていなかった単に〝理論のお化けじみた骸骨〟に過ぎぬ国家についてであった。ウィーンっ子の〝幾層倍にもなった不真面目さ〟〝赤裸々の快楽主義〟についてであった。しかもこれらの現象を説明するのに次のことを以てする。すなわち、倫理的にも審美的にもその時期が折衷的に過ぎなくて、専ら名人芸的なものに頼りきっていたということである。そのような観察は、けだし、文字通りブダペストにも転用しうるのであって、今日でもなお一倍そうである。また事実、何人もの生えぬき観察者たちにより（ほかにもいろいろ居る中で若き日のルカーチによっても）それぞれ異なったやり方により〔ブダペストとウィーンの〕類似点もまた確認されたのである。

ローベルト・ムジールの批判的解説もまたこのような観察と符節を合している。オーストリアにおける政治的文化的状況につき、一九一三年、彼はこうしたためた。曰く「呼び覚まされる恐怖、行使される権力、わが身に集められる栄誉、そうしたものは……心の中では虚構で、薄気味わるく、信じられ敬われはしても、感情に愬《うった》えることなきままにとどまる」と。そしてこれに対し、今一度ヘルマン・バールが一枚加わるが、この人は一九一七年、チャダーエフが用いたのと同じ隠喩を用いたのであった。すなわち、オーストリア人にとり教養とは、彼らが〝ただ羽織っているだけ〟のもので、別にそれを用いるでもなく、それで以て何か表出できればそれでいいといった何かしらである、と。（チャダーエフ曰く。〝……我々はマントを羽織ったが、文化を我々が身につけることはなかった〟。）(50)

カール・クラウスも同様にして、たっぷりそれと関連する諸観点を供してくれる。既にして彼の若書きの書『毀《こぼ》たれた文学』（一八九七）において私達が読まされるのは、同時代ウィーンの通俗文学についてである。そこに曰く、「十年来北方から発した現代の運動は、当地ではただ純粋に技術的な変化を招来したに過ぎなかった。題材領域の拡張を助け社会的諸問題に一役を演じさせた新たな様式《スタイル》の内在的な影響とは、我ら新米の芸術が傷つくこともなく温存されたことであった」と。

本質的に同じ非難をその後ルカーチが現代ハンガリーの著作家たちに浴びせたのは、既にあげた論文「文学と民主々義」においてであって、そこで彼は、それら著作家たちの誤れる価値体系を難じたわけである。すなわち彼らが御執心だったのは、単に亜流の近代性にだけであって、彼らの作品は歴史的社会的現実には何ら定礎したものではなかった、と。コロジュヴァーリ・グランピエール・エミールは全く同様の判断を下した。曰く「わが国の似而非写実主義者《えせリアリスト》の無意識の嘘は、彼らがフランス写実主義《レアリスム》に専心していて、その際写実主義の精神を身につけることはしていないところからくる。彼らは情容赦ないまでに鋭い観察をものにしようとは努めないで、描写法の皮相《うわべ》を役立ててみせることだけで満足してしまったのである」と。

第二章　教養環境としてのブダペスト

ルカーチ・ジェルジは〝人工都市〟の子であった。何故ならば彼が一八八五年四月一五日呱々の声をあげたブダペストは、国家的にも私経済的にも、特別に力をこめて促進され加速された成長過程の、かなりの程度、産物だったからである。その相貌は、従って、いつまでも創設時の刻印をとどめていた。その社会景観的根なし草性において些かそこはサンクト・ペテルブルクとも酷似していた。けだしこの都は露帝《ツァーリ》の指図により文字通り無から建設されたのであって、それゆえドストエフスキーから軽蔑的な形容詞〝人工的〟を頂戴したのである。

かくて世紀の変り目、つまりルカーチ・ジェルジの青春時代、ブダペストは、もともと成長の起点となった三つの地方自治体（ブダ、古《オー》ブダ並びにペシュト）とは殆ど何ひとつ共通するものは持ち合わせていなかった。一七八〇年、これら三つの地方自治体の全人口は辛うじて四万を数えたに過ぎないが、政治的経済的社会的に、統一的に組み立てられた新たなブダペストは、一九〇〇年には、これに反して、既に約七三万の住民を擁していたのである。そしてこの人口は、人種的にも信教的にも昔からひどく混淆していた。かくて一八八〇年には全人口のうち約七万二千はドイツ語のみ、六万四千はハンガリー語のみ、八千人はスロヴァキア語のみを喋舌ったのである。二言語の話者は一七万人、三言語のそれは二万七千であった。宗教上の混成ぶりも同様だった。

上にあげた年には都市内に大凡二四万のカトリック教徒、七万のユダヤ人、二万二千のカルヴァン派、二万のルター派がいたことになる。

　こうした人口のほんの僅かな部分だけが地つきの民であったことは自明の理である。一五〇年間も引きつづいたオスマン・トルコ(1)の占領からこの都市《まち》が解放されて以来、従っておそくとも一七世紀の終りから、外国人——とりわけてもオーストリア、南独からのそれとセルビア人——の移住には著しいものがあった。マリア・テレジア(2)とヨーゼフ二世(3)の移民政策は、一八世紀末にドイツ人移住者の新たな流入をもたらしたのである。ドイツ語でものされた一八二二年に由来する市の案内記には、ギリシア系及びセルビア系の二・三の家族を除き、出自家系が三代以上に亘り証明できる家族はここにはなかったと記している。一九世紀後半における力づくの工業化と都市化がもたらしたのは、またしても国内への、また地方から首都への移住であった。かくも甚だしい無規制状況《アノミー》にあって、またかくも高い人口変動の下で、伝統形成的な連続性がそれほどにも展開しうる筈はなかった。この人口の融合性、〝共同社会化〟の度合は、それに従い否応もなく正に寥々たるものとならざるを得ぬ。それ相応に移入者の同化も極度に問題を孕む成り行きとなって、やがて烈しい論議をも解き放つこととなったのである。

　この都市の文化的相貌は、従って、不連続をば特徴とすることとなった。この国の社会的政治的構造は或る封建的な性格をなお帯びていて、それゆえ、工業化や都市化におくれをとるまいとする文化的発展を妨げ、それがなおのこと、この不連続を尖鋭化したのであった。上流や中流の貴族により、また僧侶により支配される農業国家ハンガリーは、現代の工業・通商の中心地にとり何ら時代に即応する妥当な社会的規準などを供しうる筈がなかった。普く努力目標とされる代表的な生きざまは、この時代のハンガリーにおいては、貴族のそれであった。大ブルジョワは、ひとり名前や言語をハンガリー化しただけではない。封建的な物腰を模倣し、不動産、城館、貴族の称号を購入したのであった。プチブルたちは、その出来る範囲で、従って社交的交流《つきあい》といったかたちで、貴族を物真似した。つまりはパーティ（ジプシー音楽！）においてだったり、やりくり上手な資本家根性を——大抵はただ偽善的に——蔑んだりしてだ。

外国人の血が混った市民階級が、政治的社会的な大勢順応主義から、わざと愛国主義的なふりをして、土地の言葉を（常にうまくゆくとは限らぬにせよ）熱心に習得し、名前もハンガリー風にしたことは、国の伝統的な社会構造が瓦壊するのをただ応急に蔽い隠しえたに過ぎない。その成員たちは実際上は常に水入らずであった。美学者リュカ・カーロイ[4]（一八六九—一九六五）はこう記している。ブダペストでは第一次世界大戦前の十年間、あらゆる展覧会、音楽会、オペラの上演がいつも同じ社会集団の押しかけるところであった、と。それとは逆に、ハンガリー人口の大半をなす大衆——農民や小貴族——は、国の近代化に積極的な寄与をなさず、むしろプロレタリア化と零落により変革の被害を蒙る対象となってしまっていた。（今日、平民主義者《ポプリスト》チュルカ・イシュトヴァーン[5]の背後に控える勢力は、外国資本の侵入に対し、自由主義や〝西欧的文化伝染〟に対して、罵声を浴びせ、〝キリスト教国家の中産階級〟としてまたぞろみずからを貧乏籤ひいた者と感じているが、伝統的なあの階層の直接の跡つぎではある。)

そうこうしている間、〔二流〕貴族《ジェントリー》や〝亜流貴紳《ジェントロイド》〟の模倣者たちにおける次第と幻想的になりゆく身分社会的・浪曼的な世界理解は、その大衆性と模範性とを何ひとつとして失うところがなかった。理想化された貴族と農民なる登場人物たちや、田舎の生活の牧歌的雰囲気が通俗小説やオペレッタの舞台を支配したのである。ドイツ人のハンガリー像は、今日にいたるまでずっとこのような主題《モチーフ》により統べられている。二・三年前になってやっとジョルト・フォン・ハルシャーニ(6)の小説『マグドルナ』が新たに刊行されたが、これなどハンガリーの貴紳《ジェントリー》の（疑いもなく上出来な）理想化ではある。一九五六年から続いている〝赤頭巾ちゃん《ピロシュカ》(7)〟映画《フィルム》が人気上々であることについては全く以て述べないまでもだ。

かような事態になって、さもありなんと思われるのが、ブダペストの大学の全学生のうち六〇―六五パーセントぐらいが法学生と神学生だったということである。技術畑・商学畑の学科と医学とは、優先的に国外――殊にもウィーンで――研究された。ブダペストは、経済的政治的文化的な国の中心ではあっても、かくては精神的な方向づけなしのままでいたことになる。そこの文化とその住民の生活様式とは、今日にいたるまで折衷と場当りを以て特徴づけられるのだ。

首都と地方の間のこの喰い違いで特色をなすのは、ハンガリー語の方言がブダペストにおいて概して差別されたり、少なくとも嘲られたりして、後になると地方においてすら、それが教養の欠如とか出自の低さのしるしとされたのにかてて加えて、地方訛り《イディオム》が何か際立ったものとして口の端に上っていることである。恰もドイツの大都会で中産市民とか官公庁が自慢の種とされるみたいに。百姓言葉、野良着、田舎のお作法は、ブダペストではまだ戦間期だと異国情調《エクゾティシズム》を擽《くすぐ》ったものである。独仏ないし伊では恐らく決してそうならなかったほどにまで。文学的にこの喰い違いが顕在化したのは、『村長ガーボル・ゲレの帳簿』（一八八五―一八九九）の正に法外な成功を通してであった。ガールドニィ・ゲーザ(8)（一八六三―一九二二）によって著わされた粗野でグロテスクな奇譚のこの連鎖は、虚構の百姓なる主役の首都での体験と、まさしくそれと同時に、首都と平板な田舎との間の上述のギャップを主題としているのだけれども、極めて大きく持続的な人気を博したのであった。（ガールドニィがまさに素朴な奇譚《アネクドット》を一四年の長きに亘って筆にしたのは、偶然ではなかった。）

ハンガリーの精神文化における進歩的伝統は、首都――並びに首都と張り合おうとしている地方――の新たなブルジョワ知識人層がそこにつけ加えられてもよかったにせよ、田舎っぽい性格を帯びていて、おまけに超保守的な教育政策によりイデオロギー的に牙を抜かれていたものだから、現代西欧の理念に対して競い合うことが出来なかった。それゆえ、進歩的なその伝統もブルジョワ知識人層にまことに僅かな影響しか及ぼすことが出来なかったのである。この知識人層が指向したのは、むしろ西欧から輸入される〝コスモポリタン〟な思想財であった。

しかしてこの思想財を輸入するのに何とも熱心なことではあった。それへの需要は、今しがた挙げた理由により、途方もないものだったのである。猛烈な勢いで成長しゆく出版業、幅をひろげる翻訳活動、並びに新たな夥しい図書館や劇場の建設などが、まだ出来たてで伝統なきハンガリーの市民階級を、短時日の間に、西欧の哲学や文学、新旧の夥しい作品と接触させたのであった。ここで生起したのは、フローベール[9]の小説『ブーヴァルとペキューシェ』の中に描かれる、無味乾燥な知識の際限もない堆積である。曰く、「幾百年にわたり存続した教理の群も一〇行で説明され、展開されて、ほかの諸教理との対照を通じ片づけられた。劣らぬ切れ味と生々潑溂ぶりを以て明らかにされ破棄されたほか諸々の教理との対照を通じてだ」(モーパッサン[10]「フローベールの小説について」)。

そして私達が、学術的とエッセイとを問わぬハンガリーの文学史関係図書に諸々の達成を難なく見出せるのは、本来このような精神的飼料の〝過剰投与〟からのみ説明がつくところだったのである。一九六二年に刊行されたハンガリー文学史便覧は、今世紀(二〇世紀)初頭ブダペストで支配的だった勉学熱心についての、たとえば次のような叙述を含んでいる。曰く、「外国の文学および哲学への感興はいよいよ以て生き生きしてきた。ニーチェ[11]と並んでは既に〔ハーバート〕スペンサー[12]やギュヨー[13]、更にベルグソン[14]さえもが論じられている。トルストイ、ドストエフスキー[15]、自然主義へのゾラ[16]のやる気満々、ボードレール[17]、ヴェルレーヌ[18]、フランスの象徴派文人たち、世紀転換期におけるドイツ抒情詩――なかんずくデーメル[19]、アルノー・ホルツ[20]、ウィーンのリルケ[21]やホーフマンスタールを含む詩壇のかそけき調べ――演劇ではイプセン[22]、ハウプトマン[23]、散文ではゾラやアナトール・フランス[24]がハンガリーにおいても心酔者を見出した。ヨーロッパのほかの国々におけるように、多種多様な潮流が同時に力を及ぼして、しばしば互いに足を引っ張り合う。すなわちトルストイと〔オスカー〕ワイルド[25]、非の打ちどころなき無政府主義者たちと〔ハーバート〕スペンサー[26]とが。……世紀末の気分、自然主義、印象主義の力づよい色彩、ユーゲント・シュティルと後期象徴主義者たちの神経衰弱、しかしまたパリのキャバレーの潑溂ぶり、フランス喜劇の密通大盤振舞《みそかごと》などが多彩なごちゃまぜへと結果するのだ。」

かなり類似の響きを伝える叙述は、様々な作家の書きものの中にも見出される。その際には同時代の西欧文学だけでなく、それ以前の古典作家たちの名や作品も呼び出されてくる。「うら若きハンガリーは何もかもを得ようと努めた。」――一九五六年蜂起の前史を主題としたアツェール＝メーライ[27]の書物にはこう読める。――「彼が研鑽したのは、多様極まりない哲学の諸流派であり、ドイツ実証主義からディルタイ[28]の解釈学にいたる、またジョノ[29]の農民的浪曼主義からフロイト[30]におよぶ千差万別の心理学的な理論であった。ハンガリーの若人らがショーペンハウアー[31]に全幅の信頼を寄せた幾月かもあった。その後彼らはフッサール[32]やマイノング[33]の精神科学的な方向を唯一の救いと看做したものである。彼らはクレッチマー[34]の類型学を自家薬籠中のものにしてしまったし、『善悪の彼岸』[35]の文章を丸暗記して引用するほどだったのである。」

こうしてなおしばらくは先へすすむ。

更に上質の文学的好尚と文体上の格別な入念ぶりをひっ下げて、同様の列挙に当り、すすみ出てくるのは、サボー・Cs・ラースロー[36]（一九〇五―一九八四）である。曰く「人が耽《ふけ》る回想の創造力に関するベルグソンの教説、人文主義がみずからを焚刑に処したニーチェの破壊的な文化批判、偽善的な良俗社会における〔バーナード〕ショー[37]の屈託ない馬跳び、トルストイの異端的救済論、ホイットマン[38]の朗々と吹き鳴らす生の歓喜、ラフォルグ[39]の虚無的な諧謔、ヴェルレーヌの鳴り響く言の葉を以てする色事……」等々、ここでも私たちは人名録の悉くを挙げているわけではないであろう。結論だけは別として。すなわち「信仰と無信仰、芝居と妄想、遊戯と沈思の一切が、僅かな歳月で、ハンガリー文化の中に共鳴盤を見出したのであった。」ヒャー、奴らは己が〝変種《ヴァリアント》〟の群を手に入れたのだぞ！

山海の珍味もかくやと思われるこんな叙述――さても本来はこうしたすべてがハ、ン、ガ、リ、ー、文学と関わりがあるのだといった問題は見る目がなくてやり過している――こんな叙述に姿をあらわすのは、殆ど完全に具体化された西欧の精神活動なのだ。商品まがいのかたちをとっての。まるで西欧が、ありうべき凡ゆる教養財が調理ずみのかたちで手に入れられる、精神の大スーパーマーケットででもあるかのように。その暗黙の結論は、あとは消費するだけでいいさということである。

この時代のうら若き詩人たち――その後、現代の古典的な作家となった詩人たち――の往復書簡が雁首揃えているのも、なお一層人目を惹く。二十三歳ぐらいだったバビッチは、一九〇四年、その友で詩人仲間のコストラーニィ[40]への書簡で、自分が正に繙いているのは、カーライル[41]、クーノー・フィッシャー[42]、ホメーロス、プラトーン[43]、アイスキュロス[44]、カトゥルス[45]、ティブルス[46]、プロペルトゥス[47]、ペテーフィ[48]、モンテーニュ[49]、及び三冊の心理学書だと語っている。折柄ウィーンで修学中だった十九歳のコストラーニィはその返信で、自分が丁度聴講していた三人の哲学教授のことのほかに、カーライル、マーク・トゥエイン[50]、シラー[51]、スタンダールを目下の読書として枚挙したが、序手としてなおヘーラクレイトス[52]、ペテーフィ、フローベール、エレディア[53]、シュリ・プリュドム[54]、ボードレール、リシュパン[55]、バイロン[56]、ゲーテ[57]等々の名をも挙げている。同様にして一九〇四年、バビッチは、同年輩の抒情詩人ユハース・ジュラ[58]に——むろん何らの皮肉をこめてではなく——自分が一週間のあいだにニーチェ、〔イポリット〕テーヌ[59]、ブランデス[60]、フレンセン[61]、オヴィディウス[62]、プラトーン、並びに社会主義的で一元論的な著者たちのものを読んだと報じている。

　これらの書簡におけるほか諸々の打明け話——それはまた本来注目に価するとともに、同情に価するところでもあるのだが——に独創性が露呈されることはまことに寥々たるものであって、若き詩人たち自身の体験や観察は一向に主題ともされなかったことになる。己が時代と環境に対する彼らの態度決定は、ただただ因襲的で、大抵の場合、愛国主義的な言説から成る。目下読んでいる著者につき述べているところも、これまた自主性には欠けているのだ。彼らにとってふつう問題になるのは、本当のところ誰が他よりも偉大なのか、誰が〝よく〟て、誰がそうではないのか、ということなのである。

さきに〔四四頁〕話題とした〝多彩なごちゃまぜ〟は、その時期の同様学究的なほかの叙述においてもなお、アディの詩の引用により目のあたりに特徴づけられる。つまり「合流し来たれり、秋、冬、春、夏が」の引用を以てだ。そしてこの詩行がこの文脈では既にそれだけで或る一定の皮肉をこめているにも拘らず、そうした叙述を筆から迸らせる文学史家らは、述べられた情況に批判的ないかなる註釈を加えるわけでもない。継ぎ足し気味にそこから結論を引き出してくるわけでも決してない。その際あの当時そこにあったのは、時代精神のこの混乱の今また別の徴候だったのである。たとえば、よくひかれるフランスの格言にはこんなのがある。「既には未だにだ」(Les Déjàs sont Encores.)。若き日のルカーチも時としてのこの名言成句を弄《もてあそ》んだものである。が、それでもなお何かしら忘れものをしていたのが、学術的な著述家たちであった。すなわち、カールマーン・ヨージェフ(63)(一七六九―九五)が、ハンガリー文学の歴史におけるかかる〝合流〟を次のように診断したのは、既にして一七九五年、ハンガリーでのこの種のものの一番槍としてその名も高き教養批判的エッセイにおいてのことだったのである。すなわち「アウグストゥス(64)の世紀もルイ十四世(65)の世紀も、来たり、また過ぎ去るのに一年とはかからなかった。わが国では」と。

学問の府も読書界も、それゆえ、とんと気づくことがなかった。西欧の教養財をあまりにせっせと涯《はて》しもなく摂取するのが、胡散臭い事象なのだということには。とりわけてもそんな受容が、文学界のエリートたちの支配的イデオロギーとなるに及んでは。

彼が手を結んでいるのは、それこそ非生産的な連中である。とりわけても、精神的教養が社会的威信をたかめる時代におけるそんな連中だ。なのに質を犠牲にしても量が評価されたりする。そしてこのことは、〔二〇〕世紀への変り目でオーストリア・ハンガリー〔帝国〕に当て嵌る。またかなりいい階層にこそふさわしかった。見かけ倒しといえ少なくともよき一般教養を身につけるのは。芸術史、文学史、哲学史につきいくつか決め手となる言葉や文章が口をついて出られるようにしたりするのは。さきにひいた列挙でニーチェの名がくり返し立ち現れてくるその事実だけで、既に自己目的となりおわった勉学熱心のいかがわしさの症候となる。何故って、まさしくそれこそが、猛烈な激しさでニーチェの攻撃したところなのであるから。……「若い人は何千年来、鞭打たれてきた。」大凡こういう趣旨のことが『反時代的考察』(66)では語られている。「彼の頭脳は途方もない数の概念ではち切れそうだ。それはたかだか過去の時代や諸民族からの間接的な知識で、生の直接的な観照から引き出された概念の群ではない。何かしらを自分で経験しようとするその欲求、関連し合いつつ生動している仕組《システム》が己れの経験により自からの裡で成長してゆくのを感じとろうとするその欲求――かかる欲求は麻痺させられて、宛も酔い痴れた状態になる。つまりは見せかけの繁茂により、さして年月もかけずに、古い時代、それも正に最高の時代々々の最高にして最も注目すべき経験を自からのうちに要約することも可能だとでもいうようなことになる」と。その結果は、とニーチェは更にこう書く。上述の若い男は、手あたり次第の教養の摂取により、遂に故郷喪失者となり、思い上って、凡ゆる道徳や概念に疑念をもつにいたろうとも……というわけだ、と。

さて、恰度このような思い上りと懐疑癖、かかる〝生まれついての年寄りくささ〟（これもニーチェの言葉）は、長い間を通じてブダペスト的〝国民性〟の特質となった。同時代の何人もの作家のように、たとえばモルナール・フェレンツやハトヴァニ・ラヨシュ[67]が如実に描き出す通り、ブダペストっ子はあらゆる虚偽を立ちどころに看破して、御大層な言葉の背後に真の主題《モティーフ》を忽ちにして発見できることを、並外れた誇りとしていた。彼らは他人の策略にひっかからなかったばかりではなく――ハトヴァニもそうなのだけれど――〝アッシジの聖フランチェスコ[68]すらよくよく考え抜かれた動機があるに違いなくて、であればこそ滅法篤信だったのだ……〟などと信じて疑わなかったわけである。

この鼻白む日々の教養の冷笑主義に相応ずるのが、精神文化における印象主義の圧制である。そんな印象主義が供されたのは、二つの源泉からであった。すなわち一方では、印象派《アンプレショニスム》さながら体系に生来馴染まぬ前述の八方破れの教養摂取から。他方では、世紀の変り目に、精神的輸入活動の絶頂で、西欧にあってはまさに印象派《アンプレショニスム》こそが流行《アン・ヴォーグ》していたという事態からだ。印象主義が支配的だったのは、言うまでもなく、ブルジョワ知識人たちのグループ内においてだけのことであった。公式の文化政策も、また保守的な文筆家たちも、自分たちにとり〝退廃的〟で〝コスモポリタン〟と見えたすべてに対して断乎拒否の姿勢であった。それとともに、既に前世紀〔一九世紀）の七〇年代に始まり今日にいたるまで涯しを見ることのなかった、あの論争は尖鋭化したのである。保守派の側から文学に要求したのは、国民的《ナショナル》、ということはつまり地方的な諸主題《テーマ》、並びに一定の道徳的規範を遵守することであった。進歩派は、政治評論家イグノトゥシュ[69]（一八六九―一九四九）を筆頭に、先ず第一には芸術と文学のための自由を要求して、それで地方的保守的な作家ほどにはハンガリー的でないなどとされることに異を唱えた。イグノトゥシュのモットーは〝文筆家が何を筆にしようと、うまく書きさえすれば、それでいい〟というものであった。父祖伝来の古典主義的規範からの、また道徳的愛国主義的因習からの文学の解放は、疑いもなく、イグノトゥシュとその同志たちの功績であった。〝汝の欲するところをなせ〟の原理にますます以て権威を認めさせることによってだ。彼らは本質的に文学の自律を打ち樹てるのに貢献したことになる。これは、しかし、両刃《もろ》の成功であった。何故なら、文学的自律性――西欧では後期ブルジョワジーの成果――への需要は、ハンガリーでは実際上、まだ薄っぺらでしかない大ブルジョワ層にしか、否、本来はただブダペストのブルジョワジーの手元にしかないものだったからである。ところがかかる自律性が普遍妥当的な原理として受容された。保守派との辛抱づよい論争において、イグノトゥシュによりそれがしばしば戦闘的に反復されるにつれ、一つの正規なるイデオロギー、近代性への一種の信仰告白となるにいたったのである。

近代性は、しかし、当然ながら、そうなるのには向いていなかった。何しろ根本においては、理念的内容なしの、リベラルな編集乃至発行の基本原則に過ぎぬものであったのだから。が、そのうちイグノトゥシュは一九〇八年、他の三人のユダヤ人文筆家たちと組んで、新雑誌『ニュガット』（〃西方〃、その含意は〃西洋〃）を創刊したが、この専ら〃出来栄え〃に配慮したイデオロギーが手に入れたのは、実効ある一つの討論の場《フォーラム》、こう言ってもよければ、一つの神殿であった。何故なら、この雑誌は、疑いもなく最初からエリートの機関誌であって、ありうべき凡ゆるブルジョワ的な発想のもの書き達のリベラルなたまり場であったのだから。ハンガリー文学史の中でそれが得たのは、画期的な出来事とされる地位だけではない。何かしら神話といったものにまでそれはなったのである。その三十六号に及ぶ刊行物は、〔一九〕七〇年代、八〇年代に再刊された。そこで公式のハンガリー文学史が、マルクス主義によるそれも含めて、二〇世紀の、いずれも『西方《ニュガット》』を発表の場とした、指導的な詩人たちに無条件のお墨つきを与えたのは、精神的乃至言語的な彼らの本領に立脚するより、むしろ——いわば〃ローマ建国以来《アブ・ウルベ・コンディータ》〃(70)なる——〃ニュガット＝世代〃の第一世代、第二世代、或いは第三世代という彼らの帰属に従ってのことだったのである。

ハンガリーの読書人仲間により内面化された原則で、イグノトゥシュの戦闘スローガンにまさるものは、殆どほかになかった。従って勝利を博したのは、老ルカーチ・ジェルジが軽蔑をこめて〃芸術のための芸術〃（L'art pour l'art）イデオロギーと名づけた見方——若くして既に彼の拒んだ——疑いもなくそんな見方でこそあったことになる。

第三章　青春と初期の作品

1　気に染まぬリポート街《ヴァーロシュ》

二十一歳の筆者としてルカーチは、一九〇六年、その論文「演劇の形式」(“Die Form des Dramas”)をイグノトゥシュに提出した。当時創刊ほやほやの(そしてまた廃刊となる)一雑誌を編集していたこの人物にである。手稿を読んだ後この人は、若い筆者を対談に誘った。それが彼らの最初の出会いであった。心こもる談論の終りの方でイグノトゥシュはこう言った。「貴君の論説は並外れて怜悧で才気煥発ですから、ごらんの通り、掲載させていただくことになるでしょう。でも一つだけ言わせていただいてもいいですか。貴君が全生涯にわたり胸にとどめておかれるといいことですから。つまり貴君がそこにお書きになった凡てについて、ひょっとするとその反対をも全く同じにお書きになることが出来るところだったのかも知れないということなのです」と。

Uti figura docet.(見ての通りだ)。ルカーチ本人の伝えているこの挿話が証すのは、若きルカーチの独自性と本質性が疑わしいということ、従って中心的な彼の主題《テーマ》が、ブダペストでは、決して単に学術的な事柄なのではなかったということである。こうした精神的環境――〝価値の真空状態〟――に鑑みて、生の全体性の喪失、もしくはルカーチがみずから名づけた通りの、「先験的なホームレス状態」が彼の心を深く揺さぶったのは、当然だと思われる。後年マルクス主義においてさえ彼の認め且つ高く評価したのが、第一義的には、たとえば経済的に基礎づけられた歴史哲学とか社会の革命的変化とかではなくて、むしろ遥かに全体性を再建しようとするその努力であったこともだ。この点でルカーチは、なかんずく、ブダペストという〝特性のない都市〟(1)の子であった。

彼自身は、後になっていずこにてあれ、自分がブダペストの出身であることとか、総じて個人的な境遇とかを、己がライフワークと関係づけることはなかった。その関連は、彼自身によっても意識されていたには違いないのだけれども。個人的な、単に「局部の」案件に彼が省察をめぐらすことは稀であった。人生の最後になって、やっと自分の弟子や編集者にせっつかれ、いくらか詳しく己れ自身の経歴に御当人も取り組むようになったに過ぎない。だが、それでもなお、より一層マルクス主義的観点の下になされただけのことである。

若い頃、彼が己れの哲学観への伝記的な素地を暗示しているのは、一九〇九年、ブダペストの某絵画展で筆を執った開会挨拶でのことにすぎない。曰く「私共がその中で育った世界観がまるごとすべて、生まれて初めて私共が大いなる印象を受けた美術を、何てことでしょう、肝腎要がそこにあるかもしれぬなどとは眉唾だとしておりました。そういったことにつき敢て口にしたり思案したりした者を彼らは茶化してみたり、時代おくれで中世風の、底なし沼よろしくくねくね考える連中だと後指さしたりしたものです。私共が大きくなった時代――また一九世紀のそっくり凡て――は、何かしら存続するものがひょっとしてあるかも知れぬなどとは、信じてもいませんでした。既にして百年前には、こう書かれたのであります。景観とはただ気分であっていい。

ただしこの世では何もかもが気分になったのだ。そこでは何ひとつ確実なもの、永続的なものはなかったのだ、と。刹那々々の渦巻く中にも手応えを以て長続きする何かしらはあるのだという信念、事々物々が、しかも己れの本性を伴って、有るのだという確信は、印象主義とかそれの凡ゆる言説を排除いたします。何故かと申すと、それなら、これを得ようとして努める甲斐のあります、それこそ得ようと努めなければならぬ目標があるということになるのですから。で、そうなると、道の方角はもはやどうでもいいというわけにはまいりません。そうなると、もはや何をか言わんやです。そのあたりのことをハンガリー印象派の、感覚この上もなく鋭敏な批評家のお一人はこう仰せになっております。〝芸術家がやっていいのは、凡てその欲するところだ。たとい何だって出来るとしても〟と。」

ここでルカーチは〝感覚鋭敏〟なイグノトゥシュを向こうにまわし横槍をつけているだけではない。一九一〇年五月にやっと姿をあらわす彼の論文「審美的文化」、初期作品での鍵としての役割を演ずるこの論文こそが、根本的には、件《くだん》の開会挨拶で幕をきっておとした立論の実は継続にして完成なのだ。それは印象主義に対し、〝出来栄え〟への価値中立的原則の絶体化に対し、審美的文化に対して断乎逆らう情熱的な偉大なる『フィリッピカ』(2)だ。因みにその審美的文化とは、「心的な野垂れ死に、生き創造することにかけての無能、瞬間々々に引き渡されてあることを生の原則へと格上げしてしまうことである。けだしその原則にとっては、上手に描かれた野菜と上手に描かれたマドンナの間に何らの逕庭も存しないのだ」。

完全なる自由は、途徹もなく怖ろしい拘束としてもいいと更にそこでは書かれている。ルカーチはここでは――既にここでは、とつけ加えてもいいかも知れないが――拘束力ある、生のあらゆる領域を包含する精神的価値体系の方の肩をもつ。彼にとり重要なのは、むろん、概念的な、即ちイデオロギー的な統一性ではない。むしろ超越性、むろんのこと道徳的有意義性をも帯びたそれなのである。彼にとり問題なのは、〝最も重大なること、生に対しての立脚点〟、現実との対決である。けだしそれがやがてその他の彼の論著、とりわけても一九一〇年一〇月に執筆されたエッセイに関するエッセイにおける支配的主題《テーマ》となるであろうし、またここでも既にして感じとられるのだ。即ち、〝現実の抵抗を知らぬ、己が外にあるものの力を知らぬ、現実に対してすすめられる闘いの中で育くまれたのではない「いずれの世界感情も、己が力を自覚することは決してないだろう。またそんな力を有《も》っているのか抑々味わうこともないだろう」〟。

根本においてこうした段落は、ひょっとすると、筆者がニーチェとかキルケゴール(3)の信奉者であることを明かす生の哲学風の兆しをなすものであるかも知れない。ルカーチは、しかし、それ以上に糸を紡いでゆくことはしない。兆しが発展させられることはなかった。具体化は行なわれていない。その後の論著では重心が移りさえもしている。すなわち経験的な生は峻拒されるのだ。〝審美的文化〟では、しかし、まだそこまではいかない。ここでは結論として新たな審美的文化の到来が預言者的に告知される(こうしたメシア的な考えは、そのほか若書きの諸作品においてもお目にかかる)。そうして、ただ一般的に触れられるにすぎない生の哲学の問題性と並んで、ここでルカーチが立ち入る、二次的にはここにふさわしくもある問題こそは、実際の生活《くらし》ではうまくいかない芸術家の問題なのだ。そういったわけで重要なのは——トーマス・マン(4)を引き合いに出しながら、ルカーチが書いているように——芸術の外に出ると、〝何によらずこの世の物の役には立たぬ〟人間、その唯一の生活内容は芸術だといっていいそんな人間の〝悲劇的な境位〟だということになる。この悲劇性からその作品が創り出すのは、偉大さなのだけれども、その生活そのものは、しかし、〝空虚でいかがわしい〟ものにとどまるほかない。それにつれルカーチの触れるところこそは、己が審美家気質にとり重要な局面であって、初期の作品においては基本的な意味が当然そこに帰せられるし、純個人的にも己が心を奪うほどのものだったのである。

　この芸術‐生活‐問題がルカーチにあって初めて耳朶を打つのは、一九〇六年に著わされたゴーギャン試論《エッセイ》(5)においてである。そこで彼は、遠く離れた南海の孤島へのフランス人画家の〝逃避〟を、同時代の芸術の危機の結果と解釈している。「ゴーギャンこそは甚だ普遍的な問いへの答だ。まことに多くの人々から、それと自覚しないまま、問いとして感じられた問い、ものを深く考える二・三の芸術家がそのために破滅した問いへの答なのである。甚だ普遍的な問いへの答であって、今日の芸術家の生に対する関係ともかかわってくる。だが、ひとり問いが普遍的であるだけで、答はあまりに個人的だから、模範的でさえなく、象徴的ですらあり得ない。……」事実、ゴーギャンのお手本には誰も追随しえないし、ルカーチもまた実行可能な解決はないかと躍起になっているのだ。ゴーギャンのケースは彼にとり、その問題について語る恰好のチャンスなのかも知れなかった。彼の意見だと否応もなく浮かび上ってきたその問題についてだ。何故なら現代芸術の発展のまるごとすべてが、このような問題の前に辿りつかざるを得ぬものであってくれればよかったからである。そして何かしら或る解決が、ルカーチにとっては、差し迫って重要であった。「かかる完全なる無政府状態《アナーキー》、いずれの方向にも束縛されぬこんな宙吊り状態は、一つの耐えがたい状態なのだ。……」

芸術家は今日——とルカーチは更につづける——自からすすんで一つの様式を、己れらの様式を創り出さなければならない。何故なら彼らは凡ゆる縛りや制限から免れているからである。観念的な内容も後援者《パトロン》の恣意も彼らを指図するわけではなかった。そうこうするうちに彼らも本当はこのような状況の凡ゆる帰結を既に引き出して、内容と形式が等しく彼ら自身により決せられればいいような絶対的な絵画を創り上げていたところなのだが。こうして画家たちは辛うじて離れ離れに活動するほかなく、観客は最早ついていけなくても仕方なかった。「どんな家屋を自分に建てるか、どんな衣裳を身にまとうか、どんな家具とか絵画を揃えるか、それを同一本能が決するようなそんな文化は、もはや存在しない。混乱無秩序《アナーキー》は完璧である。」ルカーチの結論。「いずれの芸術家も己がタヒチを探し求める。そうしてゴーギャンを別にすると、それを見出した者はひとりも居ないし、この世の悉くが一変して、誰もかもがいたるところに空想上のタヒチを魔法の杖で喚び出して来ない限りは、見つけ出すことも出来はしない。」

ルカーチ的メシアニズムの恐らくは最も早い頃の宣言《マニフェスト》……

結局のところ、ここで若き評論家が世界観的な底なし沼ぶりを嘆くのは、同時代のブダペストをその虚無主義的、印象主義的〝出来栄え〟祭儀ゆえに難ずるのと、まさるとも劣らない。己が故郷なる都市の精神的方向喪失の中に彼が明白にそれと認められると思っているのは、普き危機のとりわけても極端な尖鋭化なのである。

軽薄さの主題《テーマ》が審美的文化において、今一度ついでながら浮上する。そして別の側面からそれが照らし出されるのは、一つの文学的例証に基いてのことである。けだしルカーチが同時代ハンガリーの劇文学からとってきたものであるが、すなわち、物語作家にして劇作家ヘルツェグ・フェレンツ(6)（一八六三―一九五四）の通俗喜劇の登場人物ジュルコヴィッチ（Gyurkovics）中尉は、何らかの落ち度をおかしたという嫌疑をかけられるや否や、ピストル自殺をしようと決心した。士官としての彼の名誉がそれを必要としたのだとでもしておこう。しかし様々な不始末を何ら逡巡することもなしに仕出かすことを、彼の名誉が妨げることはない。何故なら彼は既に自殺する気でいるのだから。もしか自分が世間の目に不利な立場へと陥るようなら。むろんそんなことになりはすまい、と今やしたためるルカーチは、ヘルツェグの性格描写を的を射たものと思っている。こうして「永遠の悲劇は最大の軽薄さになってもやむをえまい。……大いなる、しかし決して実現されることのない決着を期待しつつ、凡てが許されてしまう。最後の審判の日、凡ては微罪だという審判が下されるのである。――そうすると人生の実際の物事において罪の軽重の区別はどこにあるのか。……〝万事はどうせ同《おんな》じさ〟というのは――恐らく――悲劇の最後の瞬間に考えられてもいいことである。しかしこのことを公然と口に出し、生の実体と看做したりするのは、その際許されることではない」。

ジュルコヴィッチ中尉は、東欧の特徴的な登場人物であり、ひょっとするとオブローモフの混沌たる弟なのだと言うことも出来るかも知れない。何故なら倫理と現実の間で、彼の魂にあっては、深渕がまるごと口を開けている。宛もオブローモフにあって学問と人生の間がそうであるように。上官から彼に叩き込まれた英雄的道徳――士官の名誉――の大袈裟なまでの厳格さは、あまりにも浮世離れしたものであるから、彼はそれを生活の実地においては殆ど不可避的にひっくり返すのだ。

ルカーチはかかる道義的問題に個人としてあまりに深くかかわっていた。何故なら彼はいろいろな問題を抱えていたからである。自分自身のことについて。自分の感情や人づきあいについて。そもそも彼個人の価値体系について。つまり彼は知っていたのだ。自分が対人関係において馬鹿げていることを。しかしながら、若き哲学者の私的な精神状態や文筆によるそれの沈澱を更に詳しく描くことへと向かうに先立ち、彼の子供時代、青春時代のもっと狭い環境に一瞥をくれることとしようではないか。

ルカーチの家族――両親と三人の子供達――は、その成長期に、リポート街《ヴァーロシュ》(7)（レオポルド街《シュタット》）

で暮していた。とりわけてもユダヤ人の大ブルジョワが住居を構えていたブダペストの一市区である。（更に厳密にとるならば、彼らの住居はリポート街そのものにではなく、むしろその隣接地区、今日のベンチュール通り《ウッツァ》(8)であるに過ぎないのだが、まことに貴族的な地区の一つではある。でもルカーチは、その思い出では、両親の家の社会的環境が問題になった場合、常にただ〝リポート街〟のことを語ったにすぎない。この地区は彼にとっては第一義的に社会学的概念だったのである。）ルカーチ・ジェルジは、贅沢で裕福な環境に長じて、その早熟な文学的哲学的感興に、遮るものとてもなく、耽ることが出来た。とりわけても劇文学とは集中的に関わりあって、十五歳になったときには、みずからイブセン流、ハウプトマン流の手法で、二・三の劇作を手がけたのであった。あまり年月を経ずして、これら自分では駄作と断じた手稿を彼は焼き捨て、むしろ雑誌『マジャル・サロン』（Magyar Szalon）のため（アルフレッド・ケル(9)の文体にあやかった）劇評の筆を執ったものである。二年間（一九〇二―〇三）に亘り携わることとなったこの初めての公的活動への依頼を彼が受けたのは、家族的なツテを通じてであった。

　彼の父は〔ハンガリー総合信用〕銀行の頭取で、彼に銀行家の経歴を履ませようと目論んでいた。だが、順応しようとしていた四歳年上の兄とは逆に、そうしたことを彼は何ひとつとして知ろうとは欲しなかった。彼は実業家の生活やあらゆる種類の官僚機構にはただ嫌悪を感ずるばかりであった。それでも彼は、自由主義《リベラル》的な考えの持主で芸術愛好家でもある父とは生涯にわたり良好な関係を保って、その納得をうることに成功した。すなわちコロジュヴァール Kolozsvár

（クラウゼンブルク Klausenburg、今日のクルジュ・ナポカ Cluj-Napoca）大学で受けた法学での彼の最初の博士号取得試験の後、就任した商務省での地位、最高に不幸だと自分を感じたその地位をやがて放棄することも許されたのである。父は、彼が向後、私的な学究として後顧の憂いなく暮すことを可能にする気前のよい歳費を無期限に彼に提供してくれたのであった。

彼は既に〔ギムナジウムの〕第六学年にして、立身出世や営利をめざす心がけ、己が身近な社会環境の、まさしく〝リポート街〟での、成功崇拝を拒み、何とか反りを合わせてきただけのそこからは逃げ出していた。彼は大喜びで読書の世界に閉じ籠り、その際なかんずく御贔屓だったのは、ブルジョワ的価値体系に対しおしなべて反対の立場をとる作家たちであった。みずから報ずる通り、彼にとっては、最初の読書『イーリアス』（Ilias）と『モヒカン族の最後の者』[10]も既に一つの啓示であった。何故かならば、アキレウスによって打ち敗かされるヘクトールも、またアメリカインディアンたちも、彼の目には、成功がすべてでなくてもいいこと、否、〝成功に恵まれないなら、そこでこそ正しく振舞うものだ〟ということのお手本だったからである（ここで私達は、ついでながら、見てとらなくてはならない。我らが哲学者の子供時代に関して私達の手にする供述の大部分が彼その人から発するものだということを。しかしながら、これら乏しい情報に対しては特別に眉唾とする必要は殆どない。それら情報は徹頭徹尾筋が通っていて、私達が彼につき他の諸資料に基いてつくり上げることの出来る心象とぴったり当てはまるのだ。たかだか次のことが確認されるぐらいのものである。すなわち老ルカーチが自分の子供の頃を物語ったのは、ひどくおませな父っちゃん小僧で勝手気ままなああ言えばこう言う己が態度、己れの両親の家の社会環境に対しての断々乎たる離反を裏づける個々のことをのみ本来は物語っていたのだということが。己が青春時代の発達過程を政治的な動機で後から〝彫琢〟したりするのは、彼の柄ではなかった。いや彼はかかる術策を後になってきっぱりと拒んだのである。何故ならマルクス主義に帰依して、自分のブルジョワ的な過去からは公々然と、とことわに手を切ったからである）。

十五歳のとき、彼は父の書斎にマックス・ノルダウ(11)の著書『頽廃《エンタールトゥンク》』（"Entartung"）を発見した。そこにはイプセン、トルストイ、ボードレール、スウィンバーン(12)の文章《テクスト》が文学の頽廃の見本としてあげられていた。これらの引用文を読むことで、放逐されたそれら作家たちへの燃えるような興味を目覚ませられて、彼はそれらの人々の作品のレクラム叢書版(13)を大急ぎで手に入れ、貪り読んだものである。しばしば彼は授業の間中も読み耽った。小さな冊子を机の下に忍ばせたまま、〔授業に〕ついてゆくことは、それでもさして難しいわけではなかった。彼はたえず優等生だったのである。かくて彼はいくつかのことを、別に罰を喰らうこともなしに、やってのけることが出来た。何故なら上述の読書から養われたその非協調的見解により教師たちを真赤になって激昂させることも稀ではなかったのだから。（こうした読書に関して言えば、彼がマルクス(14)の著作を既にギムナジウムの生徒として「繙いて」いたらしいことを彼が後年の回顧で物語っていたのを、早速ここでも書き留めておかねばならない。）彼が兄とともに通ったブダペストのプロテスタント系高等学校《ギムナジウム》は、当時エリート校とされていたもので、そこでは何人か後年の有名人たちも教室に座を占めていたものである。

この時代の彼の親友の一人は、著作家の息子ベネデク・マルセル(15)であった。一九六五年に上梓されたその回想録では、この人、つまり〃ジューリ〃〔ルカーチ〕を回顧して「恐ろしく賢明な老成した若者」で、人を感嘆させるほどの博識と考え抜かれた皮肉の持主だったと叙べられている。この皮肉は、言うまでもなく、――ベネデクがそう言うように――とりわけ己がリポート街の環境に鉾先が向けられていた。後年、老ルカーチも語っているが、この環境の空虚な皮相性を何と彼が嫌悪していたことか。いかにしばしば、従って、彼がまだ子供の頃から、母親と既に激しく衝突したことか。母親を彼は憎んだ。彼にとり彼女は不誠実な凡ゆる形式墨守、その環境――〃儀典《プロトコル》〃――のあらゆる煩らわしさのまさに権化だったのである。彼女は厳しく、権柄づくで、子供たちが何か言うことをきかないものなら、何の躊躇《ためらい》もなく住居の暗い板敷の物置部屋に、御免なさいを言うまで閉じ込めた。幼き哲学者は、勿論巧みな駆け引きで、この懲罰にかなり肩すかしを喰らわせて、いやそれどころか彼の流儀で時としては仕返しさえやってのけることが出来たのである。一九〇一年、二人の友人により執筆された乃至は編集された謄写版新聞、とりわけてもこうした環境をからかったこの新聞は、やがて中止せざるをえなくなった。ルカーチ――全企画の発起人――の諷刺的な記事が、ルカーチの両親の判断では、幾分行き過ぎたからである。が、それはそうと、田舎の環境に長じてハンガリーの古いプロテスタント家系を出自とするべネデクは、ハンガリーの大きな社会問題につき、なかんずく田舎の人々のそれにつき、首都のこの大ブルジョワの息子から啓蒙されたわけである。典型的にとでも言うことが出来るところだ。

自分の母と、その母に代表される儀典《プロトコル》へのルカーチの憎しみは、もっと事細かに観察されるに価する。ひとり彼自身の回想からだけでなく私達が知ることになるのは、いかに彼が因習的な美辞麗句やしばしば反復される紋切り型の言いまわしを毛嫌いしたかということ、子供の頃たかが女中から彼の問いに対する筋道立った答を得ただけでいかばかり腹を立てたかということである。目下話題の、或いは仰々しい主題《テーマ》についての上っ面で俗物《スノッブ》根性丸出しのお喋りでも彼はいやいや話に随《つ》いていったものである。（それらの主題《テーマ》については、それ相応の〝教養人談論〟ガイド・パンフレットからも手っとり早く照会できた。）憎むにも値いすると彼が感じたのはまた、自分の母親が来客たちと全然読んでもいない書物につき語ったりしたことであった。

儀典とは本質的には、ハイデッガーが[16]〝〔世間の〕人《マン》〟（man）と名づけたものの支配権のことであった。全く同様に、インテリの談論とかその他サロンでの母親の雑談などにはハイデッガーの今ひとつの関係概念〝喋舌《おしゃべり》〟が適用される。ブルジョワ仲間でのこの決り文句的な、或いはむしろ空疎な会話は、むろん世紀の変り目に中欧においてのみ慣例だったものではない。サルトル[17]の小説『嘔吐《ノーゼ》』（Nausée）に読みとられるのも、何かしら次のような会話である。「御機嫌よう、ムッシュー。御機嫌よろしくおいでになりますこと？　どうぞまたお帽子おかぶりになって。お風邪を召しますわ。有難う、奥様《マダム》、本当に暖かくはございませんね。失礼ですが、奥様、ルフランソワ博士を御紹介させていただきます。まあ嬉しうございますこと、先生、お近づきになれまして。主人はいつも繰り返し、ルフランソワ博士のことを話してくれますのよ。それはそれは水際立った御治療をいただいたのだと申しまして。でもお帽子おかぶり遊ばせ、先生。このお天気では先生もお風邪を召しますわよ。でも先生ならば御自分で忽ち治しておしまいになりますわ。さあて奥様、医者の不養生と申しましてな。先生は皆も注目する音楽家でいらっしゃるのですぞ。おやまあ先生、私ちっとも存じませんでしたわ。ヴァイオリンをお弾きになるなんて！　先生はとびきり御才能がおありになるのだわ！……」

ただただ型で押したような言いまわしや身ぶりに会話が心奪われているところでは、何らの交流《コミュニケーション》も生じてこない。〝一方は、もう一方が言っていることを聞いていない〟と『嘔吐』の更に二・三頁先では読める。そして若きルカーチも、やがて見てまいるように、己が周囲の人々の無関心につき嘆くのである。儀典に対する彼の敵対は、まさしく実存主義的（生命がけ）とでも名づけられうる基本的な態度に立脚していた。彼の初期のエッセイ群にはこのような姿勢がところどころで且つはっきりと表明されている。恐らくそこにあるのは、西欧ブルジョワ的な――実存主義も含めての――全資本主義世界に対するその後の彼の底なしの、本当に「全域にわたる」憎悪の、最も古い根っ子なのであろう。

ベネデク・マルセルがジューリ（Gyuri）としてのルカーチの家にやってくるのは、決定的にみすぼらしいベネデクの家に彼ルカーチがやってくるよりも稀であった。ジューリは自分の友が、ルカーチ家やそこで交際がくりひろげられている社交界で一種の〝名誉異邦人〟として何かしら気まずいものを感じていたこと、それゆえ却って自分のところへすすんで、時としては週に何度もやってきたのだということを理解していた。夏休みには、しかし、彼は兄や妹と一緒に、トランシルヴァニアのキシュバツォン方面、ベネデクの祖父母の田舎家に招待された。その友情は、二人の高校生の文学への共通な、なかんずく演劇への興味に基いており、その際、もちろんのこと、ベネデクは、ルカーチとは反対に、熱狂的なロスタンの心酔者として[18]『シラノ』[19]などは悉く暗記しているほどであった。主なる神が若しか地上に降臨し給うて、その際お鼻が長くていらっしゃるなら、真っ平だね、というのがフランスの新浪曼主義的な脚本への十五歳の少年の意見であった。しかしながら、彼らには、当世風の演劇につき共通の苦情があって、更に一九〇四年になると、志を同じくするなお二人の友人とも力を協せ、ターリア協会を創立した[20]（これら二人の友人の一人バーノーツィ・ラースロー[21]は哲学者バーノーツィ・ヨージェフの息子で[22]、この哲学者のカント並びにショーペンハウアーの演習にはルカーチも後年加わった）[23]。独、仏、墺のお手本に倣って出発したこの企画の課題は、ブダペストの演劇生活を芸術的且つ社会的に近代化することであった。この四年の間存続し成功裡に活動しつづけるこの協会において今やルカーチ・ジェルジが集めた知識や経験の数々は、彼の最初のひときわ大なる理論的な著作、一九〇六／七年にものされ、一九〇八／九年に改訂されて、受賞もした『近代演劇発達史』の重要な基礎をかたちづくったのである。

ベネデク・マルセルとの友情はまた若きルカーチにとり別の点でも重要であった。〝マルシ〟の父、カルヴァン派のジャーナリストで児童絵本の作者だったベネデク・エレク[24]（一八五九―一九二九）は、彼にとり道徳的な模範となった。この人の首尾一貫する真理愛は、彼が回顧的に僕にとってはリポート街の成功偶像視に対する生ける抵抗力であったと記している通りである。その後は――私達は彼からそう知らされるのだけれども――ペテシュ・イムレ[25]、オスカー・ザウアー[26]、エレオノーレ・ドゥーゼ[27]といった俳優たちが、妥協を排する誠実な芸術家的態度により彼の理想像となったのであった。彼がさてかかる理想に鑑みて己れ自身の姿勢や実生活上の立場をいかに判定していたかは、私達にはわからない。これは彼の伝記的な覚え書きの主題《テーマ》ではなく、また彼にインタヴューした人たちも、こうしたことに狙い定めて質問したわけではなかった。私達が知っているのは、ただ己れの社会的素性、とりわけても父の気前いい財政支援を基に享受した安楽を彼が決して放棄することがなかったということだけである。その際かかる安楽の源泉は、徹頭徹尾成功にさし向けられた、また封建的な支配階級に徹底的に随順したこの父の銀行家という職業であった。この父は男爵の爵位も得て、ブダペストの市参事会員、且つ保守派与党――ティサ党――の党員であった[28]。（彼は嘗てジューリをもこの党に属する代議士にしようと望んだ。この意図は息子からただ笑殺されただけであった。）ルカーチ家の若きジェルジは何ら反逆者ではなかった。

支配的な社会秩序からの彼の内面における離反にも拘らず、政治的、世界観的対決からは遠く距離を置いていたのだ。けだし、当時保守派とリベラル派、また社会民主派の間でもち上った、また数ある中でも政治詩というものの価値と無価値をめぐって持ち上った対決からである。成程彼は反ブルジョワ的な文献を情熱的に欣然として読みはしていて、時折はその友人や教師たちを非協調的な考え方でびっくりさせたり、明けても暮れても専らタルムードに読み耽っている隠遁した大叔父を崇めたりしていたのであるが、それ以外ではしかし己が家族の安固たる膝下に暮して、軽蔑していた社交界で飲み食いしたり、踊ったりしていたのである。貴族の称号も帯び、超保守派の文芸学者ボェーティ・ジョルト(29)のもとで博士号を授与されてもいる。

矛盾に満ちたこのような態度は、少なくとも部分的には、彼の精神的感興が理屈の上で疑問の余地なく〝プラトニック〟に発揮されたのだとすれば説明がつく（或いは――彼自身のそれも含めた――芸術家の性格に関し彼の語るあの軽薄ぶりということを以てするなら）。ハンガリーにおいて野党自由主義者らのイデオロギー的基盤（ブルジョワ急進派）をかたちづくる英・仏の合理主義乃至実証主義は、彼を冷淡なままに委ねた。社会民主党員の信条たるマルクス主義にしても同様である。彼の思想は、とりわけ形而上学的な問題を巡っている。自身の判断だと、一九一七／一八年頃にいたるまで彼はカント主義者であった。厳格な彼の倫理は、ブルジョワ急進派にあっても、社会主義者にあっても、いずれにせよ肘鉄を喰らわされるものであった。それにふさわしく彼は、現代ブルジョワの大衆文芸誌『西方《ニュガット》』においても、ブルジョワ左翼の機関誌『二〇世紀《フサディク・サーサド》』(30)においても――これらの誌面に彼は発表したのであるが――アウトサイダーなのであった。

2　イデオロギーとしての隠遁、『魂と形式』

若き日のルカーチが自分と一体化させたのは、それゆえ、事実上の彼の故郷ではない。だが、それ以外に具体的な社会的自己同一化の基盤を自から探し求めたわけでもない。彼は根本では故郷喪失者であった。恐らくはそのゆえに、観念論哲学とそれとは逆の通俗文学との抽象的範域を己が〝代理の故郷〟に選んだわけで、彼の初期作品の正に極端なまでの抽象性の根源もここにこそあるのかも知れない。私達は、しかし、あべこべに、こう推測することも出来る。すなわち、彼の卓越した、〝西欧的〟（従って後期ブルジョワ的＝コスモポリタン的）に方向づけられた、理論中心的な、その途方もない精神的受容力を以て獲得された、モダンな知的教養は、当時のなお相も変らぬ前ブルジョワ的ハンガリーの生活世界では、とにかく不相応なものだったのだ、と。かかる教養を以てしては、彼も、国の社会的文化的日常において、また伝統なきその首都において、殆ど具体的な手がかりとか応用のチャンスとかを見出しえなかったのである。かくて彼は哲学上の諸問題をひっさげたまま、考えを同じくする者たちの、かなり周辺からは孤立した、甚だ狭いサークルのうちに留まった。けだしこれらの者たちは、精神的にはみな悉くどこかよそを――先ず第一にはドイツ哲学を――出身母胎とする連中だったのだけれども。当然の帰結として、若きルカーチの話相手――マンヘイム・カーロイ(1)、ハウゼル・アルノルド(2)、トルナイ・カーロイ(3)などといった人々――の間から二・三の仲間がやがてハンガリーを去り、西欧において英・独、乃至はイタリアの著述家になったのであった（ハンガリーの主題についてはただの一行たりと筆を染めることがなかった）。

ターリア協会が存立することをやめてから後、新進芸術学徒ポッペル・レオー(4)とのルカーチの親交は深まっていった。けだし資質に甚だ恵まれた才気煥発の若い男で、彼はその釣合のとれた快活な人となりにより二・三年の間は哲学者の欠くべからざる刎頸の友となったのである。しばしば襲う鬱《うつ》と戦いつつ己が正体を探し求めていた哲学者のだ。

同じく密接な友情を――それほど深く感じてはいなかったにせよ――彼と取り結んだのは、同い年の詩人バラージュ・ベーラ(5)であった。この人物と一緒に一九〇六―一九〇八年、彼はベルリン大学でジンメル(6)の演習に出席していた。彼らはそこで親交を結んだのである。バラージュの詩や戯曲におくればせながらハンガリー詩の革新を歓迎したのはルカーチであった。バラージュはルカーチが評価したハンガリーの数少ない文人の一人なのである。いやこの人を彼は、自分にとっては無条件の頂点をなすアディにさえ近づけたのだ。バラージュの作品を評価し分析するのに長文の論説を彼は寄せたのであったが、むろんそこから私達が多くのことを知らされるのは、より一層ルカーチの美的原則や普遍的世界に基いてである。バラージュ・ベーラの個性的で詩人的な横顔なんかに基くよりも。

あり余るほどの死活の体験とか愛すべき青春の環境とかが欠けているからなのか、それとも単純に天分からなのか。いずれにせよルカーチが実存の根柢として肩をもったのは、純然たる主知性であった。一九一〇年に彼はこう書いた。「ひょっとするとどんな振舞によっても表現されぬかもしれぬ体験、なのに表現されることを切に願っている体験がある。……主知性、抽象性こそがそれだ。感傷的体験としてである。直接的な現実としてである。突発的な実存原理としてである。それの純粋性が包みかくされることなき、心的な出来事、生の推進力としての世界観だ。」

今日ではただ骨折ってでしか頭の中で跡づけることが出来ない表象。それをルカーチがパラフレーズしているのは、その最初の重要な（何しろ自費出版で、しかもドイツ語で上梓されているのであるから）書物、エッセイ集『魂と形式』（一九一一）の序文においてである。根本的にそれは、哲学的乃至は心理学的命題《テーゼ》として定式化される主張であるに過ぎない。でも、そういうわけで、件《くだん》の命題《テーゼ》は、根拠づけもなければ、何らかの事実とか支えとなる学的確認と関連づけられるわけでもなくて、殆ど持ちこたえうるものではない。直接的現実としての抽象性？　自発性としてのの？　そんなのは、あっさりナンセンスなのではなかろうか？……

若きルカーチにとっては、恐らくそれは何らナンセンスなどではなかった。彼の関心をそそったのは、それこそただプラトニックな問題提起にすぎず、彼が生きていたのは、専らただ精神の範域、読書の世界でのことに過ぎなかった。読んで、書いて、それからとめどもない談論或いは独白が、読み且つ書いたものについてすすめられる。十五、十六歳になった少年の、それこそは既に生きざまであった。ふうふう言いながらカルパティアの山々を登山している間すら、彼の口をついて迸《ほとばし》るのは、抽象的な論議だった、とベネデク・マルセルは語っている。事実、彼を内面で動かし、着想に及ばせることが出来たのは、ただ読書だけであって、「平凡陳腐な」今＝ここなる現実ではなかった趣なのである。

さても——ポッペル・レオー宛て書簡というかたちでしたためられた——その序文において特別に話題とされているのは、批評家、もしくはエッセイストの精神のありようを描くことである。ルカーチの意見では、エッセイとは詩であってもいけなければ哲学であってもいけない。ではなくて両者の間の第三のものであればよく、その素材も直接の現実ではなくして予め形づくられた現実である如き芸術形式、それゆえ詩であっても美術《クンスト》であってもいいということである。ルカーチは〝芸術《クンスト》につき筆にすること〟を、〝人間の気質《テンペラメント》を言葉に表わす一つの方式〟とも名づけた。エッセイストにとり正に形式こそが〝大いなる体験だとしていい。……それこそがこの人にとり直接の現実なのだ。〟（とすると、それはもはや抽象性ではないということか⁉）それゆえ彼がエッセイストにつき——或いは〝批評家〟乃至〝プラトン主義者〟につき——語るとすれば、根本的には無媒介に自分自身を思っていたことになる（ポッペル・レオーにはそれがよく判っていて、絶えざる〝自画像化〟についても彼に警告していた）。

若きルカーチはエッセイを新たな詩のジャンルとして定義しようとする己が試みに苦心している。その説明の出だしで彼が告げるのは、エッセイを〝そもそも出来るだけくっきりと孤立させようとする〟意図だけれども、彼の定式化は概してぼやけたままと言っていい程なのだ。つまり「エッセイが語るのは、常に何かしらかたちづくられたもの、或いはせいぜいのところ嘗て現にあったものについてであって、それゆえこれが本領としているのは、新たなることどもを空虚なる無から取り出してくることではなく、既にいつの頃からか生きていたものを新たに秩序づけることである」。それはエッセイというものの手ざわりのいい定義であるよりも、自身の行為をむしろ描いてゆくことであるように耳に響く。ルカーチが操るのは、二・三の回りくどい高度に抽象的な僅かな範疇なのだ。まるでそれらの範疇が確乎として具体的な大きさがありでもするかのように。つまりは〝魂、形式、運命、運命連関〟がだ。それらを器用にあっさり互いに彼は関わらせ、その際これらの概念の本来的な内容を説明することがない。彼は、言ってみれば、空中で行動していて、大地に触れることは皆無。それゆえ事態の把握には時折いまだしきものがある。曰く、「批評家とは、運命的なものを諸々の形式において見てとる者のことである。……形式は彼の大いなる体験である。それは直接の現実として絵のように見える。彼の筆にしたものの中で現に生きているものである。人生の仕組みの象徴的な考察から成り立つこれらの形式は、体験の力《エネルギー》からそれ自体としての生命を得る」と。(あの当時、エッセイ集『魂と形式』をよくわからないとか混乱しているとしてはねつけ、そもそも己が思いを彼は他の人々に伝えうるとしていいのだろうかと疑問を呈したハンガリーの書評子も何人かはいたのであった。バラージュ・ベーラも嘗て(一九一〇年五月)彼にこう書いたものである。〝君はともかくひとつもの書くことを学ばなければ〟と)。

ルカーチは何ら明瞭な結論に達していない。しかし彼は、はっきり目標を自覚して、順序立ってやっていたわけでもない。彼のエッセイは最後まで、まことに教養たかく、まことに洗練された、しかし正に狂想詩風の閑談でありつづけるのだ。

彼が演じているのは、むろん容易に見抜かれてしまうような似而非ゲームだ。遅くとも彼の書簡やそれと日付を同じくする日記の覚書を読んでみるなら。何故かと言うにエッセイにおいても私的な告白においても、同じように大切なのは、「人生に対する立場」、現実との折り合い、従って彼の個人的な問題だからである。けれども、現実の障害に対する闘争、つまりは普通人の挑戦を受けて立つことが積極的に評価されている〝審美的文化〟から引かれた述懐とは反対に、ルカーチがそのエッセイ集で試みているのは、〝プラトン主義者〟として普通人の生活からは一線を画すことであり、凡ゆる日常の現実から離れて、純粋な理知性の範域内に腰を据えることだからである。この位置から彼には普通人の生活に対しての、ただただ軽蔑がなおあるばかりであって、その〝散文的な低劣さ〟につき、〝魂の支柱を押し流してしまいもする汚濁の風潮〟につき、彼は語る。その上で、否応もなく日常における人間の精神的態度を性格づける〝空虚さや軽薄さ〟と、さっさと折り合ってしまうわけである。

この散文的で、些末で、混沌たる、いかようにであれ後指さされる生活に対しての激越なる拒否は、エッセイ群の中に殆ど押しかくす術もない衝動に駆られつつ述べられているものであるが、これは私信の数々や日記の覚書の中に、驚いたことには、遥かにずっと即物的に、激情なしに、定式化されて見出されるのだ。そうしたことは、むしろ逆に、哲学者からこそ期待されるところなのだが。それゆえ彼は、心おきない、大柢は陰鬱で、後悔に打ちひしがれた――一度などは自殺の瀬戸際まで行くごとき――精神状態でしたためられた文書《ふみぐさ》において、現実との己が妨げられた関係を歯に衣着せぬ腹蔵なさを以て描く一方、エッセイにおいては鉾先を易々と転じて、己れ自身にはよき証拠を、現実には悪しき証拠を割り当てるのだ。もしも日記から、彼が自分の〝脱官能で性的不感症で頭でっかち〟なのを嘆いていることを、私達が読みとるならば、理知性と自発性の無差別化、この極度に説明を必要とするルカーチの断定が、本来どこから来るのかが、はっきりする。

彼はそれこそ自画像を描いているのだ。おまけに理想化して。

こうして彼は己れの世間知らずに高貴な正当化を進呈する。エッセイストは、批評家は、と上記のエッセイについてのエッセイにおいて私達はかく読みとる。高い使命を帯びていい。普通人の生活の上に、いや芸術とか文学の個々の作品の上にすら超出していいのだ、と。すなわち「現代のエッセイが語るのは、それこそ数々の書物とか詩人たちについてではない。……あまりにも高くそれは聳え立ち、あまりにも多くを見通し、且つ或る作品の活写だとか解説であり得ようとして、いろいろ結びつけたりする。いずれのエッセイも、その表題《タイトル》と並べて、人目につかぬ文字を録している。……に際して、と。エッセイは、それゆえ、我を忘れて奉仕するには余りにも豊かに、またあまりにも自立的なものとなった。……その創作はいっそう早生《わせ》なる、いっそう大いなるもの、より以上の、より重要なものである。ありとあらゆる創作よりもだ。すなわち、それは文学の批評家たちの昔ながらの生活感情であり、ただそれが現代において意識さるべきものとなり得たに過ぎない。批評家が此の世につかわされてきたのは、大事につけ小事につけ意見を述べつつ、この先験性をはっきり明るみに出して告知するためであるし、ここに洞察され、やっと手に入れられた価値の尺度でもって個々いずれの現象にも照準を合わせるためなのである。」

このような明るくプラトニックな高みから見て、ルカーチには普通人の生活は単にくだらないものと思えてくる。パウル・エルンストの悲劇群につき彼が筆にしたエッセイ「悲劇の形而上学」(7)（“Mataphysik der Tragödie”）においては、瑣末な日常に対する若干腹立ちまぎれの長広舌に取り巻かれたまま、注目すべき次のような文章さえもが書かれているのだ。曰く「生とは、考えうるありとあらゆる存在のうち、この上もなく現実的ならざるもの、生動せざること最たるものである。……」と。

ここで自問せざるを得ない。ルカーチの語彙において〝生〟と言い、〝存在〟と言うのは、本来何を意味するのか、と。生以上に生動するもの、現実的なものでありうるのは何であろうか。プラトン主義者ルカーチが生と生の間に、従って普通人の経験的な生と真の生の間に——結局のところ、それゆえまことに単純には、現実性と理想性の間に——断乎として区別をつけることで、言語に対するかかるとんでもない彼の抵触が正しいとされるわけではない。少なくともこれらの言葉で彼が意味するところに具体的な定義を与えることなしにはだ。何かしらそうしたことで、しかし、彼は愚図ついていない。彼は即座に価値判断を下す。経験的な生活においては——「悲劇の形而上学」に私達は読みとるのだが——〝人間は百千の糸により百千の偶然的な結合や関係の中に編み込まれているとしていい〟。そこでは〝光と影の交錯するアナーキー〟が支配し、何一つ実現しなくていい。何一つそこではおわりにならなくていい。……〝万物は流転し合流する。不純なる混淆へと、傍若無人に。〟——それとは逆に、〝経験的生活の凡ゆる根柢を跳び超える〟真実の生においては、〝互いに排除しあう対立が輪廓もくっきりと相互に常《とこ》しえに遠ざけあって差し支えない〟。

全く以て明らかなのは、〝真実の〟生を鸚鵡返しにするこのような特質こそは、戯曲や悲劇に描かれた生をルカーチがパラフレーズするのに用いるのと同じそれなのだということである。それゆえ普通人のくらしにおいて、彼がないぞと気づくのは、諸々の戯曲で己が思し召しに叶うもの、つまりは精巧な構成、明瞭な因果関係、出来事がうまくかたちづくられていることであった。その友バラージュ・べーラの戯曲への批評において彼はきっぱりこう断ずる。「決め手とならぬようなものは、或いは一度として実際上あったことにはならぬのかも知れぬ……」と。……彼が普通人の生活をあっさり非難するのは、それが文学以外の、もっと詳しくは、劇文学以外の何かしらだということをである。彼は著書『近代演劇発達史』で自説を単純な公式へと導いてゆく。曰く、「演劇とは人生が本当はかくある筈であるところのものだ」と。（全く以て月並にこう問いたくなる。本当かしら……？　と。ひょっとすると天国の門を再び打ちひらくことなんて、これまた全く同様に、要求するわけにはいかないのではないかしら？　と。）

リュシアン・ゴルドマン(8)が二通りの生きかたの区別に見てとったのは、本来的／非本来的というハイデッガーの一組の対概念への類推なのだが、それこそ実存哲学で基本的な役割を演ずるものである。疑いもなく、それはユニークな観察なのだが、しかし或る重要な区別は度外視している。何故なら本来性という概念は、徹頭徹尾、現実と関わる倫理的公準を内容としており、これは既にパスカル(9)、とりわけてもキルケゴールにあって浮かび上っているもの、サルトルにあっては格別な特色を帯びてくるものであるから。またそれによれば、人間とは、その本来性をめざすよう要求されているのであって、古典的な作劇法の法則に従ってくれるよう人生から期待されているわけではない。——ただそれにより世間知らずの文人たちが、もっとよく人生を勝手知るようになることとは別としてだ。……サルトルもやはり日常を嫌悪した。しかし彼には虚構の文学世界へと方向転換する以上に見当はずれなことはなかった。ルカーチは、それとは逆で、正々堂々と文学に避難する。であればこそ、そのエッセイでは、かかる現実逃避主義が中心的な役割を演じている。そこではこれが本来的な主題なのだ。ルカーチが繰り返し繰り返し叙べているのは、現実との問題を孕んだ詩人の関係であって、いずれのエッセイにおいても彼が探し求めているのは、作品か、それとも生活かという優先問題への答なのである。ノヴァーリス(10)やカスナー(11)について書こうと、ベーア・ホフマン(12)やシュトルム(13)について筆にしようと、どんな時にも彼は同じ問題と格闘している。これらの著者達につき聞かされる特別のことは、それこそそんなに多くはない。ルカーチにとりそれらはただ例証として役立つに過ぎないわけである。この問題の様々な局面を明らかにするのは、そうした例証を根拠としてなのだ。

これらのエッセイ群に露呈されるのは、どっちつかずなルカーチの人生観である。つまりは、積極的生活への憧れ、人間的連帯のうちに統合されてあることへの憧れと、その反対、すなわち普通人の生活を遮断して封印してしまおうとする意志、純粋精神の範域に己れを閉じ込めようとする意志。その間での揺れ動きだ。或るときには、テオドール・シュトルムの賢明なブルジョワ的倫理を彼は称讃する。抽象的理想に過大な要求をせず、文人仲間のアナーキー、現代の文筆家らの病的な内面性については小馬鹿にした言辞を弄する。かと思えば、或るときには反対に、〝作品〟の祭壇に生活を犠牲として献げることに賛意を表して、終始一貫キルケゴールさながら、この世に夢中でそっぽを向く。

このようなどっちつかずは、とりわけ次のようなところから或いは来たのかも知れない。すなわち、ルカーチの精神的な習性《ハビトウス》は、環境との――明瞭な社会的精神的相貌を具えている自然のままの環境との――積極的な対決から生まれてきたものではなく、むしろ単に書物によって媒介された世界理解に基くに過ぎないというところからである。生活的世界と精神的教養の範域との間のあまりにも大きな距離が、彼にあっては無拘束で〝頭でっかち〟の精神的過剰活力を惹き起こしたわけである。彼は、あまりにも多く且つあまりにも早く獲得された知識の持主であって、己が無定形の環境から、役立つ現実的な方向感覚はあまりにも僅かしか手に入れられなかったのである。文人仲間のアナーキーから遁れ出て、哲学的に真に創造的でありうるためにはだ。カスナー試論《エッセイ》において、プラトン主義者の世界は何ら実体性を有たなくていいなどともしも彼が言ったとするなら、そのことで以て己れ自身のぼやけた立場に、もっと響きのいい名を与えたに過ぎないのである。

彼はドイツの浪曼主義者たちと、彼自身叙べた通り、明らかに、正に似たり寄ったりなのだ。ノヴァーリス試論《エッセイ》においては、それらの連中につき、こう書かれている。すなわち彼らは自身の難点から別に手を切っていなくていい。彼らが〝自身の問題点を克服するため諸々の厄介な考察を本当は持ち出してくるだけの能があるなら〟それでいい、と。〝生の事実上の現実は、彼らの視線を前にしては掻き消えてしまい、別の或る現実により、詩的現実、純粋なる心的現実により取って替えられた。……だが、詩と人生の間に存する途方もない緊張、詩と人生の両方に（それぞれ）現実の力、価値創造的な力をもたらすそうした緊張は、そのため彼らから失われてしまったのである〟。

彼は常にいずれかの作家とか哲学者に魅了されて生きてきた。くり返しくり返し彼は自分を夢中にし感激させることの出来る新らしい世界観を見出したわけである。再三再四、彼は己が以前の労作に対し距離をおくが、前作は彼にとっては、またたく間に〝乗り超えられた〟と看做されるわけである。〝ジューリ〔ルカーチ〕の新たな偉大なる哲学は、メシアニズムだ〟とバラージュ・べーラは一九一四年、その日記に書いた。ルカーチは〝自分の中にユダヤ人を発見したのであり、今やユダヤ人に属することを告白しているのだ〟と。そうして対話篇『精神の貧困について』（一九一二）において、ルカーチ自身の筆から私達が読みとるのは、対話相手の男――彼の分身《アルテル・エゴー》――が、〝新しい諸理論を、常々彼が論議する〟のと同じ語調で、語っているということなのである。

これまた注目に価するのは、ルカーチが社会問題と労働者問題につき、根本では既にマルクス主義に転向するずっと以前から、それ以後と同じような態度を表明していたということである。たとえば、〔墺洪〕帝国におけるドイツ人作家たちがイデオロギー的に途方に暮れていることにつき、また彼らが社会主義に関して抱いている――マルクス主義的見地からは――素人的な観念につき、既に一九〇九―一一年に彼が筆をとった戯曲集において、一九三四年とか一九四四年にしたためられた論文における文字通り同じ批判的な意見を公表していたのであった。彼の初期の批評の背後にあったのは、決して社会参加《アンガジュ》でもなければ、確乎たる信念でもなかった。ではなくて、ただ純粋に理論的な興味、せいぜいのところそっけない共感にしか過ぎなかったのである。彼は事実上、一人の審美主義者、〝気ままに漂う〟自由主義者で、軟かな手で以て上面《うわべ》だけ何にでも触れ、また忽ちにして再び見棄ててしまう。しかしその際、しきりと確かな信仰を憧れてはいるわけである。

ルカーチはロシア的敬虔の意義を認め、また一時はエルンスト・ブロッホ(14)とともにカトリック信仰を甚だたかく評価した。ドストエフスキーというのは、彼にとっては聖なるものとして崇められる名で、対話篇『精神の貧困について』の中に犇《ひしめ》くのは、まさしく聖者たちや聖書の引用の群なのである。彼は嘗てハイデルベルクでパウル・ホーニクスハイム(15)に、知識人は〝せめても啓蒙なんかされていなければ〟よさそうなものを、と言ってのけるところまで行ったのであった。彼の妹の思い出から私達が知らされるのは、彼が短い期間、カトリック教徒になろうか、修道院入りしようかといった思いに真剣に取り組みさえしていたということである。彼はしっかと大地を足もとに踏みしめられる、いずこかへ逃亡したかったのだ。それゆえ、彼は一九〇七年、ゴーギャンについてもエッセイをものした。このフランス人のセンセーショナルなタヒチへの「逃亡」が、彼の中心的な主題《テーマ》につき話題にする機会を供してくれたからである。

彼は、しかし、アレクサンドリア風〔頽唐〕時代の虚無的な時代精神を拒むことにかけては首尾一貫していなかった。いずれにせよ一九一八／一九年までは。たとえばキルケゴールやドストエフスキーは彼の心を甚だつよく奪ったのだったが、宗教的なモデルに対する彼の感興は、結局のところ、しかし、純理論的なものにとどまり、少なくともその上で理論に首尾一貫性を証《あか》すにはいたらなかった。何故なら彼は信心ぶかくもなければ、学者の醒めた、歴史性を強調する立場をとっていたわけでもない。彼の恩師ジンメルやその友マンヘイム・カーロイが、そうした立場をとったようには。批判的にものを考える個人が己れの時代そのものと取り結ぶ一筋縄では参らぬ関係を自分たちの研究テーマとしたときにだ。ひょっとすると、こう言ってもいいのかも知れない。ルカーチの世界省察においては、極端に異なる二つの成分、すなわち没価値的科学的な成分と、宗教的預言者的な成分とが鉢合わせをして、互いにその展開を妨げ合ったのだ、と。ドストエフスキーとマックス・ヴェーバー[16]の間に彼は立っていた。アドルノの言葉に拠りつつ、考えられなくてはならぬのは〝いわゆる感覚繊細な人間〟であって、その〝軟体動物的〟意識は、或る見解から別のそれへとせわしなく摑みどころのない入れ替り立ち替りの虜《とりこ》となるほかはない。

実際の話、再三再四新しい理論に感激してしまう若きルカーチ・ジェルジには、何かしら海綿みたいなところがあったに違いない。ところが彼は、第一義的には、ただの消費者にしか過ぎなかった。他人の思想的成果の享受者でしかなかったのだ。世界についての己れ自身の幻像《ヴィジョン》を彼はもっていなかった。根本で彼の主たる活動は受容と解釈だったのである。

結局のところ、彼は東欧精神の申し子でもあって、哲学的にはただ受容に基き、操作や軽業に基いて、摂取した西欧的思考パターンを用い生きてきたわけである。

彼の（バラージュによれば正に有無を言わさぬ）タクトで、幾年にも亘り日曜日毎に催された――しばしば倫理的諸問題についての――涯てしもないお喋舌は、結局のところしかし、己れ自身の談論に心奪われている感覚鋭敏なブルジョワのお上品な教養たかき雑談以外の殆ど何ものでもなかった。その際たしかに、面白おかしい言い回しや推論があって、これは博識で才気煥発な人々の語らいでは決して珍らしいことではないのだけれども、バラージュ・ベーラが日記に録しているように、ルカーチが若しも嘗て次のように言ったとすれば、かかるはかない成果を彼は過大評価していたことになる。曰く、「僕らに必要なのは何人かのエッカーマン[17]だね。百年後の人々から垂涎の的にされるようにね。僕らがヴァイマルでの嘗ての対話に思いを馳せて垂涎の的とするように」と。

若きルカーチは批判的にものを考える知識人であった。現在にもの申すべきことは多々抱えていた。だが具体的な政治の言葉にその目標を翻訳できる社会参加《アンガージュマン》を彼は心得ていなかったのである。その人生三十四歳にして共産主義に加わるまで、懐疑と信仰乃至むしろ信仰意欲との間で永久に彼はよろめきつづけた。既にターリア協会設立に当り彼のとった態度は、むしろ懐疑的だし、受身であった。その思いつきは、いかにも彼から出てきたものであって、どころか一九〇三年秋、ブダペストでのドナウ周遊汽船に乗っての周航で、道連れの友ベネデク・マルセルに彼は、パリやベルリンに次ぎ今やウィーンにも学生たちにより設立されたモダンな文化会館《テアトル・アンサンブル》が出来てきたことを報じて、〝僕達も本当はこういったことを試してみる運命だったんだ〟、とつけ加えたのである。ところがマルシ〔マルセル〕がその思いつきにすごく感激して受け容れるや、ルカーチは列聖調査審問検事《アドヴォカトウス・ディアボリ》の役を演じはじめて〝分別のある微笑〟をたたえ、難点を列挙し出した。「誰と?」「どうやって?」「何について?」と。ベネデクは、彼に事をやり遂げさせるのに苦心惨澹しなければならなかった。

彼の世界観的動揺に対応するのが、その文体の際立った不均質である。『魂と形式』所収のエッセイ群は、抒情詩めかした、部分的には狂信的でさえある文体で著わされているのに、他方、同時に生まれてきた戯曲集やその後程なく公表された『社会科学・社会政策紀要《アルヒーフ》』への寄稿の群は、冷静で節度ある、距離をおいた論調が保たれていたのであった。まるでそれらが、全く別々の著者から発してでもいるかのように。

けれどもエッセイ群においてさえ、何ら統一的な立場を彼はとっているわけではない。価値の真空状態に対する決定的な彼の拒否がここで後退するのは、印象主義的な感情移入に席を譲ったわけである。千差万別の精神態度とも彼は一体感をもつように思われる。とびきり才気縦横に組み立てられた（またルカーチの注目すべき演劇的才能を垣間見せる）〝ロレンス・スターン[18]についての対談〟は、とっかえひっかえ彼により擁護される諸々の解釈の示唆に富む対決であった。その際、この玉虫色に輝く「エッセイ」の枠内で、誰が誰に勝利を博したのかを決することは難しい。論争相手の双方がここではルカーチの〝我と超我〟を演じている、とユルゲン・フォン・ケンプスキ[19]が言うとき、正鵠を射ていることになるかも知れない。

己が遁世的人生観の根源につきルカーチは決して言いたい放題述べ立てたりはしなかった。彼自身の人となり、彼個人としての思想上の立場を決して反映させたりはしなかった。青春時代の日記の覚書では、彼個人の諸問題を彼は己が哲学観と決して関連づけようとはしていない。若い折りも、晩年にも。彼の人格の精神的な範域は、その死活の範域から全く以て疎外されているように見える。かくては彼にあって〝自画像を描くこと〟は、決して客観化ではない。単にナルシズム的な行為、自己陶酔にしか過ぎぬのである。『魂と形式』において批評家というものを彼が描き出しているその肖像は、納得のいく自己描写というよりは、むしろけばけばしい記念碑《モニュメント》でもある。そして彼がマルクス主義に帰依して、己が初期作品悉くときっぱり縁を切ったとき、個々の点で実際上自分との貸し借りなしとはしないままで、それをやってのけたのである。大〝転向〟の後、もはや彼にとりそれは何ら主題《テーマ》ではなかった。文字通り彼はそれを黙殺した。彼は、言ってみれば、さっさとそれを片づけてしまった。伝説となったハイデルベルクの旅行鞄《スーツケース》[20]みたいに。

子供時代や青春時代への晩年の彼の乏しい回顧は、不思議と考え抜かれたものではない。彼がリポート街で両親の家庭にあって居心地がよくなかったこと、彼が封建的で資本主義的な己が環境を既にして子供時分に拒んでいたこと、革命詩人アディを情熱的に崇拝したことについての発言は、己が過去の批判的なエックス線透視としてよりも、むしろ遥かに心満ち足りた自己確認として響くのである。彼の以前の師匠であったキルケゴールにせよジンメルにせよ、情容赦ないまでに一方的で口汚ない批判を彼らに対し『理性の破壊』(一九五四年)において彼は浴びせかけたが、嘗てはこれら哲学者の呑みこみのいい弟子であった自分自身は、かかる批判を免れさせたのであった。己が以前の論著の再版の冒頭に置かれた彼の回顧において、己が捨て去った見解との具体的な対決は何ら行なわれていない。それどころか『魂と形式』という最高度に有意義なこの書物の新版は、全く序文なしにすら刊行されたのであった。

このような回顧にただ散発的にのみ浮かび上ってくるのが、精神的な彼の伝記にとっての本質的なもの、いっそう精確なものを含んでいるコメントの数々である。根本においてそれらは、トーマス・マンとの己が関わりを指し示すものに過ぎない。けだしこの人はルカーチが己れの全生涯に亘り感嘆し崇拝をささげた人物であって、或る程度は切っても切れぬとも自覚していたのである。たしかに彼らの経歴には酷似しているところもあった。すなわち両者とも大ブルジョワの令息で、世紀末の時代に生まれ育ち、贅沢な環境に取り巻かれて、両者いずれも以前の持論をいつの頃か修正し、同じ時代に亡命生活を送った。トーマス・マンの初期の小説が経めぐった主題は、若きルカーチと実存的に触れるところのあったものであり、つまりは外面的生活と内面的生活の間の問題孕みの関係、芸術家の内向的な魂の対世間違和と世界喪失だったのである。一九四八年に筆にされた回顧においてルカーチが断定したのは、あの当時『トーニオ・クレーガー』(21)とイプセン最晩年の戯曲こそがいついつまでも残る反響、それこそ彼の初期作品悉くのほかならぬ決め手となるような反響を彼の身に実は鳴りわたらせたのではないかということ、彼とトーマス・マンの間では諸々の問題提起や解決の雰囲気悉くがそっくりだとしてもいいということであった。何しろこれらの作品で問題になったのは、内面の生きざまを重視するあまり外面での生活《くらし》が貧困化し荒んでゆくということであったり、大ブルジョワの後裔で己が作品に身を削っている芸術家の窮迫ということであったりもするのであるから。トーマス・マンの『大公殿下《ケーニクリッヘ・ホーハイト》』(22)(一九〇九)

への書評において彼がしたためたのも、「植物的な、自然のままの大いなる共同生活から痛ましくも引っこ抜かれてしまったという感情」にひたるああした人間の憧憬が実現しようもないことについてであったり、かかる人間が実人生との触れ合いにおいて甘受しなければならぬ〝おかしな悲劇〟についてであったりするわけである。

引っこぬかれてしまったという主題《テーマ》、社会的にずたずたにされたという主題《テーマ》は、彼にとり――そのことは私達も目《ま》のあたりにしたが――書評で取り上げた書物の単に内容という以上のものである。本来はそれこそが彼の青春の主題《テーマ》であった。

それゆえこれは彼がトーマス・マンの作品と結ばれていることのほんの僅かなヒントに過ぎない。因みにこの連帯感こそが、彼の人となりと作品の間の実際上の結びつき、日記の覚書の中での憂鬱で自虐的な告白とナルシスト風に気取ったエッセイ群における〝自画像〟との間の実際上の結びつきをつくり上げているわけである。むろん明らかに疑問は残る。〝純粋な自己観照から……社会的行動へ〟という、彼により賞《ほ》めそやされるトーマス・マンの変容を己れ自身の変容と、さてルカーチがどれほど対比していたかという疑問は。彼が、つまりは、今やマルクス主義者として、トーマス・マン後期の長短篇小説の登場人物に〝トーニオ・クレーガーの継続乃至は上昇〟を確認した場合には、従ってその作家のライフワークにおける継続性を浮き立たせたとした場合には、彼の若き日のトーニオ・クレーガー乃至はルベク問題(23)からはさて何が生じて来たのかが気になるのである。

この疑問は決着がついていない。何故なら共産主義への決定的な方向転換、その後程なく実行された再婚につき私達は何ひとつルカーチの私信も手記も知らないからである。また二つ目の〔ハイデルベルクの〕旅行鞄もない。彼が共産主義者になろうと決心したとき、彼には何が起こったのかを私達は知らぬ。ザイドレル・イルマ(24)の自殺によって呼び起こされた内面の危機は、日記や対話篇『精神の貧困について』の中に、混乱してはいるにせよ、一つの貯蔵庫を見出したのであった。一九一九年の過激《ラディカル》な内面の変容は、それとは逆に、個人的告白の証拠資料がないままなのだ。共産主義との彼の結びつきも、四三年に亘るボルトシュティーベル・ゲルトルード(25)との彼の夫婦関係も、極めて安固たるものであったことがわかる。この二歩前進が、鉄槌の下に、彼の永き彷徨に、彼のアナーキーな文筆の業に梟《けり》をつけさせたのであった。あらゆる抒情性から解き放たれて、情容赦ない首尾一貫を以て選ばれたイデオロギーに随順する、今や厳格に体系的な文書群の背後に立っているのは、わが青春の魂の問題孕みの縺れた糸が最終的に一撃のもと粉砕された人間だったのである。

3　『精神の貧困について』

ルカーチがいくら数々の思考実験を行なおうとも、最終的に揺がぬ地歩を保った(1)のは、遁世であった。対話篇『精神の貧困について』《ア・レルキ・セゲーニシェーグレール》は、己が嘗ての女友達ザイドレル・イルマが自殺して三ヶ月後に、一九一一年八月、著わされた――外的な出来事から例外的に誘発された――もので、そこで出くわす彼の厳格なプラトニズムは確信的な道徳的論拠を伴うのだけれども、そのような対話篇すらもが、手にする結論は、こうと定義しにくい、作り話めいた、基本的には純然たる通俗文学風のものとなる。けだし辛辣極まりなく投げかけられた板挿みの窮地《ディレンマ》が宙吊りのまま、それとともにまた現実逃避癖も、克服されぬままにおかれる結論ではある。うら若き女流画家ザイドレル・イルマとルカーチは、一九〇七―〇八年、一年そこそことはいえ、親交を結んで彼を深く動かしたが、それは官能的というよりもっと精神的なものであった。抑々の初めから問題含みで、やがて挫折するこの交わりに明々白々露呈されたものこそは、彼における対人関係障害なのだ。麗わしく知的な女流芸術家は彼を抗《あらが》うべくもなく魅了しさったが、彼は躊躇《ためら》った。彼の奥深い生への不安を、しばしば口当りのいい言い草で「客観化」してみせたのだけれど、そのことが彼女から彼を遠ざけた。とりわけキルケゴールの例《ためし》がその際彼の眼前にちらついていた。デンマークの哲人は婚約を解消したが、それは〝絶対なるものを人生において可能なるものへと変えようと〟してのことであった。そうすることによって哲人は混沌たる日常から真実なる生へと「跳躍」したわけである。が、その代り己が日常生活を、かくて犠牲に供することとなった。(2)

ルカーチの上にこの振舞は、一方では、大きな感銘を及ぼして、彼はそれこそ自分もまた一人ぼっちのまま居ようとした。「僕がしたいこと、それはただ孤独なる人間のみが成就しうるものだ」、と。が他方、彼は、ここでもまた首尾一貫していなかった。何故なら彼は知っていたからだ。おまけにキルケゴール本人の告白からも。すなわち、英雄的な跳躍は、結局のところしかし、一箇の詩人なる実存へと着地したことになるに過ぎない、と。つまり「人の生きんと欲せしものは、人の生き能わぬところなり」、とキルケゴール試論《エッセイ》にはある。そこでは熱狂的な賛意と冷やかな懐疑の混合が、ルカーチにおける立場の欠落を証しているに過ぎないのである。

一面でザイドレル・イルマは彼にとり、少なくとも振りかえって観れば、〝一切合財の中心〟であった。凡ゆるエッセイの霊感の泉であった。――それらはひょっとすると悉くが「イルマ試論《エッセイ》」であった。――彼は彼女の中に生命の齎《もたら》し手をさえ見てとっていた。〝空虚で惨めな〟その人生から彼を救い出してくれる者をだ。その人なくしては、以前の氷河期が再び彼に始まり、残りの人生は今にも荒野になってしまいそうな、そんな者をである。他面で彼はイルマに次のことを納得してもらおうと試みた。すなわち、彼らが互いに幸せにはなり得まいということを。そして日記にはこう記したのである。「躊躇《ためらい》。つまり（結婚の不可能性）……見栄っぱり、幻滅への不安。……幸福でへなへなにされてしまうこと。生活の幅がひろがって、勝手がわからなくなりそうなことへの不安。」

それから、そうならなければならなかった通りになった。つまりルカーチの不安と抽象的な話題についての絶え間ないお喋舌りとは、二十六歳のイルマがありつきたかったものではなかった。彼女が欲したのは、一人の男であった。ただこの願望が相憎《あいにく》果されないと気づいた後、彼女はルカーチとの関係にピリオドを打つ。彼女の離別状にはこうある。「私たちは人となりのあげて悉くを以て一緒だったのではありません。私の怖ろしく人間くさい人生、血潮と脈打つ質料《マテリー》から成る人生、しっかと手ごたえあることどもの中に生きる人生がありますようなそんなところで一緒だったのではありませんでした」と。

少しあとで、自分の絵かき仲間と彼女は結婚したが、しかし程なく結婚生活は破綻した。そうしてバラージュ・ベーラとの束の間の情事もつぶれてしまった後に、彼女が決行したのは、自殺であった。ルカーチは往時の交わりが毀たれた悲しみからやっとの思いでしか立ち直ることが出来なかった。彼は相も変らずに長文の手紙を彼女にしたためた。（「敬愛する御奥様……」。）そして自分のエッセイ集をイルマに献ずるのにどんな献辞をしたためたらいいのかに頭を悩ませた。三年後になってなお、彼女が死の道を選んだあとでも、日記に彼はこう記したものである。「すべては彼女だった。すべては、すべては」と。

彼らの交わりが断たれた直後、ルカーチは唯一残された通俗文学的労作、抒情的な物語『ミダース王の伝説(3)』に筆を染めた。そこには彼の満たされなかった、或いは挫折した情事が詩的比喩的な文体で描かれている。ミダースは、野越え森越えるその放浪の間に、仙女と二人の乙女という順番で三人の登場女性と出会う。そのいずれとも王は心的葛藤を孕む交わりをくりひろげる。王は彼女たちに魅きつけられはするが、にも拘らず王は彼女たちを避けるのである。事実としての歴史の様式化が不十分なおかげで——消息通には仮面の裏の三人の人物とも悉くがお見通しだ。余人はともあれザイドレル・イルマも。——そこにそうと識別しうるかたちでちらちらすかし見えてくるのは、ルカーチの事実上の対人関係障害と（手にする一切が黄金になるといった）己が固有の才能への自惚れなのである。とどのつまり王の屍は糸杉の下に見出されるが、その手にはなお白百合が握られている。もう黄金にはならなかった白百合がだ。それが干からびている。

このほろ苦くして甘美な、異常なまでに詩的な言葉で著わされた愛と孤独のお伽噺《とぎばなし》も、著者の魂への新たな洞察をもたらしてくれはしない。何故ならこの自画像も、全く以て明らかに、著者のナルシズムから霊感を得たものだからである。ところで、ルカーチはこれを公刊しようとはしなかった。ただポッペル・レオーにこれを示しただけだったのである。

さて対話篇『精神の貧困について』に立ち戻ろう。死せる女《ひと》の妹とその友との間の会話において、ルカーチは友――彼の分身――の言葉を通じてこう白状する。自分こそは自殺を押しとどめることも出来たろう唯一の人間であったのに、しかし自分に見せていた親しげで陽気な仮面の下で、女友達の身に何が起こっているのかを、正に何ひとつわかってはいなかった、と。彼女の〝声なき助けて！の叫び〟にもさっぱり聞きわける耳を持ち合わせていなかったのは、何しろ自分が普通の生活の混沌として行きあたりばったりのてんやわんやには我関せず焉《えん》の人間でよしとしたものだから、と。たとえばムイシュキン侯爵とか、それこそいたるところで混乱を惹き起こす、その他ドストエフスキーの主人公といった意味で、うまくやろうと彼はしているわけではなかろう。(4) 彼が生命を献げてもよしとするのは、あの〝形而上学的にして超意識的なる必然性〟、心理学的制約性などよりも更に奥底ふかいとすべき人間の特質なのである。「僕は普通の人生の八重葎《むぐら》と不正直にはもう我慢がならない。(……)純粋なものは凡て非人間的だ。何故って、いわゆる人間性とは諸々の領域や境界を絶えずぼやかしまぜこぜにする以外の何ものでもないのだから。」何かしら絶対なるもの、実現しえぬものを我らより神の要求し給わんことを。つまりは人間同士の間で理解し合う形式を破壊してしまえとでも。我に従わんと欲する者あらば、先ずその一家眷族を憎むほかなかるべしと、キリストだって宣うたではないか。善きことも何かしら非倫理的たらざるをえまい。倫理も何か人間離れしていることやむをえぬ。それゆえ二つの生きざまを互いにきっぱり分けておくといい。純粋な人生を送って、常に手を汚さないでいることが、出来る相談ではなくったってやむをえまい。こんなことを――女友達との交際でそうした何かを彼も仕出かしたのだが――試みていい者は、人生に誤れる範疇を当て嵌めてよしとする者だろう。「僕は彼女を愛し彼女を助けたかったのになどというのは、既にして勇み足だったのである。」普通の生活に引っ捕えられたまま、私達はただ神のカリカチュアであればいい。神の多様なる創造をただ断片的にのみ反映していれば、それでいい。ただ作品においてのみ彫琢された全体像が成就しうればというわけである。

この述懐には、最高度に風変りな流儀でのカント的キルケゴール的な倫理的厳格主義と、それとは百八十度対立するゴンクール(5)の浪曼的審美主義とが混り合っている。物語の主人公は、無条件なるものの名を以てする因襲的な道徳観念を拒むが、しかしそれをするのに主観的な木で鼻括《くく》ったような動機づけを以てする。彼は自らを人間性の戒律から解き放つ。その際、より一層たかい倫理に拠りどころを求めるのだが、そこから導き出されるのは、ただ己が周囲むけにのみ犠牲となるよう義務づけることである。己れ自身むけにではない。曰く、「彼女は死ななくてはならなかった。わが作品の出来上れかしと祈って。」こうした倫理の名において彼は人と自由に語り合う。彼自身は、女友達の自殺に自分が同罪だと白状しているにも拘らずである。彼がより一層高次の倫理を欲するのは――自身語っているように、普通の生活に自分が我慢ならないからである。普通人のもっと低次の倫理が彼には個人的に似つかわしくないからである。

彼は、だから、カントやキルケゴールの倫理を逆立ちさせる。

若きルカーチの自己理解における内的矛盾がここほど尖鋭に突出してくるところはないし、一面では人間としての死活にかかわる中庸の欠落と、他面では教養体験の過剰とが、思想と行動のごった返しへと通じてゆく。この対話篇でその友が思いがけず見せる支離滅裂な、且つ結局のところ不人情なる態度は、ただ抽象的な教養だけしか身につけなかった人間が困難な運命的情況に直面したときの心の奥底での狼狽と非力を暴露している。御注意。〝知の祭壇を司る立場は、情緒的反応力の欠除と手に手を携えてゆく〟（エーリッヒ・フロム）。

その対話篇は、熟考度を比べれば、ロレンス・スターン(6)についてすすめられたそれに、かくては遥かに及ばない。けだしこちらの対話篇は、文献学上の意見の相違に向けられ、実際の人間関係における破局にはむけられていなかった。そこでは論拠と反証とが等しく明瞭且つ含蓄ふかく定式化され、重要度が公正に配分されていた。お互い同士好都合は何ひとつとしてない。それに反して、ここでは多くのことが不明瞭で、曖昧なままなのである。おまけに友には都合よく出来ている。対話のお相手をつとめる女性の反論は、ところどころ、鋒先が鈍くなってさえいる。かくて女性は友に〝人生への安易な断念〟を成程非難しはするものの、他面では彼に「禁欲的」な態度のお墨つきを与えてしまうのである。

さはさりながら彼女は、いくつか本質的な点において彼と喰い違う。彼女は言う。彼の論拠はかなり詭弁的に響くのではないだろうか。彼はただ己が個人的な欠落を何かしら積極的なものへと立派に見せかけたいのでしょうよ、と。最も重要な審級を彼が単純に一足跳びしようとするのは、道を経ることなしに最終目標に辿りつくためではないのかしら、と彼女は言う。このような論証から見えてくるのは、ルカーチが己れの態度に対する諸々の異議を正によく識っていたということになる（彼の演劇書のイプセンにまつわる章から。ここでは一連の問題残らずすべてが、文献学的に距離を置いて、明瞭且つ単純に扱われている）。しかしながら、エッセイについてのエッセイにおいてもそうであるように、関連する諸知識はここでも彼の役には立っていない。彼は勿体ぶり屋、またこだわり漢で、己が態度を正当化してみせる極度に抽象的且つ複雑なその表現方法は、局外者が彼に追随することを難かしくする。あいつは諸々の審級を迂回しようとしているのだという異論に対し、たとえばこう彼は答える。「私が道を一足跳びしたのは、すぐにも目標へと辿りつくためなのだ。私にとりその際目標とは、私が目標と考えた道々への道でしかなかった」と。

この話は、興味を催さぬ読者には疑いもなく余計な負担となる。死せる人の妹にはそうならない。彼女の言葉は、幾分友の言葉以上に真相に近いことを暴露しているのだけれども、紛《まぎ》れもないのは、そうした言葉も結局のところルカーチによる言いまわしになっていたということである。何故なら、イブセン試論《エッセイ》のエピローグで、ルベク教授(7)（ノルウェーの巨匠のこの作品はルカーチに、後年彼が認めた決定的な影響を及ぼした。）の配偶者に擬せられるたとえばイレネが厭世的唯美主義に対して喰らわす肘鉄の紛れもない明白さから、ここで多くを嗅ぎつけたりすべきではないからである。それとは逆に、友の立場を遂に妹は理解するのだ。

彼女が友の父に宛てた手紙、そこには対話篇のことも含まれているのだけれども、その末尾で彼女はこう物語る。あの友《かた》は会話を交してから二日後に、お生命《いのち》を召されました、と。その際、妹との会話の或る箇所で、決して自殺をすることはないと彼女に彼は請け合ったのである。曰く、「心配しないで、マルタ。自殺は生の範疇だ。そして僕はもうとっくの昔に死んでいるのだよ」と。

読者はここで途方にくれ、こう問わざるを得ない。何がそもそも肝腎なのか、と。一つことは、どっちみち、たしかである。すなわち恋人の死への人間的な反応、いやそれどころか厳しい自己審判。がこの対話篇はそれではない。一義的にはかかるものとしてそれは構想され、それこそたった今遂行された自殺に関わっているのだけれども。それはただ文学であるに過ぎない。

本来人間的な悲劇への反応が見出されるのは、この場合も、狂想曲的《ラプソディック》で、しばしばただきれぎれの見出し語に行き着くだけの日記においてのことである。すなわち、イルマがマルガレーテ橋からドナウに身を投げた一週間後、一九一一年五月二四日の日記にルカーチは、ハンガリー語とドイツ語のちゃんぽんでこう記す。「こんな惨めな奴は居ない。神はこの男を更に惨めにし給う(し給わない)かも知れぬ。それを僕は知らなかった。今や僕にはわかっている。つまり終りなのだ、と。いずれの結びつきも断ち切られてしまった。——何故って、いずれの結びつきも、そうなんだから。」こうつけ加えたいところだろう。いや、もう一つ結びつきがあるよ、と。ポッペル・レオーとのそれが、と。ところが神はこの若造に知らしめ給うた。こ奴めを徹底的に更に惨めになし給うことが神にはお出来になるのだということを。五ヶ月の後、二十二歳になるその友人も結核でみまかったのである。

形式は存在の最終にして最強力の現実である。——ルカーチは追悼の辞にこう記した。己が中心的な主題《テーマ》をこの期《ご》に及んでも持ち出して。——「彼の形式幻想に基き、ポッペル・レオーの控え目なライフ・ワークは、本人に授かった経験的人生を遥かに超出いたします。経験的な人生が格上げされる人生とは、〝あるべき筈だった〟ごときもの、己が故郷がそこにこそ見出されるものなのであります。」

4 『小説の理論《ディ・テオリー・デス・ロマンス》』(社会心理学的余論《エクスクルス》)

この作品、これまでルカーチが筆にした言語的には疑いもなく最も美わしいこの作品に私達が再び見出すのは、魂と現実の相剋という問題点、四年から六年以前に筆にされたエッセイ群でも主役を演じたその同じ問題点である。ここでも問題は、「全人生の決定的無方向性」ということであり、「此岸の世界の分裂症や規範上の未完成」ということなのである。しかしながら、ここでは著者のおく距離が一段と大きいように思われる。著者は、たといあれ程詩的具象性に富んでいようと、その定式化に当っては、それほど主観的ではなくなっている。あまつさえ歴史哲学的関連の中にその問題点を組み入れるのだ（一九六二年に著わされた批判的な序文で明言している通り、当時彼はカントを乗り超え、ヘーゲル派となっていたとしてもいい[1]）。が、若き日のルカーチも年老いての彼も、繰り返しただ歴史哲学的関連とだけ名づけているものは、全く以て別様にも表示される。何故なら、ここでは文学理論上の論議こそが、小説の様々な代表的登場人物を手がかりとして、現代実存哲学の問題点においても、社会心理学、否、精神医学のそれにおいても、一つの注目に価する洞察を供してくれることは、看過しえないところだからである。

既にして最初の段階で問題になるのは、「魂の内面の要請に対し果して行為がふさわしいか」ということである。ヘーゲルとドイツ古典派を引き継ぎルカーチがギリシア古代に証明してみせるものこそは、感覚的生活と精神的生活のこの手つかずの総体ということであった。私達は、しかし、少なくともその限りでは正当にも心理学の術語を用いて「人格の統合」につき語ることが出来る。同様にして私達は、精神分裂症の一定の諸形式を指摘することも出来るのである。もしもルカーチが「自然発生的な存在総体」の喪失、従って現代における内面と外界の間の喰い違いを嘆くとするならば。

小説形式の類型学に辿りつくため、ルカーチが出発するのは、この喰い違いからであり、「神に見放された世界」の特質からなのである。「その行動の舞台乃至土台として魂に差し出される」のが外界だけれど、その外界よりも魂が「狭い」か「広い」かに応じて、彼は二つの性格類型を区別する。それらは、ここに指摘される根本的な相違にも拘らず、明らかに経験的現実と折り合いがわるい点では同じなのだが。彼自身もそうである通りに。先ず第一の類型は、ドン・キホーテを代表者とする者である。「抽象的な理想主義の魔力《デーモニー》」に駆り立てられ、「それゆえ真一文字に傍目もふらぬ理想実現の道」をとればいい。この類型は、「悪魔に憑かれた有頂天のうちに純粋この上なき梃子でも動かぬ信念を以て、理念の当為からその避けがたい実存を」開発すれば、いいわけである。ドン・キホーテの冒険は、外界の生活の散文的な低劣さをむこうにまわした内面性の最初の大いなる戦いであってくれればいいのだ。

ここでいま何といっても疑問の余地なくはっきり姿を現してくるものこそは、ルカーチの中心的な問題である。それは明らかになお相変らず未解決である。それへの距離のおき方が相変らず少な過ぎるのだ。

さてこのドン・キホーテ類型が外界へむけ過度の能動性を発揮すればいいその一方で、いまひとつの類型は、外的現実よりも魂の方が懐ひろくて、受身、且つ内向的なものであればいい。この類型にあっては、内面性が完全に自立した世界へと格上げされればいいのであるが、その結果しかし必然的に、外なる世界をかたちづくるに当り、いかなる役割をも断念することとなっても致し方ない。「己が影響を及ぼすいかなる途も諦めている内面性は、己れを堰《せ》きとめて内に向かうが、永遠に失われてしまうものを究極的に断念できるわけでは決してない。何故なら、たといそうしたくても、この種の充足感を何によらず、生《レーベン》が拒むからだ。」

ここでの根本的な問題は、またしても、詩人の実存という、ルカーチにとっては目立って重要な問題点である。けだしこの問題点は二・三のプラトン主義者にだけ固有の特徴をなすわけでは、むろんのこと、ない。何故なら小説の主人公《ロマンヒーロー》＝類型の魂の構造につきルカーチが筆にしていることは、たとえば（彼も関説している）シラーにおいてのみならず、心理学の入門書にも、載っていないとも限らないからである。彼がドン・キホーテについて述べているのは、本来、「狂信《ファナティスム》」の定義なのだが、内面性の優越についての彼の詳述が描き出すのは、それとは逆に、心理学の用語でその最も重篤なる症状を自閉症と称するような状態である。すると結局のところ「小説の心的仕組」についての同書の核心をなす章にあるのは、「成人たることとの憂鬱、理想とは無縁の世界に無理矢理順応させられる卑屈な挫折」等々についての話題で、そこでの問題は、本質的には、「欲求不満《フラストレーション》」にこそほかならぬのである。

かかる対応関係は、ほかにもいろいろある中で、次なる彼の著書『歴史と階級意識《ゲシヒテ・ウント・クラッセンベヴストザイン》』の主題設定に関しても、重要となってくる。同書で示唆されるのは、物象化の心理学的人類学的側面である。そこではシラーからルカーチは出発し、古典哲学の基本問題として次のことを力説する。すなわち、「社会的に破滅させられ、寸断されて部分的体系に割り当てられた人間は思想的に再建されなくてはならない」ということ、並びにまた、かかる思想的救済、主体の統一性の再建も、それと知りつつ分裂と寸断への道を辿るほかなさそうでもあるということを。

　彼の詳述のこうした人類学的局面が浮かび上らせられた点で、その功が帰せられるのは、ジョゼフ・ガベル。[2] この人が自著『イデオロギーと分裂病』において指摘するのは、ルカーチとハイデッガーがそれぞれの出だしで近しい関係にあったこと、また、ルードヴィヒ・ビンスワンガー[3]の実存分析《ダーザインスアナリューゼ》との両者の諸々の接点である。かくすることにより、彼は哲学・社会学・心理学の間に一つの筋道立った結びつきを築き上げるわけである。

　事実すぐにも思いつくのは、生の全体性の喪失、「主体の内面的分裂状態」並びにかかる状態を止揚しようとする努力を主題とするルカーチが、歴史的、経済的、また純哲学的領域から精神医学、もっと正確には社会精神医学へとその説明を転用しているということである。そこでは実に、主体＝客体（我＝世界）の弁証法に匙を投げていることもまた問題なのだ。

　私達との関連でも、若き日のルカーチの審美的歴史哲学的な諸問題を、これまで見過ごされてきたこういう局面から考察することが重要になってくる。何故なら誤れる意識は決して単に政治的イデオロギー的概念に過ぎぬわけではないからである。それは、おのずからにして、心理学的概念でもある。ガーベルは強調する。ルカーチにより説き明かされた具象化の現象は、J・ヴィルシュ(4)やビンスワンガーにより記された精神分裂的思考の特性と十二分に相似《アナログ》だとしていい、と。また精神分裂症とは贋造された意識の個人的症例、物象化され妄想的な抽象化に導かれた意識の表出だとすればいい、と。而して次のことは、見誤るべくもない。すなわちビンスワンガーその他の精神科医によって詳細に描かれている妨げられた我=世界関係症候群が、東欧の知識人たちの意識について私達が引用した叙述と大幅に合致するものだということは。

つまりは私達の考察を加えるのが、ロシア・オーストリア・ハンガリーの文筆家らの批判的な診断であろうと、また既に挙げた東欧の小説や戯曲の登場人物たちのことであろうと、それら悉くが、しばしば個々の徴候にいたるまで、証《あか》しているのは、精神《プネウマ》と魂《プシケー》の間の分裂状態、すなわち精神分裂症にほかならないのだ。そうしてこのことは、もはやびっくりするようなことでもない。もしも私達が第一章で説明された文化的変容の問題点を外因性精神病の一つの根源として顧慮しさえするならば。

たとえば、誰にせよ自主性を断念して一般に認められた類型なる「人《マン》」(man)に全面的に吸収されるべく努めるとすれば、それは精神分裂症の一つの徴候である。寸分たがわずそんなことをやっているのが、しかし、多くのハンガリー人文学者たちであって、この連中が己れの正体としようとしているのは、先ず真先に自分自身だというわけではない。むしろ万難を排しても、普遍的範疇たる「ヨーロッパ」文化とこそ一体化しようとしているわけである。そうした一つの徴候なのだ。精神生活における統一性と首尾一貫性の欠除もまた。非連続とか、精神分析家言うところの思考の「空間的」性格もまた。概念的境界を守ることにかけての無能、換言すれば「過度に一般化してしまう思考」(overinclusive thinking)が最も大手を振って罷り通るのは、初めから出来上った抽象化を以て行動するのに慣れきったところにおいてでもあったわけである。

　そのような次第で、結局のところ問題は、意志の欠如、決断を下すことにかけての無能であって、精神病の特質をあらわすものにほかならない。ルードヴィヒ・ビンスワンガーは、この関連で「逃げ足の迅《はや》さ」について語り、一つの定義をこの概念に与えている。けだし若きプラトン主義者ルカーチの姿勢にだけではなく、またバビッチとか総じて「軟体動物的」な文人らの類型、経験的現実に背を向けて確たる世界観を展開させる能のない、そんな文人らの類型にもうまく当てはまる定義だ。逃げ足の迅さとは、それゆえビンスワンガーによれば、「人間的問題点の『梯子《はしご》』の上に足をちゃんと踏まえられないこと、その限りでまた本当は決断を下すことも、行為することも、成熟することも出来ないことである。愛餐《コムニオ》(5)からも、本来的な交流《コムニカチオ》からもあまりに遠く引き離され、あまりにも天たかく拉し攫《さら》われて、躁病的な生活様式が目も眩まんばかりの高みへと舞い上り、そこでは何らの立脚点を手に入れることも、〝自主的な〟決断も可能ではない。」

　精神分裂症患者も、それはそれで、人間的問題性《プロブレマティク》の梯子の或る一定の段に挟みこまれていればそれでいい。どっちみちここで経験が積まれる限り〔とビンスワンガーは言う〕、もはやその経験が経験として評価されることもなければ、利用されることもない。「何故なら〝価値〟はどっちみちここでは固定しているからである。奇矯（ビンスワンガー特有の用語）とは、それゆえ、個々の意志決定の絶体化を意味する。かかる絶体化が、しかし、それはそれで可能となるのは、実存が『捨て鉢のまま』故郷からも愛や友情の永遠性からも放逐されているところにおいてのみなのである……」と。

『小説の理論《ディ・テオリー・デス・ロマンス》』がかかる心理学的解釈にお誂えむきであるのは、それに匹敵する根っ子から一九〇二年に生まれたホーフマンスタールの『チャンドス卿の手紙』[6]がそうであるのと同様である。安んじてそれを私達は某抒情詩人の欲求不満《フラストレーション》についての報告と名づけることもできる（またその手紙の解釈はたしかに精神分析学的であった）。そして注目に価するのは、ホーフマンスタールが己れの幻滅と覚醒の過程を説き明かすのに直接的な現実界の諸要因を根拠としているその一方で、ルカーチの操るのが、抑々の初めから極端なまでの抽象的諸範疇であり、世界史の諸時期であり、ギリシア精神やキリスト教信仰であり、美学や形而上学であるということなのである。彼も明らかにホーフマンスタールと同様、抒情的な刺戟に導かれているのだけれども。

第四章　ハンガリー文学との対決

1　ヨーブ、モルナール、バラージュ。ブダペスト罵倒のチャンス

ブダペストのユダヤ人作家ヨーブ・ダーニエル(1)（一八八〇—一九五五）の短篇小説集につき一九〇九年、筆にされた書評の中に私達が見出すのは、故郷の市《まち》の人々についてのルカーチの最も初期の言説の数々である。そこには、とりわけ、こうある。

「ヨーブ・ダーニエルの小説世界は、心的な根なし草《デラシネ》の世界である。その人生の悉く、その生命エネルギーの悉く、何かになる可能性の悉くが他者の中に存するような、そんな人間の世界なのである。因みにその他者とは、彼ら〈根なし草〉が、しかもなんぴとも全く以て愛しあえぬようなかたちで、愛するであろう誰かであるし、またその人から、しかも他者《ひと》からなんぴとも愛されえないようなかたちで、愛されるであろう、そんな誰かなのだ。彼ら〈根なし草〉は一枚のカードの上に全額張ってしまった人間である。プレイされるゲームにおいて手元には全く以て何もないカードの上にだ。つまりその全実存が不可避の幻滅の上に築かれて、始めから不可避だったことが実現するや、崩壊しさる、そんな人間だということである。ペシュトの人々、ハンガリーの人々、この人々には、己がぐるりの生活《くらし》が目標を与えてくれることも内容を与えてくれることもありえない。彼らにとってはその魂の秘めたる詩だけが生の内容たりうるのだ。そしてこの詩は——彼らが欲するのは、詩をしたためることではなく、生きることであるがゆえに——泥まみ

れになり汚されて、自他を汚しつつ没落してゆかねばならない。」

ここにははっきり書評子が一枚噛んでいる。彼の力こもる文体が内緒で教えてくれるのだが、解説を施された本文《テクスト》が書評子に語るのは、魂《こころ》の底からのものである。痛い傷口《とこころ》をそれは衝く。明らかにヨーブの凡庸なる小説が彼に供したのは、ブダペストに向けられる彼の批判を、それと聞きとれるかたちで表明するチャンス、彼固有なる負の生活感情を、手応えもたしかに、摑みとるチャンスであったに過ぎない。諸々の書物への論評を定期的に試みなければならないそんな書評子では彼に限り断じてない。彼が筆を執ったのは、或る書物を手にとってそこに己が苦言を呈することが出来た場合だけである。（彼がそのエッセイ集『魂と形式』の序論で〝評論家〟なるもののはたらきを陳べたそっくりそのままに。）

ヨーブの詩はアディの詩の新たな言い換えだ、と更に彼は断言する。――いま一度、彼にとっての中心的主題《テーマ》、アディ・エンドレに論及しつつなのだが――違いと言えば、ヨーブが、アディのようには、禍根など突きとめなくてもよければ、咎めなくてもよく、怒らなくてもよくて、ただほろ苦い真相を吐露してみせるだけでいいということである。ルカーチはアディの詩節をハンガリー人の生活感情の暗号化した表現として引用している。つまりは、どんなに細工は粉々骨を折っても、初めから空しかろうよ、といった感情のである。そしてこれを説き明かすため、次のようにつけ加える。ハンガリーにおいては詩的情熱とか肌理《きめ》細やかさとかは何らの反響も期待しえないのだ、と。またここには詩のための何の素材もありはしない、と。ヨーブの登場人物たちは、〝燃えつき幻滅した人々、まだ交戦を前にして戦闘能力の失せてしまった、また合戦を前にしてもう瀕死の重傷に喘いでいる、そんな戦士たち〟であってもやむをえないのだ、と。

　こうした燃えつきは、若き日のルカーチにあって、くり返し持ち上がる。或るときは己れ自身と、或るときは他の、とりわけてもハンガリーの知識人たちと関わらせながら。彼が、そうすることで、特色づけたのは、恐らくアディからムジールを経てアンドレ・ヘラー(2)にいたるオーストリア・ハンガリーの他の作家たちによっても主題化された「のらくら者的《カカーニッシュ》」(3)生活感情であった。またそれはニーチェによって観察された〝生まれついての白髪症《きぐろう》〟を思い起こさせる（アンドレ・ヘラーによれば、ウィーンっ子は七十歳でこの世に生まれてきて、やがて年を重ねるにつれ、幾分若くなってゆくが、五十歳よりも若くなることは金輪際ない）。ルカーチが彼にとっては明らかに重大なこの観察を更に分析することがなかったのは、残念なことである。ブダペストの更に詳しい〝現象学〟は今日でもなお一〇〇パーセント、ハンガリーの知識階級の批判的自己認識を促進するのに貴重な貢献となるところであろうに。彼が評論家《エッセイスト》として、しかし、取り組んでいたのは、専ら文言《テクスト》であって、直かの現実の自からによる観察は彼にとり何ら主題ではなかったのである。

　更にその書評にはこう書かれている。愛こそが唯一の情熱なのだとしていい。それは、ヨーブの登場人物たちを生かし且つ動かすのには十二分なだけ強く且つ根本的だ、と。登場人物の面々は、恋の転調因《ソルネス》であればいい。けだしこの者どもは、人生の最高潮、愛の大いなる瞬間に達するや、即座にまた市民的日常の深い虚無へと永遠に墜落してゆく。

「このような人間たちの全人生が演じられる世界は、愛欲のそれ、愛のそれだ。そうして絶望から育くまれたあの専心、この世の、並びにありのままなるあり方における唯一の主題《テーマ》たるこの専心を、私はこの詩の真にハンガリー的な、真にペシュト人的な性格と見てとるのである。成程ヨーブ・ダーニエルは、主題的にも、文体的にも、多くの外国の詩人たち、主としてはスカンディナヴィアやフランスの詩人たちとの類似性を提示する。しかしながら彼の登場人物たちのもの憂さは、古き文化の数々が雲か霞と消えゆく果敢《はか》なき詩趣《ポエジー》ではなくして、むしろ不毛な模索により疲労困憊しているということである。これら人物たちのあてどなさは、彼らが己が目標を選びそこねたことから来ているのであって、目的喪失は上質な頽廃《デカデンツ》のお巫山戯《ふざけ》懐疑《スケプシス》ではない。彼らの情熱のうちに点滅するのは、なお新鮮で不撓不屈の未開野蛮なるものであって、これはそのあと一段と残忍なる衝突のうちに砕け散る。彼らの芸術家気質《かたぎ》は、さしあたりただ内面的なもの、心的なものであって、視覚と聴覚により認知されたものへの、また大いなる刹那への陶酔のさまが詩となっているものに過ぎない。あてどなさは彼らにおいては、いまだ決して形式を探究するにいたるまで成熟したわけではなくて、ただただ彼ら自身がそれを素朴な生の表明として感じているにすぎない。かかる生の表明は、彼らを芸術家とすることが出来ない。すばらしい夢想の壁掛をわが家の門前に掲げる人々、心地よい調和を妨げる実生活が闖入して来られぬようそんなことをやってのける人々とすることが出来ないのである。スカンディナヴィアやパリの小説――芸術と人生のそれ――は、当地ではまだ問題にもなっていない。ヨーブ・ダーニエルの登場人物は、あれら小説の諸人物の兄弟姉妹なのだけれども。大がかりな棲み分けはまだ行なわれていなかった。対立点はもっとむきだしになり、衝突していっそう容赦ない闘争となる。いよいよ藪から棒に且つ多彩にこれらの人々の裡では、冷笑主義と感傷性、他者を見抜く能力と感動し易さとが混り合う。究極的に凡ては空しいのだといった感情が、氷のように冷たい唐突さを以て、はじけるのだ。熱烈この上ない彼らの憧憬が成就するその間々を縫って。」

その結びにルカーチはなお次のように書きとめる。すなわち、

「風変りで、最高度に逆説的な現象ではある。騒々しく無躾《ぶしつけ》な、大声で不平を鳴らし、同じく無遠慮に歓声を上げるこの都市の抒情的《リリック》なるものが、この上もなく力づよく、いずれにせよ正純無垢に語《ことば》を発するとは。声高な凡ゆる影響から身を引き離した芸術家、感じ易く専ら芸術的にしか発語しない芸術家の詩においてだ。ルカーチのペシュト的な性格の露呈されるのが、あまりに専ら万有包括的な雰囲気の中でのことだものだから、新しきものを――もはや見くびるわけにいかぬとすれば――少なくとも異邦のもの、見知らぬ土地に育くまれたものとすることに興を覚え且つ好都合とする連中は、四の五の言わさず、こう主張するかも知れない。すなわち、新しきものは単に外国の模倣であればいい。我国の生活とは何の関係もなくたって差し支えない、と。安心しきって彼らは、そう主張しているのかも知れぬ。何故ならここでは、何が言われているのかにつき、聞く耳もたれたためしは一度としてないからである。況んや何が黙過されているかについてときては、何とそれどころではないことか。」それまで何びとによっても註釈されたり分析

されたりしたことのないこのような論述は、全く以て教示に富む。一面でそれは、私達が前に描いたブダペスト像を裏づけるが、他面ではこの都市の、ルカーチ・ジェルジをも含む、住人たちの根なし草性と文化的無方向性につき様々な関連性に富む叙述を供しているのである。

ヨーブの登場人物たちに、つまりは現実に否応もなく挫折する非現実で並外れた諸々の憧憬に、ルカーチが下す診断とはそも何か。けだし魂《プシケー》と社会の間に存するあまりにも大きな不協和の結果として、それが解釈されるわけである。共通にして安定せる価値体系が欠除していることの帰結としてだ。冷笑主義《シニスム》と感傷性の無媒介の混合、感覚的陶酔と全面的幻滅との、ルカーチが語るごとき、継起と並列は、無媒介的文化変容につき私達が見取図を描いたあの画像とぴったり当てはまるのである。伝統なき大都会では、輸入された虚無的末期文化の諸形式が、大半はまだ地方的な伝統を以てかたちづくられた日常文化の上に、直かに冠せられているわけであるが、かかる大都会の最高度に流動的な住民にあっては、文化の洗練を促す作用が出番となることはあり得ない。むしろ自己同一性が妨げられるか、然らずんば見当外れの自覚が育くまれるかといったことになる。かなり若手のドイツ人観測者ヴィルヘルム・ドロステ(4)は、最近ブダペストにおける新築熱との関連でこう記した。「彼らの首都のこのような演出を以てハンガリー人は己が正体《アイデンティティ》を保障する能力を証した。彼らが異郷を等しなみの傍若無人ぶりを以て吸収し、外来のものをわがものにしてしまうことによってだ。彼らは己が特質の維持に生命も縮まるほどの不安を覚えると同時に、いつでもそうした恐怖から免れようとしている。出来るだけヨーロッパ式の流儀で。出来るだけ十二分に時代の高みに立って。就中しかし出来るだけ迅速に」と。

ブダペストの人々が、〝己が魂の秘めたる詩〟を実生活に直かに中継しようとして、〝大がかりな棲み分け〟がいまだに起こらないでいてほしいのは、――シラーあたりに依拠するならば――次のように解すべきものなのである。すなわち、絶対的なものを目ざしての理性の内在的な努力も、官能的なこだわりのこのような状態の中にあっては、まがいものになってしまう、と。言い換えれば、ただ心的な欲求だけが、そのことにより絶対化されてしまう。ブダペストっ子は己が人生の全内容を専らその愛の情熱の実現に求めて、従ってその他の社会的結合や統合的に作用する集合的な価値表象は活潑でない、といった事情が確認されれば、その光景は仕上がるわけである。

遥かにもっとはっきりと己が故郷《ふるさと》の都《まち》の精神をルカーチが批判するのは、モルナール・フェレンツの小説『アンドル』(5)（一九一八）の書評においてである。ここでも、他のいずれの書評におけると同じように、彼が出発するのは、その中心的な主題《テーマ》、つまり経験世界の批判からである。すなわち、モルナールが目を注げばそれでいいとするのは、ただ個々の互いにばらばらな対象に過ぎない。決して本質的な関連ではない、と。そうしたものは彼が別に体験出来なくてもよければ、官能的に描写する能が別にないのだとしておいてもいい。成る程鋭い観察者であってもよろしいが、「いずれの内面性も温か味も……いずれの魂も」彼には欠けていた。何ひとつとして彼は内面から共感なんて出来ないとしていい。いずれの偉大な芸術も、経験知の空しさ脆さをすっぱぬいて、ユートピア的融和をつくり出したりするものだとしていいのに対し、モルナールその他の似而非《えせ》芸術家どもは、己がありふれた経験的実存《ダーザイン》を以て読者と折り合いをつけてしまう。『アンドル』は、〝平均的なペシュトの人々の人生の内面的無目的と空しさを感傷的に栄光化〟すれば、それでいいものなのだ。フランス自然主義作家の幻想打破《デスイリュシオニスム》は、浪曼主義の抽象的理想主義に対しての歴史哲学的根拠に基く挑戦《ポレミク》だけれど、モルナールの手口などとは較べものにもなるまい。つまりペシュトの冷笑主義《シニスム》は、いずれの理想主義にもただポーズを見てとるだけでよく、人間の内面的空虚――彼らの〝精神錯乱《モラル・インサニティ》〟――の不変なることを受け容れるよう仄めかせばそれでいい。……「私の思うに、この点でブダペストぐらい精神的《モラーリッシュ》にどん底におちるところだった大都会など殆どないのだ。そうなると、ここに積もりに積もった内なる要求を充たすのに、意地わるく白眼視する冷笑主義《シニスム》とめそめそ涙脆い感傷性との正にあの混合こそが最もふさわしいのは、何ら偶然ではない。モルナールの才能は、己が積極的成分と消極的成分とによりかかる混合をつくり上げるよう強いられていたことになる。」

更になお手厳しく且つ詳細にルカーチがブダペストのインテリ層を攻撃したのは、二年前に公刊された彼の『バラージュ・ベーラと奴は真平御免の人たち』(6)なる論難の書においてである。これはその道徳的な厳しさと首尾一貫性、またその定式化の頑冥ぶりにおいてハンガリー文学史では類例のないものである(7)（独裁時代における個々の著作家の政治的理由によるか、或いは密告者によるかする「処刑」は、わが二〇世紀にはいやというほどあったわけだけれども、ここでは論外としよう）。

ルカーチは、その論文の冒頭でバラージュの戯曲を、つまりは個々のエッセイにおいて心的にも知的にも己れによく似た作家だとのお墨つきを与えたバラージュの戯曲を、〝絶対なるものへの憧憬と相対的なものの中で生きることにかけての無能〟とを舞台の上で主題化したものだと手放しの称讃を以て性格づけた後、そのやったことはと言えば、バラージュの論敵共なる二つの集団《グループ》を喧嘩腰で、こっぴどく批判することであった。知的にはさっぱり太刀打ち出来なければこそこの劇作家を理解しない人々——連中をすぐにも彼が無視するのは、その頭のわるさを別に悪意にとらなくたって差し支えないからである——と、それから反《そ》りを合わせてくる人々をである。こちらの方は、社会適応への努力に熱心なあまり、実際にそうある以上の素朴さで故意に尻尾を巻くわけである。どうやらルカーチの念頭にあるのは、ブルジョワ出身の同時代ユダヤ人仲間で、この連中は、極めつきの保守派にして教養は程々ながら指導的役割を演じている準上流の中産階級から、承認と受け入れをかち取ろうとして、己れが選びとった故郷に色目をつかっているわけである。このような人間類型が、確信を欠くまま、跪拝するなら、勝手にすればいいとルカーチは思う。「彼の人間理解は、誰にせよ己が利益の欲する場合は嘘をつくものだという洞察、本来誰しもが悪党であってもやむを得ぬという認識にある。彼の自己認識は、自分も本来他人様と全く同じで、同じように嘘もつけば、同じように悪党にもなりかねないという洞察なのだ。彼の誇りは、自分が誠実だということ。何しろそれは心得ていてもいいし、そのことを自認して告白したっていいからである。更にはあの連中を笑いの種にしてやったっていいのも彼の誇りで、何しろその連中ときたら、これぞ世の中の肝腎要としていいとよくわかるには、あまりに明盲目《あきめくら》で鰯《いわし》の頭も信心となりかねないからである。そんな連中にとりあっていいのは、利害とか個人的な共感や反感に基くそうした付き合いだけなのだ。原則だの確信に基く付き合い、私情を交えぬ付き合いを取り結ぼうとする情念《パトス》などは連中にとり現になくても仕方がないのだ。」

ルカーチの激情は、このような定式化にも疑いなく泌み通っているが、彼の論証は〝体系内在的《ジュステムイマネント》〟である。つまり超越や総体へと方向づけられる世界観と相似《アナログ》でありつづける。まるで彼のブダペスト批判に当っては、彼の哲学の具体的適用こそが実は問題となるところでもあるかのように。そうしてたしかにそこに存立するのはまた、己が環境に対する頑是ない子供時分から育くまれた（これは後年その研究により確証されるのだが）激越な敵対と、プラトニズムに傾くその世界観望との間に横たわる一つの遺伝的関連なのである。いずれにせよ、彼の目に映るブダペストは、明らかに、経験的知識の〝混沌《カオス》〟たる受肉、〝先験的無宿性《ホームレス》〟の権化だったのである。

2　アディとバビッチ

ハンガリー文学へのアディの登場、或いはむしろそこへの闖入《ちん》は、進歩的な知識人たちにより大いなる感激を以て迎えられた。遂にやって来たぞ。われらの生活感情を類例なき言葉の力で表現したあの男が。暗示的であると同じく挑発的な、今なお耳朶を打つ声音でもって表現したあの男がと。蓋し以前は多年に亘り、実際上はただお互い同士で――またしばしばただぎこちない理論の言葉で――語ってきた凡てのことを類例なき言葉の力で、というわけである。而してこの思いがけない戦友が、なお詩人の格別な風采に恵まれていて、それゆえ青春時代の大部分をわがもの顔に出来た。それは裏返せば、あまり稠密に種蒔かれたわけではない、時折は正に困窮してもいた、当時のハンガリーにおける〝左翼知識人〟たちをこの男が折にふれ支援することになったということである。

自身、進歩陣営の内部でアウトサイダーだった若き日のルカーチ・ジェルジにとり、卓抜な言語能力の持主なる自国東部出身の天才が意味したのは、先ず以てまさしく啓示であった。何故ならアディは、自分に対する社会的政治的文学的な全支配階級の憤激を煽り立てることにより本人が孤独だっただけではなく、人づきあいのわるいそのプラトン主義者にも美的自己同一化の可能性を供したからである。哲学的にも文学的にも水準のたかい教育を授かったルカーチは、ハンガリーの著作家たちから感動的な体験はこれまで本当にかちとることが出来なかった。が、今や突如として一人の抒情詩人、アディ本人が特徴づけるように、〝先祖もなければ縁者もなし〟の抒情詩人がやってきた。その詩の数々に彼が見出したのは、己が社会的文化的全環境への深い居心地わるさであって、反逆的な彼の不服が印象的な独創性を以てはっきりあらわされていた。昔を振り返って老ルカーチは一つのショックだったとさえ語るのだった。アディは、彼と同じように、社会的全環境に対しまさに拒否の姿勢をとり、彼のごとく、ブダペストを憎み、蔑《さげす》み、嫌悪して、革命に憧れ、現代の、政治的に対立する〝ターリア協会〟(1)も含めたあらゆる主唱に共鳴したのである。そのことがルカーチに及ぼしたのは、ほっとさせるような力だったに違いない。「もし万が一、アディがいないとすれば、彼を発明しなければならなかったところだろうに」と私達が読まされるのは、一九〇九年に執筆された彼の最初のアディ試論《エッセイ》の最初の段落においてである。因みにこの段落は――三十年後にものされた第二〔試論《エッセイ》〕同様――詩人の次のような引用を以て始まるのである（しかも両度とも同じ三行の詩行が引用される）。

僕が来ないうちは彼らは乞食だった。
一度として彼らは美わしく泣くことが出来なかった。
僕はわが身とわが民族を嘆き哀しむ……

このような連続は、分断されたルカーチ全集《ウーヴル》においては一つの注目に価する現象である。といっても、それは決して偶然《アクシデント》ではない。何故ならその三行詩だけが、年老いてしまったマルクス主義者を若々しいプラトン主義者と結びつける唯一の思想的契機《イデア》というわけではないのだから。詩人ならびにその気構えとの関連でだ。つまり既にしてこの初期のアディ＝頌辞《オマージュ》において、革命こそが明確なる言葉《エクスプレシス・ヴェルビス》で以て話題になっているのであるから。ルカーチのライフ・ワークにおいてここで初めて革命という言葉が出てくるわけである。そしてすぐに思いつくのは、彼がそうするようアディ自身により鼓舞されたのだということである（他方何年か前の一九〇五年に勃発したロシアの〔第一次〕革命が植えつけたのは、急進的な転換こそが差し迫って必要だという確信であった）。(2)

革命というものは、しかし、思うだに厄介なことであった。ルカーチが嘆き悲しんだのは、彼最初のこのエッセイに起筆早々のことである。革命の可能性なんて全く以て手が届かなくたってやむをえない。「……ただせめても指導者が居てくれれば、いいのだが。ただ夢の中にのみ――恐らくは――実在している革命と、革命後のハンガリーにより、偉大な人物に本当は仕立ててもらえぬとも限るまいそんな者共が居てさえくれれば、いいのだが。」ルカーチにとり明らかだったのは、ハンガリーにおける急進的な政治転換の希求されたのが、ただモダンな考え方をする人々の孤立した薄い層、〝アディ・エンドレの読者層〟という、その願望する表象が現実とは何ひとつ関わりのなかった、やりきれないほど異様な《グロテスク》グループによってであったということである。

若き日のルカーチが、ここで指し示すのは、ハンガリーの基本的な精神的悲惨であった。つまりはエリートの精神的教養のそぐわなさと疎外されていることであった。知識人たちはその意識においては、己が勉学、旅行、読書のおかげで、自分たちがそこで生き且つ己が西欧的な教養の眼鏡で眺めてきた社会よりも遥かに〝幅ひろい〟存在であった。〝その歴史に文化創造的な数百年が欠けている〟とアディが書いたそのような国、従って匹敵する革命の数々の歴史的諸前提が欠けている国においては、しかし、西欧的諸範疇の不毛なる使用とそこから生ずる期待とが惹き起こし得たのは、欲求不満《フラストレーション》に過ぎなかった。

でなければ絶望か。「アディの社会主義は……荒野の中の叫び、溺れ死のうとする者の救いを求めるわめき声、なおある唯一の可能性への遮二無二のしがみつきだ。」……ルカーチは見るからに感動している。アディにつき語るときに。単なる詩人であるというより正《まさ》にそれ以上としていい神秘家なるこの詩人についてだ。現代の詩人、自からその表現形式を打ち出さねばなるまいそんな詩人は、中世の詩人たち、宗教がなお確乎として微動だにもせぬ聖書的なかたちを供した中世の詩人たちとは正反対になる。因みに「聖書的なかたちの金城鉄壁なる石垣の間にこそ恍惚たる者共の熱き溶岩流《マグマ》は遮るものもなく流れ入ることが出来たわけである」。アディの詩のかかる宗教的根本性格からこそ、とルカーチは書く、神話・創造への彼の好みは生み出されるとしていい、と。事実、〝ハンガリー的〟、つまり批判的＝国民主義的《ナショナル》で、〝自身の人種〟をしばしば威たけだかに罵るアディの詩においてこそ、ハンガリー国民史のいくつもの鍵概念は神話的後光《アウラ》を得るわけである。もっと厳密に言えば、これら運命を孕む地名・人名に隠された神秘的なるものは、ハンガリー文学では初めてこの詩人により、詩的預言者的に、呼びさまされることになる。

アディは、ルカーチにとり、桁違いな当代最大の抒情詩人、純粋を極める抒情家気質《かたぎ》であった。同時代の最高の評価をかちえたバラージュ・ベーラさえ、その等級から言えば、後塵を拝する。同時代のハンガリー抒情詩につき（同様一九〇九年に著わされた）概観でみずから記したように、バラージュは第一義的には劇作家であった。純血種の抒情詩人では毫もない。「彼の抒情詩には既に何かしら受け売りによるものがあったのである。」

それから最初は正に人手《うけうり》を介してルカーチのアンテナにかかったバビッチの詩がくる。ありうべき凡ゆる主題をそれは詠じて、未知のもの、言わく言い難いものは何一つ現れなかった。大抵の詩人は主題《テーマ》の上で体験能力に制限があってよく、ルカーチもそうだが、一定の事柄は彼らにとり理屈ぬきで実在しない。バビッチにとってはそんな制限はなくてもいいのだ。地球上で世界史に見出される千差万別の対象の数々を詠《うた》い上げることが出来ればそれでいい。むろんのこと、それら対象と自己同一を遂げることもなしにだ。どちらでもいいのだ、これらの詩にあって、何が問題であろうと。東洋か西洋か。中世か現代か。大都市の喧噪か、村の牧歌か。そのいずれが材料を差し出してくれようとも。主題との距離《へだたり》は、バビッチにあって、いつだって突きとめられて構わないだろうし、詠われたものとの融合が生ずるわけでなくてもいいだろう。

そうすると、どこに、とルカーチは問う、これらの詩における本来的に人間的なるものは差し込まれているのか、と。

仮面の背後で彼の答が聞こえてくる。バビッチは「己が含羞の悲愁を装飾効果絶大なる名人業の戯れのうしろに」そっと匿《かく》しておけばいい。不可能でもやむをえないのだ。〃燃えつきたニヒリズム、生への不毛なる憧憬に気づくことなど。〃けだし彼〔バビッチ〕の心象の群の豪華絢爛悉くの背後に差し込まれている生への不毛なる憧憬にだ。感情と表現はここでは互いに向き合っている。そしてこのことがバビッチをペシュトと結びつければいい。彼その人は、ペシュトの唯美主義者らと異なり、全く感傷ぬきでいいのだけれども。

既にひいた論争書《パンフレット》『バラージュ・ベーラと奴は真平御免の人たち』(3)(一九一八)でルカーチは初めてバビッチと渡り合った。バラージュの詩を軽蔑的にさえ批評したバビッチとである。バラージュ以外の論敵のことは、無原則で偏狭且つ日和見的なる〝むかつき野郎〟として最大限の軽蔑を以て片づけている(前節引用参照)一方、バビッチと彼は殊更慇懃に交わっている。〝むかつき野郎〟どもを片づけたあとすぐに、彼はつづけてバビッチに向きなおる。「さあ今や消毒液で手を洗って本気《まじ》の敵手と話をつけることにしよう……」と。しかしながら次に詳述するように、彼がバビッチに咎め立てるのは、それ以前に彼がバラージュの敵手たちに喰らわせた痛撃にくらべて、その点殆ど手厳しいというほどではない。何故ならバビッチが導かれたのは、周知のように、思慮なき対独恐怖症によってだったからである。この男がバラージュを批判して、まさに曖昧模糊たる異論の数々で以て蔽いかぶせてしまったときにだ。

バラージュの詩は、ヘッベルとかドイツ最近の抒情詩人たちを思い出させてくれるであろう、と彼〔バビッチ〕は書く。そのいずれを?(5) とルカーチは問う。〔シュテファン〕ゲオルゲ、リルケ、デーメル、リリエンクローン、ヴェルフェルのいずれを、と。かくも大まかで、曖昧に定式化された異論は、もっとよく吟味するなら、忽ち笑止とされていい。そして、バラージュへのヘッベルの影響と関連してバビッチが言っていること、すなわち〝繊細なものから単純素朴なものへの様式化、民族的な古い形式からの形而上的なものの導き出しは、典型的なドイツ式努力である〟というのは、ルカーチに言わせれば、やはり当っていまい。つまりここに名を挙げられたドイツの抒情詩人たちにとり正に共通性があるのは、彼らが何ら民謡風な詩に筆を染めていないことなのである。ルカーチはその機会に忽ちいま一つの争点を取り出してくる。すなわちバビッチが先頃こう主張したというわけなのだ。つまりカントの定言命令は国家の行政当局に対する無批判の服従を個人から要求して差し支えないとする、と。ルカーチはそこでこれに答えて、これはまさしくカントの原則の回れ右だとしてもいい、と。そして締めくくるに当りこう問いかけるのである。「教養いとたかき、良心的で、繊細な著者が、どうしてこんな途方もない誤りをおかしかねないんだろうか。ドイツ文学とかそれのわが文学への影響といったことが問題となった途端に」、と。

いい問いかけである。ただ残念なことに、ルカーチは、それに答えようとはさっぱり骨折らなかった。

更に根本的に且つ包括的にルカーチは一九四一年にモスクワでしたためられた或るエッセイにおいてバビッチに取り組んだ。そこにおいても彼は件《くだん》の抒情詩人を、基本的な異論にも拘らず、結構三〇年前におけると同じく、敬意をこめて取り扱った。この連続性は——それの説明には次の段落におけるルカーチ後期作品群の時間的先取りをどうしても登場させなければならないが——こうも説明をつけることができる。すなわち、その間にはバビッチの詩人としての自己理解においても或る変容が生じたのだ、と。つまりは嘗ての唯美主義者が社会参加《アンガジュ》の詩への信奉を告白したのだ、と。この人は一九三八年にもっと長い詩『ヨナの書』をものしたが、そこで彼が旧約の預言者像に描き上げているのは、己れ自身の意識の変容なのである。ヨナは、(7)神が己れに負わし給うた使命に対し抗《あらが》ったが、辿りつくその確信とは、自分が預言者の職責を、それとともに悲劇的な運命をも受け容れなければならぬというものであった。

この変容を説き明かすのに先立ちルカーチは、バビッチの自伝的覚書『わが人生のあちらこちら』を詳細に論じたが、これは三年前に書かれたヨナ=詩篇とともに一九四一年(バビッチ他界の年)に一巻として上梓されたもの、一人の唯美主義者の遁世的な生涯を叙べるものであった。バビッチは――王立円卓判事の息子で、従って中産階級の上層に属しているが――若い頃を振返って、その内向的な文士生活を描き出し、それを野党的な態度の表明として評価している。彼が己れの社会環境を拒んでよしとしたのは、自分がありふれた政治談義には加わらず、ウィーンを口汚く罵る反抗的なハンガリー人の役割を演ずることなく、酒や狩猟など己が社会環境の若者特有の娯楽も避けていたからである。むしろ図書の世界に彼は引き籠ろうとした。「万巻の書に逃げ込む者は、人生から逃亡しているのだ、などと信ずる必要はない。しばしばそんな人こそは正に己が人生を拡げようとしているのだ。己が時代とわが運命が自分に割り当てたよりも更に大きな人生に飢えているのだ。」

ルカーチはバビッチの行動と思考を見つめている。第一次大戦以前の時代を郷愁の思いで胸一杯になりながら回想するハンガリー社会のあの階層にとり典型的なものとしてだ。蓋しあの階層は戦争、革命、反革命に震撼された後、一変した世の中で今や自分らが他所者《よそ》になってしまったことを感じているわけである。むろん目下彼らを悩ます問題が既にしてあの古きよき〝牧歌的〟な時代にもあったのだとして一向に差し支えない。ただ彼らはそれらの諸問題を気にも留《と》めなかった。そのことで彼らをルカーチは非難するのだ。バビッチもまた己が居心地のわるさの真の原因につき己が意見もなしに平気でいる。時代の社会的政治的諸問題から自分が背を向けていることをも誤ってよしとしているように。自分は政治とは何の関係もなくていいと彼が考えるとするならばだ。「バビッチは現在の矛盾から逃げ出したいのだ。目を閉じ耳をふさぎたいのだ。そして就中彼が絶望しているのは、己が外的環境と自身の詩人的人間的誠実さがこのことを大目に見てはくれぬということなのである。然るに古き牧歌への憧れは（いつこの牧歌は現実だったのだろう？）くり返しくり返し彼から噴き出してくる。」

かかる批判において気づかされるのは、批判された著者に対してのルカーチの同情、或いは少なくとも理解の鎮静効果である。マルクス主義者になった嘗ての唯美主義者は、バビッチの自己批判的な詩を過大評価しているように思われる。だがここでは、彼ルカーチ自身の、ほぼ二十年前に起こった回心とそっくりに閲《けみ》した経過が問題なのである。その際あの『ヨナの書』は根本では何ら過激な志操の変化を予告していたわけではない。バビッチは、それこそ社会参加《アンガジュ》する詩人になったわけではないのだ。新たな確信に導かれて、今や具体的に、政治上進歩的な或る見解へと信仰告白するといった詩人になったわけでは。彼はただ間接に——聖書的寓話的な詩においてーーこう告白したに過ぎない。神が罰を下されたのは、自分が預言者になろうとしなかったからだ、と。それ以上をこの詩が述べているわけではなかった。バビッチは、社会参加《アンガジュ》する詩人にも真の抒情詩人にもならなかった。何故なら受け売りされる者の過重が——それでルカーチはあの頃彼を非難したのであったが——『ヨナの書』にも現にあるからである。そう、それは信仰告白の詩なんかではない。一つの諷刺詩なのだ。バビッチは自分自身を笑いものにしているではないか。彼は自身の詩人としての実存に距離をおいている。——疑いもなくそれは注目に価するが——しかしそれをするのは己が確信からではない。内面的に強いられてでもない。彼の他我なる《アルテル・エゴー》ヨナは、いずれにせよ、ふくれっ面をし、歯軋《ぎし》りしながら、一つの必然性、一つのより大いなる力《ヴィス・マヨール》、とにかく神かく望み給う、を洞察することで、それをするわけである。そして神と最後までヨナは争う。相憎、預言者としての彼の使命はニネヴェ(8)において屈辱的な挫折を喫したのだけれども。更に重きを加えるのは、閉めくくりをなす個別詩「ヨナの祈り」の愬《うった》えである。その中でバビッチが、今やいずれの反語や悲喜劇的主題《モティーフ》もなしに、抒情詩の直接性を以て告白するのは、古き確信が自分には失せてしまったということなのである。彼の嘆きの響きは人を納得させ、感動させる。恰もアントン親方の〝俺は世の中もはやわからぬ〟の嘆きのように。

言葉は俺には不誠実なものとなった。

それとも俺自身溢れ流れる小川のよう
決着もつかぬまま目的も際限もなしに
かくて俺は古く空しき多くの言の葉を担いゆく。
恰もさ迷い流れる大水がきれぎれの
垣根、杭、土手を乗せてゆくように

結びでヨナ＝バビッチは神に祈る。我に、詳しくはわが詩に、正しき道を示し給え、と。あの当時、このような精神状態に〝超越的無宿性〟なる呼び名を刻した若き日のルカーチなら、年老いた彼以上に、この祈りには、もっと多く言うべきことがきっとあったところであろうに。因みに老いたるルカーチは、鉄壁のイデオロギー的束縛の中に露ほどの心もとなさを覚えることなく、ここではただ教えを垂れて次のように書き留めただけなのであるが。すなわち、〝感動的なほど誠実なバビッチの信仰告白が四つに組んでいるあの最も奥深い内心での気おくれ〟は、同様にして外見のあり方であってよく、バビッチ自からが信じている〝以上に客観的且つ社会的〟であっていいのだ、と。

ルカーチが興味を寄せたのは、ただ政治的諸局面だけであるに過ぎない。『ヨナの書』をあんなにも高く彼が評価したのは、確かにそれがほんの戦争直前に刊行されて、ハンガリー作家たちのあまりにも弱々しい反ファッショ的信念の強化という福音をそれが齎すことを約束した専らそのゆえである。曰く、「さあいいですか。いかにも偉大な唯美主義者さえ納得したのです。闘争は受けてこそ立つべきものだ！と。」……政治的局面はルカーチにとり明らかに余りにも重要だったので、彼はそうやっているうちに、たえず仮面を操るバビッチの抒情詩への嘗ての深刻な批判を忘れ去ったのであった。彼の視界は若い頃からこのかた収縮してゆく。彼は自身の豹変のすすむにつれ、己が内なるキルケゴール主義者を圧殺したのであった。でなければ、根本では別に変化でも何でもないバビッチの豹変に、恐らくはもっと懐疑的な判断を下したところだったのではなかろうか。

何しろアディとなると、称讃を浴びせたのは正に誠実さだったではないか、この抒情詩人にとっては、詩作するとは断じて戯れにはあらず、むしろ人生の釈義《エクセゲーゼ》でこそあった、というのが、彼の意見だったではないか。

アディとバビッチが代表したのは、根本的に異なる思考態度であった。そのことはルカーチの態度決定から既にして明白となる。それ以上には、これについても関わりあいになるべきではない。私達との関連においては、むろんのこと、この差違を文化史的文教政策的な基本点において、やっぱり明らかにするのは、啓発的だと思われる。つまりは、西欧とのハンガリーの関係を判断する上においてだ。両々二人の抒情詩人のそれ相応の言表が明らかにしてくれるのは、極端に異なった、しかし特徴的なる二つの精神態度なのである。

二十八歳になるジャーナリストのアディが次のように筆にしたのは、一九〇五年、『新詩《ウーイ・ヴェルシェク》』（"Új versek"）その他を以てする彼のセンセーショナルにして挑発的な突貫の二・三ヶ月前のことであった。

「理想主義者と犯罪者は肩を組んだ。紛いものなる空気の石で城を築き、全世界に歓呼を上げた。カルパチアの山麓でヨーロッパは創造された。……ヨーロッパを大いなるほら話が損なったわけではない。ここでは嘘はわが家《ア　ト・ホ　ー　ム》に居るように信じられた。どうして我らの父祖たちは既にして騙されていたのか。どうして嘘は次々リレーされていったか。我らは絶えず無理にも飲み込まされてきた。ここがヨーロッパでいいんだぞ、と。我らは一つの文化生活の準備をしてきた。かくていらいらしながら絶えず前へ前へと引き摺られていった。……我らは前へむかって狩り立てられ、後を振りかえって、どこから自分らがかくも速《すみや》かにやって来たのか、眺め見てはいけなかった。この地《くに》が二・三のファラオのものであること、幾百万の民が汚《きたな》らしく、野獣のように露命を繋いでいることを、目にしてはいけなかった。ファラオ達は、ここでピラミッドが築かれることを欲した。二・三の馬鹿どもが、そのため己が血と神経を供したのは、ファラオらが鼻をたかく出来るようにとしてのことである。万人がここでは先を急いだ。彼らこそがヨーロッパ人になったのである。その血潮や神経において。思考、苦悩、渇望において。ここで成熟したのは、品種改良し過ぎた人間類型で、ハンガリー社会には少なくとも百年は先立つ。これら神聖なる競走選手《ランナー》らには、自分らに追いつけなかった幾千万の者たちがいるといった思いは一度として夢にもあらわれたことがなかった。……汝は偉大なり、わが民よ。汝は偉大なり。千年来汝はヨーロッパとのたえざる戦の中に生きている。汝は部隊を糾合せり。その間、汝の血は流れたり。されど理念をして汝が児孫の頭蓋に対し勝利を博させなかった。汝はヨーロッパのただ中に生きる。獣的純潔の排除に対する生ける異議申し立てとして。」

ババッチは、三十代の高校教諭として、また近代的な考え方を抱く文筆家仲間（その他未知の人々）の間で認められた抒情詩人として、一九一三年にこう記したのであった。

「我々の文化は、我々の最初期の国王たち(9)以来、自発的に、また全く正気で、西欧に、キリスト教世界に接続して、異教的なその古き財宝を没落させただけではない。またそれを、言ってみれば意図的に根こそぎにしたのであった。西欧文化の千年古《ちとせふ》りにし基幹の上に立って、新しい生命《いのち》を始めることが出来るようにと。」

歴史の混乱や破局を通じて、しかし、キリスト教ヨーロッパ文化のこの新しい傍系は、常に危険に曝されてもやむをえなかった。しかも〝他の樹々に珍らしい三度咲きや新種の果実を齎らした庭師の労務〟が、ここでは単なる実生活《くらし》の保持に集中されざるを得なかった間にである。ならば次のようなことになってもやむを得まい。つまりはヨーロッパ的基幹へのこの帰属が、最初はまだあまりにも力づくで、あまりにも改宗強要的《しゃくふく》であったということに。しかしながら、ルネサンス以来、既にハンガリー人の詩すべてにおいて突きとめることが出来てもいいのは、〝純粋にして自発的なヨーロッパへの帰属、西方の偉大な伝統への出資者たることを露見させるあの筆舌につくし難い何かしら〟をであった。一九世紀初頭に意識的且つ計画的にすすめられた、言語並びに文体上の革新を通じて、今やハンガリーの文学および全文化の西欧との結びつきは甚だ確乎たるものとなる。爾来その結合が途切らされることは、もはやありえなかった。啓蒙時代にハンガリーで支配したのは、〝世界文化的理念〟であって、この時代に「ハンガリーの作家たちに遍満したのは、西ヨーロッパなる兄弟たちのそれと同じ感情でもあれば、また感奮興起させられたのも、西欧の仲間のそれと同じ諸問題にであった。いずれの潮流にも代弁者がいるわけであり、いずれの出来事もその影響に気づかされるのである。……ハンガリーの文筆家は、西洋の生ける代弁者なのだ。騒々しき東洋における。」

ハンガリー文学において西欧の凡ゆる潮流が歴然たることは、バビッチにとっては、格別に重要である。何故かと言うに、

「世界文学——またそもそも全文化——が諸民族の数々の魂の巨大な協奏曲だ。つまり洗練さ

れない、ナショナルないずれの音響《ひびき》も、不協和なのだ。かかる偉大な音楽の総体と折り合いがつけられぬ限りは。」

実際上、現代ハンガリー人の文化理解に基くこのような価値体系で——バビッチ試論《エッセイ》に引用された数々の文章に対し異議を申し立てられたものは一つもない——枚挙されるのは、ただ西欧のお手本に似せかけたものだけでしかない。それゆえ、別の考え方をするネーメトも、あの当時（第一章に言及されるごとく）蒙を啓《ひら》かれて、ハンガリー文学の定義は、西欧の成果の異形《ヴァリアント》を創り出すことだとしていいとした。

西欧をこうして盲目的に物神化することは、曖昧模糊たるものにしてしまうのだ。芸術家とか作家とかが、結局のところは、常に何かしらを表現しようとする者で、何にせよ出来上った文化政策的構想なんかを遂行しようとする者ではないのだという基本的認識を。

何百年来ハンガリー人は、西欧と足並揃えて行きたかったところなのだ、といった命題《テーゼ》をひっさげて、バビッチが追随するのは(10)、蒼古たる一つのいかがわしい伝統ではある。何故かと言うに、既にして一八世紀の末、わが国がヨーロッパに対し、ほんの幾年経つか経たぬかに、文学的後進性を挽回したとしてもいいのだぞとばかり、あたり一帯ハンガリーで万歳の声が湧き起こったりしたからである。「ナショナルなわが国著作家たちの容赦しがたい誤りは、彼らがわが国民に阿《おもね》ることである」とあるのは、一七九五年に上梓されたカールマーン・ヨージェフ(11)の教育批判的試論『国民の美化』《エッセイア・ネムゼット・チノショダーシャ》の出だしの一文である。昨今、わが国が、思想内容を犠牲にしても、音の響きのよさとか詩の終末音調《カデンツァ》とかが御贔屓にあずかる、そんな〝詩だとか詩まがいだとかの洪水で氾濫している〟のを、カールマーンは、決して望ましいことだとは思っていない。他の二・三の著作家たちとともに、かかる詩の洪水から生み出された愛国主義的多幸症《ユーフォリー》に警告を発して、学芸の保護こそが無条件に優位に立つべきことに注意を喚起している。残念ながら大した成功は収めない。カールマーンは、ついでながら、新進の詩人たちをも非難して、どうせ奴等は外国のお手本を猿真似することになるところなのさ、独自性目ざして努力する代りに、〝外国《とつくに》の糟粕を嘗める〟のがおちなのさ、と断じたのである。同じ非難を、結局のところ、ルカーチも、一九四六年、現代ハンガリーの文人たちに浴びせかけた。都度々々西欧から最新のものを取り入れてゆく旗幟鮮明な努力を、〝芸術のための芸術《ラール・プール・ラール》〟イデオロギー、乃至は単に俗物根性《スノビズム》だと彼が烙印を捺《お》したときのことである。かかる改宗者《プロセリート》的姿勢をもっともっと詳細に基礎づけようと彼は残念ながら骨折らなかった。彼にとり、ハンガリー市民層《ブルジョワ》の脆弱ぶりを総体的に指摘できれば、それで一件落着だったのである。

3　大概念に呪縛されて

あまりしばしばというほどではないのだけれども、己れみずからの故郷の環境につき、若き日のルカーチが加えたのは、直かの省察であった。このことが私達の目にとまったのは、ブダペストの作家たちのことについて彼が記した論文においてであるが、そこで彼はブダペスト人の身の処し方や考え方に手厳しい批判を浴びせている。その限りにおいてこれらの箇所は特別注目に価する。何しろ〔論文の〕文面《テクスト》ではなく、むしろ彼が個人的にした体験や観察の数々こそが話題《テーマ》を供するといった箇所は、彼のライフワークのうちほかにはないのであるから。それ以外のいずこにおいても、感知された個々の現象とか事態とかをルカーチ自身が分析することはなくて、彼が語っているのは、常にただ書物をめぐってだけなのである。彼が識るに至った人々、交際しさえした人々につき彼が意見を述べることは滅多となくて、それをやってのけても、すると専ら政治的乃至イデオロギー的局面の下で、ということになる。ほかすべての人間的資質を彼は次第にぼんやり見えなくして《フェイド・アウト》ゆく。まるで人々との個人的な経験は決してすまいとでもしているみたいに。他人様に対してはまるで何らの感情も抱懐すまいとしているみたいに。人々は彼にとっては実際上ただバルザック、ゾラ、或いはトルストイの小説の登場人物としてしか存在しなかったわけである。(1)

彼の精神的姿勢にとり、劣らず特徴的なのは、彼がとにもかくにも若い頃ブダペストについて行なった考察が、ごくあっさりと、一つの道徳的裁断を以て鳧《けり》がつけられていたことである。まさか彼がかっとなって声を詰まらせたなんて。次のような問題も彼が深追いすることはなかった。すなわち、何故ブダペストの人たちは冷笑家だったりニヒリストだったりしたのか。燃えつきてがっくりしてしまった人間どもだったのか。何故彼らは私情を離れた諸々の関連での情念《パトス》には全く関心を寄せなかったのか、等々といった問題である。果して歴史的乃至文化史的因果関係についての問題なんかはそこで胸に湧いて来なかったのだろうか。明らかに、しかし、ルカーチ――哲学者！――は、己れの観察を体系的に処理して、たとえば他の対象にむけられた己が理論的省察と結びつけたりすることに何の魅力も覚えることがなかったのである。関連はしばしば明白だったのだけれども。ハンガリーの歴史と文化の諸問題を彼が取り扱ったのは、恰も遥けき惑星のそれででもあるかのごとくにであった。それらを常に別個に、他の諸テーマからは孤立させてである。そして幾分より正確にそれらをヨーロッパ的関連の中に統合したりしようとは試みもしなかった。ただ時折り彼が指摘したのは、上面《うわべ》だけの、殊にもマルクス主義的見地からは目に立つ、ドイツ、ロシア、或いはポーランドの現象との類似ということであった（しかもこれを彼が行なったのは、ただそのハンガリー語を以てする労作においてでしかない）。

ドイツ語を以てする彼の理論的論究の対象に価すると思われたのは、世界文学の名作、並びにドイツ人著者たちとその作品だけであった。ハンガリー人著者たちがその故郷の外では無名で、従って普遍的な教理を彼らに如実に説き明かしたりするのは無意味だとしていいという純実用的な説明では、故郷の領分と国外の領分という度外れに鮮烈な区分を説明するのには十分でない。ハンガリーの精神的成果の軽視もまた主題として問題になっていない。何故なら抒情詩人アディに彼は一生涯の間、たとえばトーマス・マンに負けず劣らず、魅了されているからである。否、彼は己れ自身のライフワークへの決定的な影響力をアディが有していることを証したのであった。が、にも拘らず、彼はドイツ語でのその著作の中では、ただの一度としてアディを指し示すことがない。それから己が愛読書に属するミクサート・カールマーン[2]（一八四七—一九一〇）の小説についても、彼はハンガリー語を以てすら何かをしたためることがなかった。すべてひっくるめても、一九四六年[3]に筆にされた基調論説の中にほんの二・三の文章があがっているにすぎない。私達はこう思わざるをえないのだ。すなわちルカーチは、相変わらずひどく抽象的な己が考え方、書き方に従って、でなければむしろ初めから古典に、それゆえ体制側の文化財にさしむけられた教養に従って、個人的に体験した直接的現実、誰一人まだ全体として突きとめることのなかった現実を、どっちみち取り上げはしても、ただ周辺的に取り上げるに過ぎなかったのだ、と。

彼がものを考えたのは、西欧の〝遺産〟から伝えられて自分が手に入れた世界史並びに世界文学の諸範疇にあてはめてのことであった。ヨーロッパ中心的、文明中心的な歴史像を彼は無批判に受け容れたのだ。どころか内面化しさえした。ただそうしてのみ説明がつく。かかる歴史像の諸範疇が彼にあっては価値尺度として適用されたということは。それゆえドナウ帝国[4]が彼なんかの手に負えるものではなかった。そこでは国家と社会とが時代おくれの諸制度の中に踏みとどまっているか、それともおくればせに、どこかほかで〝古典的〟形式において生じたものを、断片的にまた混然と受容するかのいずれかだったのである。そこには古典崇拝者なる彼にとり、普遍妥当的な省察のための何らふさわしい材料はなかったことになる。オーストリア・ハンガリー二重帝国の独自の文化的骨相は、ウィーンやプラハの声望たかき著者たちの群を、最高に重要な詩的理論的活動へと、殊にも自己認識へと鼓舞したものであったが、それとても実際の話、彼を冷淡にさせたままであった。自身の社会的出自も彼にとっては何の話題でもなかったように。而してこれらウィーンやプラハの作家たちを彼がその遠大な文学史的考察から全面的に閉め出してしまったことは、著述家としての彼の個性を特徴づける徴表なのだ。概して彼が一括りにされる他の凡ゆる諸範疇にも遥かにまして。つまりそのことが示しているのは、彼において経験知がいかばかりあまり重要ではなかったかということにほかならない。

彼が操ったのは、専ら、予め与えられていた概念操置であり、この装置を補充したり、改善したり、況んや排斥したりすることに何の必要も彼は感じなかった。彼は何ら新たな諸範疇も、新たな世界的視野も創り出さなかった。彼がやったのは、ほかの思想家たちにより創り上げられた手持ちの諸体系から単に帰結を引き出しただけのことであった。結局のところ彼は創造的ではなかったのだ。

ヨーロッパにおける発展から導き出された価値体系がものを言うようになるのは、既にして彼の戯曲台本（一九一二）においてであった。ハンガリーの劇文学について筆を執りながら彼はそこで（言うまでもなく別立ての一章で）こうこき下ろしている。すなわちハンガリーでは、国内ブルジョワジーの経済的文化的後進性のせいで、ああした世界観が展開しえなかったのだ、と。因みに、西欧の実例がまさしく示しているように、挙げるに価するだけの悲劇作品への思想的根柢として不可欠であってほしい世界観がではある。

概ね彼は、それに関しては正しいのかも知れぬ。だが依然として不確かなのは、比較を絶した——西欧の——一回的な発展から導き出された諸範疇を、別の場処で生じた発展に価値尺度として当て嵌められるか、ということである。ハンガリー人にイブセンやヘッベルの芝居を期待するのは、正当な根拠があるのだろうか。自発的にもの申すべき何が自分ら〔ハンガリー人〕にあるかについて気を配ることもなしに。自身の業績に基いて自らが判断を下すための独自《スイ・ゲネリス》の価値体系を築き上げるよう配慮することもなしにだ。

その後かかる歴史哲学的な価値の方向づけは、ルカーチにあって、更に深められ、裏づけられた。就中エンゲルス[5]の影響下に。何故なら、古代におけるギリシアの発展こそが、彼にとりそのものずばり〝基準的《ノルマール》〟であり〝模範的《クラシッシュ》〟となったのだから。それに先立ち、しかし、第一次世界大戦中、彼がリッケルト[6]学派の影響下で示したのは、普遍史的諸範疇に文化特有の手心を加えることへの或る種の大らかさであった。むろんこれまたただ純理論的にだ。ベネデット・クローチェ[7]の著書『歴史叙述の理論と歴史について《テオリア・エ・ストリア・デラ・ストリオグラフィア》』をめぐり一九一五年に筆を執った書評において、リッケルトとクローチェの見方における類似点を彼は指摘し、リッケルトの断定を引き合いに出している。それによれば、人類の歴史は決してすべての人間に普遍的な通用性を以て書かれたのではない。常に或る特定の文化圏の立場から録すに任せばそれでいいというものである。

この意味において既に一九一四年、彼がT・G・マサリクを非難したのは、この人物がロシア精神史につき筆にした作品において、ロシアの教条主義者の一面性に対し単に適度の抜目ない批判でよしとし、具体的な哲学的立場から、力づよい全く以て独自の世界体験から批判しているわけではないということ、ロシア人の狂信に代って、独自のもの、積極的なものを何ひとつ措定しえぬまますましていることであった。根本的には同じことを彼はロシアの思想家ソロヴィヨフについても咎め立てしている。二年ほど後この人の労作を批判的に研究して、〝古代と近代の観念論哲学の気高く上質な折衷〟をしかこれら作品が含みもっていなかったことを突きとめたときにである。ソロヴィヨフは、歴史的乃至社会的形成物だの意味ぶかい人種的類型群だのの固有の生命を本当には捉えられぬままよしとしている。最初から疲労困憊した、一致諧和《ユニソン》目ざして偽造された実在の中に調和を求めればそれでいいのだ。

殊のほか興味を唆られるのは、東欧の精神的成果を評価する基本的な見方であるが、チェコやロシアの思想家にルカーチが放つのは、彼自身やハンガリーにおけるバビッチ派に対して放たれぬとも限らない同じグローバリゼーションへの非難の矢であって、その際かてて加えて私達が彼にバツ印《じるし》をつけなくてはならないのは、彼がバビッチを大々的に批判したにも拘らず、殊にも関わりふかいバビッチにおけるこの欠陥に関しては決してはっきりとは文句をつけていなかった点である。おまけにバビッチは、一九一三年に執筆されたそのエッセイ『ハンガリー文学』“Ungarische Literatur”で、ソロヴィヨフのもとにルカーチが突きとめている正にあの折衷的な見解に公然と――しかも極めて疑問の余地なく――賛意を表したのであった。つまりもしもバビッチが「いずれのナショナルな洗練されぬ音響《ひびき》も不協和なのだ。それがこの偉大な音楽の全音域（世界文学）と折り合いがつけられぬ限りは」と言ったとすれば、この人は、ソロヴィヨフの著書につきルカーチがクレームをつけたあの最初から疲労困憊した、一致諧和《ユニソン》目ざして偽造された実在《ヴェーゼンハイト》のことを正に語っているわけである。

このような平行対比《パラレル》がルカーチを前にかくされていたことは、どうすれば説明がつくのか。それともかくされていなかったとするならば、この認識論上かくも重要な彼の観察がそれ以上に検討されなかったのは、然らばどのようにして説明がつくのであろうか。が、まあこういうことだ。ここに名のあがった二人の東欧の作家がそれであることを彼が証明したあの消極的《ネガティヴ》な特質から彼の教養すらもが免れていなかったということである。

この特質こそが、彼にマルクス主義への道――教条的マルクス主義への道――を地均《なら》ししたことになる。

KPU〔ハンガリー共産党《ウンガルンスコムニスティッシエ・パルタイ》〕への一九一八年一二月における入党は、ルカーチにおいては、毫も新たな認識から生じてきたものではなかった。人間的にも知的にも決定的なこの歩みは、第一義的に知性を以て動機づけられるものではなかった。何故なら、マルクス主義や労働運動については既に長いこと、また十二分に彼は知りつくしていたからである。彼にとり新しかったのは、それとは逆に、世界戦争ならびに十月革命の体験であった。これらの出来事は彼に衝撃を与え、彼の全人格を動員したのであった。宿命的なその歩みは、それゆえ、何ら〝改宗〟でも、変節でもなかった。何故なら以前には、抑々彼には拘束力ある確信なんてなかったのであるから。それはむしろ彼にとり一種の自己発見であった。

メシア的な期待を、むろんのこと、初めから彼は有《も》っていた。既に試論家《エッセイスト》として彼は自からを来たるべき美意識の告知者と感じていた。彼のぐるりの世界は、どっちみち彼が見てとったように、既にますます悪く、混沌となっていた。無意味で抑圧的な両親の家における〝儀礼《プロトコル》〟も、また同じく、生意気で犬儒《シニカル》的な彼に対して無理解なブダペストにおける文学界もだ。加えて彼は何ひとつ成功しなかった。ターリア協会がさして時も経ずして挫折しただけではない。職業上も彼は成功を博すことが出来なかった。ハンガリーでもドイツでも、彼は大学での教職につくことに成功しなかったのである。それから恋においての不成功。ザイドレル・イルマとの間柄の挫折の後、ロシアの女流革命家レナ・グラベンコとの結婚の破局的な失敗。慢性的な不成功は、この世における彼の宿命であるように思えた。因みにこの世は、それこそ彼にとり、いずれにせよ〝申し分なき罪深さ〟の手に帰してしまったのだ。

KP〔共産党〕への入党は、今やこうした状態に終止符を打った。向後ルカーチは、彼が以前にはただ抽象的に目ざしたもの、つまり現実に対しての一つの具体的な態度決定を手に入れたことになる。向後彼は人生の課題、つまり彼が常に一貫して固執した明瞭な方針を手に入れたわけである。そのためにこそ彼が後退と屈従の目にあった方針ではある。彼の新たな見解が多くの忌避に出くわすかも知れぬとしても、初期の試論群《エッセイ》におけるような歯ぎれのわるさは、彼にあってはもはやない。そしてたとい彼の論究が今後とも常に理論的でありつづけたにせよ、それらは常に具体的な世界観的根柢を有したのである。それらを読めば、何が指し示されているのかが、常にわかるというわけである。

別人に彼がなったわけでは勿論ない。彼が巨歩を踏み出したとき、彼は男盛りで、その人格の構造は、既にとっくの昔に出来上っていた。超越性とか総体性にむけたえず努めて、日常の現実には冷淡なのが、著作家としての彼の人格の奇妙な特性だけれど、かくてそれは昔のままにとどまったのである。そのことで他のマルクス主義者たるたとえばレーニンとかブロッホ、或いはブレヒト(11)などは、彼を、しかも十二分にはっきりと、槍玉にあげていたのであるが。

共産主義への彼の最初の公式声明に照らし出される事の成り行きは、観念論的伝統と革命的な社会参加《アンガジュマン》とが彼の思考においては綜合へと辿りついたということである。何故ならこれらの文書において、彼は裃《かみしも》ぬいだ率直さを以てプロレタリア革命の倫理的諸問題を求め努力しているからである。政治そのもの、現下の権力問題が彼の興味を惹くのではない。彼の興味を駆り立てるのは、専らむしろ政治取引の長期的な正当性であり、当面の目標と遠大な目標、実践と理論、〃戦術と倫理〃の間の内面的な関係なのだ。

入党した月、彼は、その論説「道徳的問題としてのボリシェヴィズム」に筆をつけたばかりのところで、こうしたためた。すなわち、実際的な物事の遂行とも、万が一ボリシェヴィズムが権力を掌握した場合の有益乃至有害なる結末とも自分は出来たら関わりあいをもちたくなくて、そもそもかかる問題に自分なんかが出る幕ではないと思いたいのだ、と。彼の関心をそそりもしよう問題とは、共産主義者の道徳的ディレンマ、つまり悪しき手段を以て善を得よう、抑圧を通じて自由を得ようと努めてもいいとすべきだろうかということなのだ。そして彼の答は、否であった。それを然りとする人たちには加担できなくても彼はいいのだ。彼にとっては緩慢で、妥協により先導される、非英雄的だが犠牲の多い民主々義の道だけが受け容れられていいことになる。

真新しいKPUの新入り党員における〝社会民主々義的〟姿勢は、従来それにふさわしく評価されることがなかった。ルカーチが後年、モスクワやブダペストのスターリン主義者との間で蒙らされた諸困難は、たしかにこうした人間味ある根本姿勢とか、少なくともそれの残滓に帰せられるべきものだけれども。それはそうと、そんな根本姿勢は、嘗てのハンガリーのブルジョワ急進派の、合理主義や実証主義に由来した、むしろ英仏流を指向するヒューマニズムとは、一味ちがった性格のものである。ルカーチはむしろ〝ドイツ人〟であった。彼は観念論者であって、社会主義なる事態が信じられてもいいことはやむをえないのだとさえ考えた。大衆の物質的悲惨を除き去ることではなく、資本主義で支配的な経済的観点を人間的観点に役立つよう押し返すことこそが、最終目的であっていい。プロレタリアの階級闘争と階級なき社会とは、単に新たな秩序社会の前提であればいいのである。愛、連帯、相互理解に基く社会、怒りも憎悪も嫉妬も高慢もない社会の新たな秩序の前提でありさえすれば。

そのように考えたのは、三十五歳の哲学者、一九一九年のことである。「石ころでさえ救済される。」こう彼はレスナイ・アンナ[12]に語った。彼女が日曜日の集いで、来たるべき世における救済につき彼に質したときのことである。当時は就中ドストエフスキーが彼の興味の中心であって、そのロシア人への感激を彼は党に持ち込んで、そこで党友たちに彼の偶像からの引用をうんざりするほど浴びせたのであった。「やめろって、もう、お前の絶え間ないドストエフスキー談議は！」と嘗てソヴィエト会館で人民委員のコルヴィン・オットー[13]が水を差したものである。

さて彼はメシアニズムからやがて全く以て足を洗い、慎ましい文学史家となった。その確乎たる、あまりにも確乎たる価値体系は、ユートピア的構想ではなく、古典的遺産の上に基けられたものであった。そしてこの転回は、共産主義一般への彼の加担に負けず劣らず、あとあとまで響くものであることが判明した。何故ならこれにより彼の精神的展開は、その世代のいっそうダイナミックなマルクス主義者たちからも、また後代の新マルクス主義の徒からも、彼を遠ざける方向をとったからである。彼が〝審美的文化〟においてなお嘆いていたのが、人を拉し去る理念の疾風なる新たなメシアニズムによっても、伝統的な芸術の数々が吹き払われないでいることであるその一方で、今や彼は、——レーニンに従えば——その価値体系の中心に西欧の文化遺産を押し出したのであった。ブルジョワの諸芸術を革命的に排斥しようとしたプロレタリア祭祀に対しての攻撃が、向後は彼の基本的主題に属することとなったのである。とりわけてもキルケゴールの精神と彼が袂別したのは、自分の文学史的論究において彼があまりにも世界規模の歴史化をして支配せしめようとしたときのことである。その際、彼はなおハイデルベルクに居て、キルケゴールのヘーゲル批判、自分の感激した正にこの批判につき専門論文一篇を書き上げようとしていた。が、それをする代りに、彼はヘーゲル派の哲学者となって、やってのけたことはと言えば、キルケゴールがヘーゲルに文句をつけた正にその通りのこと、つまりは、己が思考において上位概念をして支配せしめ、経験知との直接的な対決は終始一貫すっ飛ばすことだったのである。〝ここはそれについて語る場ではない〟という言いまわしは、ルカーチがあまりにもしばしば用いたので、既にそれがゆえにからかわれたりしたのであるが、ほかならぬキルケゴールにより混乱した思考の徴表として晒し者にされた言いまわしなのであった。

彼が物事を考察したのは、とりわけ〝客観的且つ世界史的な観点〟からであった。〝統一的社会過程〟とか、〝全体史の歩み〟とか、〝社会の全体的経過〟とか、〝客観的社会的全体関連〟等々といったしばしばくり返される彼の言いまわしでは、現実はただ概念として常に姿をあらわす。決して具体的ではなく、いつもただ凡てに蔽いかぶさる全体性の展望の中で常に片づけられるわけである。現実が複雑であり、〝多層的且つ因果的に絡み合っている〟等といったこと、現実が何を意味するかと言えば、相互影響の複雑な織物であってもよければ、それの〝複雑な複合体、ありとあらゆる問題の全面的な結合状況〃であってもいいということ、そうしたことをたとい彼が強調したくとも、何一つ変り映えがないのは、どころかそれを浮き立たせさえするのは、すべてをただ大いなる、あらゆる特殊性を均一化する距離をおいて、彼が観察しているに過ぎないことである。生《なま》の経験的現実の挑戦を彼が受け入れはしないこと、特殊なものから常にただ一般を、具体的なものから常にただ抽象的なものを彼が語っているに過ぎないことに変りはないということである。

ミダース王の手中では、凡ての生けるものが死せる概念となってしまうこともだ。

4　ネーメト並びに通俗作家たちとの論争

ルカーチは一九三三年モスクワに亡命した。彼はそこで最初の年月、ハンガリー文学と取り組んだのだ。それにしても副次的にだが。一九三九年の〔第二次世界大戦〕開戦後に、またもやハンガリーの文人たちが彼の視野に入ってきたことになる。ましてやモスクワの亡命者らがハンガリー語の新雑誌を創刊してルカーチに手稿を乞うたからには猶更のことである。アディとかバビッチに関する試論《エッセイ》の外にハンガリーの国民的文化的正体《アイデンティティ》をめぐる論議への彼の寄与が格別重きをなしたわけだ。

ハンガリーとそこから生まれてくる精神的価値体系の文化的身元《アイデンティティ》の問題は、前世紀なる一八七〇年代以降、(1)切迫していた。そのことの根拠を私達が見てとったのは、やっと大凡のことだけれども、人口統計(2)の数字の中においてである。議論が深刻化して極点に達したのは、世紀の変り目、コスモポリタンな現代のブダペストが出来上ってきて後(3)のことであった。一九一八年の瓦壊の後、社会問題と相共にこの論争も尖鋭化した。一九一八／一九年の二つの革命(4)に踵を接し社会的緊張が一しきり火を噴いた一方で、社会の上層に外国人の殖え過ぎたことが、それへの反動として民族的イデオロギーを登場させたのであった。その際、挫折した〔ハンガリー〕ソヴィエト共和国の指導的政治家たちが殆ど例外なくユダヤ人の出自(5)だったという事実は、かなりな役割を演じたものである。尋常な尺度を超えたユダヤ人の〝領分獲得《スペース》〟への批判は、ひとり〔件《くだん》の〕ソヴィエト共和国におけるだけのことではない。抑々近代市民社会において、それはハンガリーにおける民族イデオロギーのむろんただ一つの要素に過ぎなかった。何故なら大衆社会におけるドイツ人（シュワーベン人）並びにスロヴァキア人の同化者の不釣合なまでの現前《プレゼンス》に対しても同じく批判は向けられていたからである。

このイデオロギーの口火を切ったスポークスマンなるサボー・デジェー(6)（一八七九—一九四五）が噛みついたのは、就中ドイツ人の影響に対してでもあったのだが、これをユダヤ人の影響よりも、特に一九三三年以降は、本質的に一層由々しく、いや一入《ひとしお》危険なものと捉えたのである。だが彼が嘆いたのは、普く一般的には、経済と文化的営為ではユダヤ人、行政と軍事ではドイツ人、高位聖職者ではスロヴァキア人が平均を上廻っているという状態をであった。彼のイデオロギーの尖端《きっさき》が向けられたのは、従って、同化者そのものに対してよりも、むしろこの状態を許容したハンガリーの権力層に対してであった。つまりは、物質的にも文化的にも極度に窮乏していた恵まれない自国の田舎者たちを助成することは何ひとつとして企てなかった権力層に対して。

それゆえ、サボーの見解には、反動的民族中心的要素と、徹底的に進歩的な要素とが混り合っている。ルカーチもサボーのことは高く買っていた。この人が「真の民族文化のために戦い、ハンガリー文化の一新はただ下からのみもたらすことが出来ると気づいていたこと」にだ。その上、更にルカーチはルカーチで、別に隠し立てもしていなかったのは、近代ハンガリーの上層市民が、とりわけ経済と文化的営為においては、外来移住者やその子孫が多数派を占めていたという状態である。一九六九年に行なわれたインタヴューで、彼は中世および近世におけるハンガリーの都市文化の欠除の（ほかにもあるが）宿命的な結末につき語った。次いで一九・二〇世紀における発展につき、かく論じたのである。すなわち、「ハンガリーの大きな弱点は、新たな資本家層が大部分はハンガリー人でなく、ドイツ人とかユダヤ人だということである」、と。それにつづいてすぐさま彼は文学的発展についての説明に移り、対談者にこう打ち明けたのである。「アンティセミティズムが私から語られることはないと信じて下さっていい。でも私の若い頃、大きな役割を演じたコーボル・タマーシュ(7)の小説もユダヤ人の小説で、ハンガリー人の小説ではないのですよ」と。

それは何かしら強調しすぎのように響くかも知れない。だが問題の核心をそれは衝いている。

そして、ドイツ人、ユダヤ人、スロヴァキア人等々の先祖から生まれた市民のかなりな部分が、熱烈なハンガリー愛国者だったという状況も顧るならば、ハンガリーの文化的身元《アイデンティティ》が真に厄介な事柄であって、それの解明がそれ相応に必要であったことも理解されるのである。

サボーの小説『消息不明の村《アズ・エルショドルト・ファル》』(8)（一九一九）は、民族のイデオロギーの最も重要な表明《マニフェスト》であった。この表現主義的な勿体ぶった作品において提起されているのは、他の、つづく歳月に世に出たこの著者のそれ以外の書物におけると同様、都鄙対立の尖鋭化した描写と並んで、中核たる己が国土におけるハンガリーの田舎者の社会的貧乏籤《くじ》の問題である。

いま一つ、自信をぐらつかせた国民的自覚を打ち明けたもので、政治的に有意義な、且つ『消息不明の村』ともよく似て幅ひろく影響を及ぼしたものは、歴史家セクフュー・ジュラ(9)（一八八三ー一九五五）が一九二〇年に世に問うた『三世代《ハーロム・ネムゼデーク》』(10)という書物であった。ここでの問題は、同様にして、近代の市民的資本主義社会へのうまくはいかなかったハンガリー人同胞の上昇一足跳びである。ただしセクフュの探っているのは、なかんずく創業時代(11)における自由主義的な移民政策での失敗なのであるが、この失敗は、経済と文化における質量ともに並外れてしまったユダヤ人の影響のおかげであった。そのほかこの書物は、ハプスブルクを方位づけるための保守派の最終弁論《プレドワイエ》でもある。自由主義的で革命的な思想の所産はハンガリー人気質《かたぎ》〔同胞〕にとっては不相応だし有害であるとしていいとする。それゆえセクフュは、「病的」で「頽廃的」だとしてアディを断乎として拒むのである。同時にしかしこの人は、時機を失せる土地改革の実現やそれに伴う全農業住民の解放と市民化《ブルジョワ》を要求した。この点ではアディの信奉者サボーとぴったり息が合っていた。しかもハンガリー一般大衆の不足がちな公共心とか政治的自覚のなさに対しての批判という点においても、〔アディとセクフュ〕御両所は互いに手と手を取り合ったのである。

〔一九〕三〇年代に国民的な身元《アイデンティティ》の探究は更にいやました。社会批判的な試みも、観念論的・類型学的な試みも、この問題と本格的に取り組んでいた。とりわけ激論が闘わされたのは（そして今なおそうなのは）、ネーメト・ラースローの一九三九年に上梓された書物『少数派《キシェッブシェーグ》に身を置きて』で、そこではハンガリー的教養の信用失墜の由々しさが批判的論争的《ポレミッシュ》に分析されている。ネーメトは一九世紀ハンガリー精神史についての支配的見解を根本的な検証に委ね、それの観察に常ならぬ価値基準を当てはめるのだ。彼が追求するのは、何故ハンガリー人気質《かたぎ》の精神的横顔《プロフィール》が一六世紀から一九世紀の間に消え失せていったのか、何故黄金時代として称揚されるハンガリーの三月前期《フォアメルツ》〔一八一五頃—四八頃、三月革命以前〕が、彼の意見では、外国からの消化不良な影響の運動場でしかありえなかったのか、といった問いなのである。彼が災いを見てとるのは、近代ハンガリー文学が一八世紀から一九世紀への変り目にこそスタートを切ったとする、その前提にである。[12]

「ギリシア語、古フランス語、イタリア語、英語、スペイン語などによる偉大な文学が生じたのは、さながら原生林が発生するかの如くであった。その際まさか特別な役割を意志が演ずることはなかったであろう。が、ドイツの、いやむしろなお我らの、文学はつくられたのだ。なればこそそれは存したのであり、外来のそれを引き継ぐことも出来たのであった。かかる文学は、その成果においてこそ驚くべきものがあるかも知れぬにせよ、それだけに危険なのは、その欠点においてであった。とりわけても若しかそれが図々しくも要求するところを実際に手に入れたりする場合には。すなわち知識人の全身全霊とか、国家の大いなる瞬間々々における指導的な役割とかをだ。相憎我らが嚥《の》み込まなければならない苦き真実とは何かと言えば、ハンガリー人の魂が、それの光り輝いていると言われた時期々々においてすら、辛き諸々の発達障害と格闘したこと、一八六七年[13]までには、疲労困憊して、同化した者どもが引きこまれたのも或る空しさの中にでしかなかったということである。」

この時代に属する一連の偉大な詩人や作品をハンガリーが披露しうることに、何ら変りはないとしていい。問題は個々の創作などではなく、むしろ精神と伝統だとしていいからである（本来問題なのが全体性乃至連続性で、滅多とネーメトが哲学用語には手を出さないだけの話）。偉大な諸民族なら、と此の人の更に謂わく。咲き誇る百花が結び合わされることなしに横並びになっている、そんな〝植物の苑《ジャルダン・デ・プラント》〟でその文学史があってもいい、と鷹揚なところを示すことも或いは出来たところだろうから、と。

「弱小の諸民族にあっては、戦々競々たる隊商《キャラバン》さながら幾世紀もの道を縫い、己が操觚の輩に見守られつつ、その精神は抜目なさを以て評価が下されねばならぬ」と。

ネーメトの隠喩的修辞的定式化の蔽い《ヴェール》を剝《は》ぎとるなら、とにもかくにも残るのは、次のような醒めた使命である。すなわち、覚束ない生存状況におかれた諸々の社会が必要とするのは、現実と関わるはっきりとした精神の方位を見定めること、また何にでも物わかりがいいリベラルな連中だとか世間と没交渉の詩人などにこうしたことは期待さるべくもないということである。

さてしかし、と『少数派に身を置きて』では更に言う。一九世紀初頭、ハンガリーで唯美主義者らが手に入れた圧倒的な身構えとは、西欧、とりわけてもドイツの文体上の努力を模倣しようと集中することだとしてよかったから、教養の最も重要な課題——現実を克服すること——は、軽視されるだけでしかなくてもやむをえなかった。一六世紀のハンガリーにおいては、貴族の日記や書簡といった文献証拠が、なお力強くも依怙地な文化、「精神的慣習法」を呼吸している一方で、とネーメトは引きつづきしたためる。一九世紀初頭の干からびて力なき凡庸ぶりは由々しき個性喪失を予告している、と。

ついでながら、ここで心に留めてほしいのは、ハンガリー語の平板化、つまりは現行の語彙の貧困化、抑揚のいやます不安定化、広い範囲で突き止められる語られた語《ことば》の根源的自発性の喪失などが、責任ある学者たちにより真面目に研究もされてこなかったということである。ネーメトがその主題を取り上げるに先立ち、既にアディとイグノトゥシュがそれと取り組んでいたのであるが、むろんのこと反響はない。〔一九〕六〇年代の初頭になって始めて、言語的頽廃につき公然たる議論が捲き起こるのであるが、劇場、映画、ラジオ、テレビでのわざとらしい話し方が既に普く不評を蒙ってしまった後のことであった。しかしそこに見てとられたのは、ただ教育的挑戦であって、学問的なそれではなかった。社会的文化史的背景の分析は行なわれていない。より一層深刻な災厄、精神的な普き断絶でさえ主題とされることがないのだから、ますます以てだ。

唯美主義者の勝利に先ず第一に寄与したと言っていい〝害毒の張本人〟は、とネーメトは〔言う〕。作家にして言語改革者のカジンツィ・フェレンツ(14)（一七五九—一八三一）こそがそれだったとしてもいいのだけれど、この人物は、国民文学史の柱頭行者《スティリテース》(15)であり、指導的な組織者としての地位から、外国語の名作の模倣に精出す古典主義的好尚を押し通すのに成功したといっていい。先ず第一にこの人の影響にこそ帰せられるべきだとして差支えないのだ。時代に社会参加《アンガジュ》した作家たちが例外なく虚仮《こけ》にされてしまったのは。

「それ以上に大きな課題を抱懐しえなかった文学の中に、またそれの一番大事な登場人物たちも、我らの運命と想念の中で取り組む以上には大きな課題を担いえなかった文学の中に身を置いて、カジンツィは、いかなる思いつきも許容しなかった。個々の天才の近づきがたい所産を理解し活用することを言語と精神が要求したところでこそ、古代文学、乃至ドイツ文学が、剽窃されたまま、余光を放っていることに彼は歓声をあげ、自からしゃしゃり出て生きる一切を憎んだのであった。……彼の働きにより、新たなハンガリー語は、古いハンガリー語から最終的に隔離されたのである。」

ネーメトはカジンツィの作家としての資質と功績を否認するわけではない。ばかりか評価しさえする。だがこの人の〝好みの独裁《ゲシュマック》〟を由々しきことと考える。即ち一九世紀初頭、近代ハンガリーの精神形成のスタートに当って、〝文化選択〟の決定的な年月に、誤ったポイントの切り替えをこの人は行なったとしていい。すなわち時宜を得た真正のブルジョワ文化の思想的基盤が据えられるよりも前に、通俗文学とその月並な美的判断基準が、文句なしの殆ど無拘束な優先権を手に入れたわけである。ハンガリーの将来性ある重要な才能たちは、その詩人的閲歴の出だしに当って、この普遍的な文体判断基準の厳格な適用を通じ（カジンツィ信奉者により著わされた評論において）狼狽《うろたえ》させられ、その成長において逆戻りさせられても仕方がないわけである。

思想的基盤を余白にしておくことの中に、従って組織能力のある不可欠な局面を空白にしておくことの中に、あの〝植物の苑《ジャルダン・デ・プラント》〟の文学理解の根源もある。この理解はハンガリーでは――無駄な二・三の体系化への試みは別として――実際上、それ以来も支配し、総合《ジュンテーゼ》をめざすしっかと基礎づけられる努力を払った覚えがない。かくてハンガリー人の文学理解にとっては、〝美とは何ぞや〃という問いの方が、〃真実とは何ぞや〃という問いよりも一層重要になった。——今日もなおそうである。——そしてであればこそ、たしかにまた、多くの詩人的才能による作品の批判的処理（個々の天才の近づきがたい業績の理解と利用）が結果的に生じえなかったわけである。

　ハンガリーの読者大衆にあってこの問題複合は、相変らず議論されることがない。都度々々行き当りばったり《アド・ホック》に取り組まれてきた二・三の文教政策問題は、或いはここに発端があるのかもしれないけれども。反論の余地あるネーメトのいくつかの定式化こそは、権威筋の文人たちをして幅ひろいその諸主題の多彩さ《スペクトラム》もこめた彼の全試論《エッセイ》を十把一からげに斥《しりぞ》けるのをやり易くした所以であった。そうされることで、この定式化が証《あか》すのは、ネーメトの論題《テーゼ》が述べるところ、つまりは唯美主義の支配こそが、ハンガリーの社会と文化にとり死活的に重要な内容的議論をあっさり麻痺させてしまうものであったということである。社会の現実的な諸問題は手つかずのままにおかれ、大衆文学が事実上〃知識人たちの全身全霊〃を鷲摑みにしたわけである。〃文人魂というものが、わが国にははびこり過ぎた〃とネーメトにあっては別の箇所で語られている。

　このような診断と広い範囲で一致するのがマルクス主義者ルカーチのそれであって、成程アクセントの置きどころは異なるといえ、本質的には同じ誤れる展開を慨嘆し、その原因を、ネーメトと同じく、文筆家の思い上りの中に見てとっている。一九四八年に世に出たかなり大きな基調論説は、ハンガリーの文学史叙述を基本的に修正しなくてはならないことにつき筆を執ったものであるが、そこで彼が攻撃するのは文学史叙述の無原則であり、社会的政治的な凡ゆる関連からのそれの離反なのである。彼はこう書く。「我らの出発点、我らの研究の根柢が、ハンガリー民族の具体的状況以外のものではあり得ないと強調することにかけて、どんなに度重ねても十分でなく、十二分に断乎たるわけでもあり得ない」と。何故かと言うに、と一九四七年、筆にされた別の論説にはこうあるのだ。「真に民族的なハンガリー文化から袂を分かったことこそが、極端なスノビズムや文学的身売りの最たるものを呼び出してしまったのだ」と。であればこそまた純然たる形式主義だの無内容な印象主義的批評などもだ。ルカーチによれば、相手どって闘わねばなるまい『西方《ニユガット》』を出自とするあの主観主義は、根本においては、〝何て美しいんだ！〟と感激したり、〝何て下手なんだ！〟と唾棄したりしていればそれでいいものであって、「大作家」という触れ込みを垂れ流しにしたお先棒を担《かつ》ぐものだから、文学的評価を行なうその言語的手段が絶滅同然となってしまったのである。

ハンガリー文学にはその当初から同化者たちが貢献するところだったのに。しかもその際あとあとまで残る功績を上げもしたところだったのに。こうあるのは『少数派に身を置きて』の更に先のところである。しかし次のことこそが一つの宿命的展開であったとしていい。即ちハンガリーの首都且つ精神センターへと脱皮したドイツ語でのオーフェン・ペスト〔＝ブダペスト〕において、蔵書狂《ビブリオマニー》なるカジンツィ風文人たちと同化者らの間にできた一つの同盟が、一種の教養市民層であって、その精神は、愛国心や国民的矜持にもかかわらず、土着的伝統に根ざすものではなかったということである。この新しい中産階級が民衆を知っていたのはただオペレッタを介してでしかなかったその一方で、本来の国民精神を啓示することが出来たのは、ただ個々の〝火山性爆発〟においてでしかなかったわけである。その名に価する本物の国民文化は、そんなわけで成立しえなかった。(16)

エトヴェシュやペテーフィといった時代の疑いもなく偉大な才能且つ人物さえもが、土着のハンガリー文化の代表者でなかったこともやむをえぬし、またあり得ることでもなかった。彼らの社会的出自が彼らに立ちはだかっても仕方なかったのである。(17)沈没せる〝ハンガリーのアトランティス〟にまで彼らの魂の根は達することがなかった。ヨーカイの通俗小説が供したのは、最近の国民史を神話風に縁取ってハンガリーの土地と人を素朴に理想化した図絵であるが、あらまほしき心象に合わせてもう少しで見当外れな同化への道を地均《なら》しするところであった。

ネーメトがこれらの作家たちを区別したのは、あれら次のごとき連中からであって、その連中こそは人種的にも文化的にも土着文化の――アディのような――正真正銘の代表者、彼が〝深きハンガリー人《メーイ・マジャロク》〟(«mély magyarok») と名づける人々であった。上に挙げたあまり正真正銘ならざる方の連中に彼が献じたのは〝薄きハンガリー人《ヒーグ・マジャロク》〟(«hig magyarok») なる言葉である。字義的に〝薄《うす》い〟乃至〝水っぽい〟ハンガリー人なる謂いであるが、意味の上では、深いの反対、つまり浅いということである。(hig《ヒーグ》という語を用いたのは、その対《つい》をなすmély《メーイ》と同様、単音節だからで恐らくはあろう。)根本的には本来的と非本来的の区別が問題なのだ。ネーメトは、こうして即興で思いついた一対の範疇により正体論議《アイデンティティ》に有用な道具を用立てたのである。何故ならそうすれば、型通りの全く以て不毛な人種的区別を文化的なそれへと置き換えることが出来もしたところだから。けれども誰一人として彼のことを理解しなかった。

たしかにハンガリー人の真正性についてのネーメトの概念は、曖昧で、根本的な明確化が必要である。（ネーメトの信奉者なら何とか片づけねばならぬところでもあったろう一つの課題ではある。）だが反論すべくもないのは、彼がこのような真正性一般を探し求めたことであった。彼がハンガリーの精神文化の基本的欠陥を暴《あば》き出したこと、つまりその救いようのない非連続を遂に話題に上せたことであった。彼の努力が実際には理解されなかった――見受けるところ彼の「信奉者」たちにも理解されなかった――ことは、それこそかかる欠点の徴候でもあるのだ。

同化者に関して言えば、ネーメトが肩を持ったのは、受け入れられた、抜目ないユダヤ人の方であった。権威を盲信して、ハンガリー人の性分には無理解のまま対立しているドイツ人なんかより明々白々にだ。曰く、「ユダヤ人には一つことをしてもらわなくてはならない。すなわち、この殻をかぶった社会において向上を目指す新しいハンガリー人気質がぐいと背を伸ばすことが出来たのは、ただユダヤ人を通じてのみなのだ」と。これは『西方《ニユガット》』のこと、またアディの周囲のことを言っているわけであるが、アディに恵まれたのも殆ど専らユダヤ人のパトロン達であった。それはそうと、ネーメトがここでユダヤ人につき――或いはむしろ彼らに抗って――書いていることは、勿論彼の作品《ウーヴル》の一番いいものに属しているわけではない。当時としてはやっと二・

三年過去のことになったユダヤ系の知識人たちを相手どるこの人の論争において彼は相手に深傷《ふかで》を負わすとともに自からも傷ついて、その傷は、『少数派に身をおきて』の執筆に当ってもたしかにまだ癒されてはいないものであった（彼によって負わされた相手の傷も今日まで癒されないでいるように）。不幸にしてこの人の試論《エッセイ》は、その反ユダヤ的毒舌のゆえに追放されたままとなった。これは根本ではただ副次的局面にしかすぎなかったのだけれども。何故なら彼がユダヤ人の影響の中に見てとったのは、カジンツィによって惹き起こされたハンガリー人の悲惨の原因ではなくて、むしろ結果なのであるから。それゆえに、しかし、彼の本質的な発言は――それとは別に他の試論《エッセイ》で彼の説き明かしているそれも――すっかり無視されたのであった。またそれがゆえに、彼の見解がルカーチのそれと近いことも気づかれなかったのである。

とりわけアディとモーリツ(18)（一八七九―一九四二）は、ネーメトの目には、新たなるハンガリー人気質を意味した。だが彼の意見では、彼らからこそカジンツィ以来過ぎにし〔一九〕世紀の凡ゆる模造性《まがいぶり》を暴露した〝ハンガリーの再征服《レコンキスタ》(19)〟は由来したのだ。（一七八頁以下を見よ。）

「アディは、単に彼がそこに生きているということにより、破壊的批評家である。彼の傍らにくっついて暮らした人々は、彼を憎まないわけにはいかなかった。何故なら彼は押しも押されもせぬ大詩人で、出来そこないなどではなかったのだから。そうすると、ひょっとしたらハンガリー文学などというものは影も形もなかったのかも知れない。一世紀半というもの断末魔の苦しみにのたうちまわったそれへの憧憬だけを別として。」

「僕が来る前、彼らは一度として麗わしく泣くことが出来なかった。……」アディの詩句が、ここで思わず読者の回想の中にわりこんで来る。だから自分の最初のアディ試論《エッセイ》をルカーチがこの詩句の引用や説明を以て口火を切るのは、たしかに偶然ではない。更には人に気づかれぬ一つの共通性がある。ハンガリー人としてのネーメトの自己理解にとり、しかし、アディの登場が意味するのは、かてて加えてなお、〝教養選択〟をしそこねたという己が判断を確証して貰えたことであった。(むろんその際この判断自体が既にアディからヒントを得てのものかも知れなかったが。)つまりは詩人が一九一四年、聖書的預言者的な語気で己れの国民に〝一度として我らは神殿を建立したことがなかった〟と筆にした場合、詩人が象徴的に言っていたのは、己れ固有の文化を創造しようともしなかったハンガリー人の怠慢ということであった。同様の非難をアディはハンガリー人に対しそれ以前にも再三再四行なってきた。彼がハンガリー人を鞭打ったのは、彼らの精神的な他人《ひと》まかせのゆえであり、彼らの〝借物意識〟、爾余諸々の文化の〝乞食じみた猿真似〟のゆえであった。ネーメトの心持ちにおいて神殿の陰喩への解釈はこうして説明がつけられたことになる。ネーメトにあっては、すると、その思いは、常に回帰してやまぬモティーフともなったのである。その試論《エッセイ》群のドイツ語選集の序文で、一九六二年、彼はみずからこうしたためた。

「今日私の全創作が、この詩の作者との対話以外の何ものでもなかったといった思いに駆られるのを禁じえない」と。それから三年後、ヘルダー賞を彼《ネーメト》が受けたとき、受賞についての感想において今一度甚だ明瞭に彼は〝神殿〟の欠落が何を意味しているかを説き明かしたのであった。（「千載にわたりわれらは無為に過してきた……」云々）。

ドイツ系の御先祖の血統につながるセクフュをネーメトが咎め立てするのは、己がハプスブルク的カトリシズムと現代の復古的大勢順応主義を以てその人が、ハンガリーのプロテスタント的血脈[20]だけでなく、またその固有の農本＝民主々義的要求にも異議を唱えて、以て是としているからである。この人の『ハンガリー史《ウンガーリッシェ・ゲシヒテ》』（一九二九―三三）は、職人技として見れば名人仕事といっていいであろうが、そこに表明された考え方は、違和感を免れまい。その著者としては、ハンガリー人気質を何とか西欧的で、近隣諸民族に優越する国民へと上等に見せかけたいところであろう。さりながら、ハンガリー人が、歴史的にも民族誌的にも、ポーランド人、チェコ人等々バルカンの諸民族にまさか至近に身を置いていたなんてことが、掌《たなごころ》を正に指すほどに明らかだとは。結局のところ、バビッチと文学における彼の途方もない大御所の座に関しては、そこにネーメトが見てとるのは、カジンツィに始まった否定的な選択過程の延長線上にあるものなのである。因みにその過程がすすむうち、おきまり通り、精神的関与度の立ちまさる方の詩人たちが挫折してゆき、西欧からの輸入に頼って生きている耽美主義者らとか熱狂的愛国者たちが価値を認められてゆく。バビッチの熾烈な教養飢渇は、多くの才子たち、そんなことでもなければ、手に負えなかったところでもあろう才子たちを圭角《かど》のとれた君子へと感化することを以てよしとしたが、しかし彼の教養は人間世界の現実、国民の現実の内には繋留し得なくてもよかった模様なのである。

「たとい如何にありうべきあらゆる形式が彼の詩にも同居していたにせよ、ただそこに欠けていたのは、我らの運命に彫り込まれた正にあの、アディのような男の堪え忍んだ、定言的な形式であって、かくては彼の教養にあっても何かしら学校教師風でなんでも屋的なものがあった。——夥しい群星とあるかなしかの根と。——ほか諸々のお手本が欠けていたばっかりに彼こそは教養人の理想と考えた誰にもせよ、不毛の道を往き、実り豊かな道は等閑《なおざり》にしたことになる。一人の作家が西方で正にこの年月、担《かつ》いで来ることの出来た戦利品も、ハンガリーの過去とか近隣諸民族の文化の分野で逸したそれと較べれば、遜色がある。しかもバビッチは、運命からのこの背反を擁護しただけではない。むしろ聖なる教義《ドグマ》としてこれを告知するのだ。現実的な諸課題の真上を浮遊すること、それは律法学者の崇高さであった。乃至は書物から来るのではない一切合財、つまりは精神の純粋性に対しての無関心とか嫌悪であった。ハンガリー詩のより奥深き鉱脈への彼の身に具わった感覚は驚くほどに僅かだったわけである。」

そうこうするうちに結局ハンガリー文学にうまく体力がついたそのおかげでしかないと出来ればいいが。バビッチが、その当時カジンツィのしでかした以上に大きな荒廃を招かずにすんだことがだ。こうして体力のついたのが、少数派に身を置く社会参加せる作家たち、鄙びたハンガリーの社会現実をこそ主題とするそんな作家たちのおかげだったらいいのだけれど。若しも偉大なる文学が、運命に対しての応答だとしてもいいなら、ただこのような――〝人民派《ネーピエク》〟と名づけられた――著者たちこそが真面目な成果を本当はあげるところなのだが。結局のところ、彼らこそが、ハンガリー人の精神を故国の現実、〝神話の母の懐《ふところ》〟へと本当は連れ戻してくれるところだったのに。

ネーメトの試論《エッセイ》が四方八方から呼び起こしてしまったのは、激烈にして、もっぱら敵意満々たる反応の数々である。このような〝ありとあらゆる価値をひっくり返してしまうこと〟は、ハンガリーの精神史においてこれまで持ち上ったことがなかった。〝国の偉人がた〟とそのように冒瀆的且つ批判的に対することに概して人々は慣れていなかったのである。激昂して人々はこの著者を『ヨーロッパからの退場』といった本や『国民文学一刀両断』を著したことで非難した。セクフュやバビッチ、また彼らの一派が反撥したのは、批評という形式や直接的な応答のかたちで以てしただけではない。またやがて『ハンガリー人とは何か?』と題する試論集《エッセイ》をもまた上梓したのである。これまた同様にして、行間だけのことにもせよ、手をかえ品をかえネーメトを論難するものであったように思われる。その書巻に筆を揃えた人たちは、ただただ傑出した学者や芸術家であったが、既に幾度となく言及した〝変種《ヴァリアンテン》＝イデオロギー〟を代表していて、西欧のお手本めざし負けじと努めるものだけを、ハンガリーの文化的所産として認めるのである。

ルカーチは一九四〇年モスクワで「相も変らず、ハンガリー人とは何ぞや?」という長い論説に筆を染めたが、そこで批判しているのが、この〔『ハンガリー人とは何か』という〕書物とネーメトの寄稿、両者一緒くたにである。始まったばかりのところで、彼が断言するのは、後にもはっきり繰り返されるのだけれども、つまりは、書名で名ざされた問題は真摯且つ純粋なものだとしてもいいが、ただそれに対し与えられる答が方法論的に間違っていて無責任だとされてもやむを得ない。百家争鳴の極たる議論に一枚噛んだ面々が、一致しているとしていい点は、彼らが歴史から教訓を引き出すのでなく、逆に先験的な己が思想体系を歴史に押しつけられればとしているところにあった。ハンガリー人気質《かたぎ》の映像《イメジ》は、彼らにあっては、見かけ倒しの分析への着手に先立ち、とうの昔に出来上っていたとしていい。従って彼らの論拠も、恣意的であって仕方がないのだ。

ルカーチの判断は、疑いもなく当っている。ハンガリー人気質《かたぎ》の虚構的にして理想化された映像を構築するのは、何と学者たちの間にあってすらあの当時、弘まっていたことであった。ネーメトは、しかし、――ついでながら、この書物を、彼はルカーチよりも遥かに手厳しく且つ巨細に批判した――稿を寄せた面々と真に彼がウマを合わせているわけではない。試論《エッセイ》における彼の言明は、書物でのそれとは百八十度対立するものだったのである。彼が非難するのは、ハンガリー文化の、そのものずばり、愛国主義的な先験的影像なのだ!

ルカーチは、しかし、そんなことは物ともしない。ネーメトの発言の核心をなす、ハンガリー人の教養の空疎な受動性とか没哲学性といったことは触れずにやり過ごす。これらのことは彼自身しばしば批判はしていたのだけれども。奇妙なことに、ネーメトがハンガリーの精神文化に関しけちをつけるところは、ルカーチが一九一三年、フランスの雑誌に寄せた論文で同時代のドイツ文化に関してけちをつけたところと同じ、つまりは包括的な思想的《イデール》基礎が欠除しているということなのである。

ネーメトにより命取りだと捉えられたハンガリーにおける文学的新出発の皮相性、そのあまりにもわざとらしい性格を、ルカーチは決して悲劇的とは思っていない。こうしたあまりにもわざとらしい、生まれつきならざる発端は、他国の文学においても知られていていいからである。こうして前世紀〔一八世紀〕のフランス文学もまた、わざとらしい根柢の上に基けられていた。すなわち、ルイ十四世時代も、過去からの断絶であり、新しい文化を故意に「こしらえる」ことであったとしていい。「わざとらしいこと」は愛国的《ナショナル》であることと実際にはあまり対立していなくても差し支えない。恰度革命というものが、自然な《オーガニック》発展と必ずしも対立しなくてもいいように。

ルカーチの比較は、あまりにも専ら皮相に過ぎる。太陽王(21)の強大且つ富裕なフランスと、ウィーンから支配されている半植民地的な「おくれた」ハンガリーとの間の相異を彼は見逃している。当時リシュリュー(22)の文化政策がフランス古典主義の成立に重要な役割を演じた場合にすら、新たなるフランス文学は固有の、極めて豊饒なる伝統からこそ創り出されたのである。外国の典範を模倣すること、外国に対しての「発展遅延」を取り戻すことについては、さっぱり話題になっていない。

で、そうなると、ネーメト的見解の根源は、ハンガリー発展の固有の特色に注意を集中した点にこそ認められることになる。彼が論争を挑むのは、だから、わざとらしい新たな始まり一般に対してではない。――結局、彼自身は一種の新たな始まりを軌道に乗せようと欲していたが。――ではなくて、ただ不適切でイデオロギー的に強いられた新たな始まりに対してだけなのである。外からの影響を問題にした〝外国発の〟変化なる問題点は民族学、殊にもアメリカ流のそれが、既に当時取り組み始めていたのであった。（またヘルダー[23]も、もう一八世紀には、外来文化の押しつけに対し反対を表明した。）ネーメトのつけた緒口《いとぐち》は、それゆえ、決して根拠がないわけでもなければ、好き放題というわけでもなかった。ただ教条的政治的観察方式が件《くだん》の緒口《いとぐち》に反動的との烙印を捺《お》しかねなかったのみである。

けれどもルカーチは、ともかくもさて今や教条的マルクス主義者であった。彼はネーメトの論拠の中にこれまたエドマンド・バーク[24]やドイツ歴史学派[25]の反革命的論争《ポレミック》の蒸し返し以上のものは、もはや何一つとして見てとらなかった（それだけでもう彼の論争相手に分《ぶ》がなかったのだと、まるで証明でもするような話だ）。そうこうするうちに彼自身も、ネーメトにそっくりそのまま、拙劣なる新たな始まりが碌な結末とならないのを確認しなくてはならなかった。どころか、このような結末への白熱的な批判（一例をあげれば「芸術のための芸術《ラール・プール・ラール》」[26]への批判とか、或いは没哲学性へのそれ）こそが、ハンガリー語による彼の著述の最も簡にして的を得た契機の一つなのだ。彼としては本当は洞察していなければならぬところであったのに。必ずしも国のあらゆる災厄が専ら且つ反動的階級支配に直接に帰せられるとは限らないことを。ところが彼は明らかに、現実固有の相貌を捉えるだけの能がなかった。彼が目を注いだのは、いつもただただ世界文学のうちに刻印づけられた、或いはそこから導き出された諸々の範疇だけであった。それゆえ彼になし得たことは、ネーメトの詳述の中に保守的理論のただ残滓を見届けることのみであって、それゆえ、ほかすべてのネーメトの論敵たちと同様、「深きハンガリー」という範疇をも誤解したのである。因みにこの範疇は、ネーメトがそれに纏わせたような、倫理的価値尺度では決してなくて、むしろ民族学的（社会文化史的）偉大さのことなのである。深さはここでは本来正真正銘だということを意味する。何故ならネーメトにとっては、根源的伝統と再び結びつくことこそが問題だったのであるから。何しろハンガリー人たちは、既製品として輸入されたイデオロギーのたえざる消費に駆り立てられて、金輪際、自己洞見にはいたらなかった、己れ固有の現実の展開にマッチした価値表象——「神殿」の建立——にはいたらなかったものだから。

ネーメトにとり本来問題だった課題は、この時代にフッサールもまた取り組んだそれに甚だしく似通っていた。すなわち〝直観から程遠い諸概念を以てする底なしの理論化〟から直接性へ、〝事柄へ《ツー・デン・ザーヘン》〟と立ち還る課題にである。かくてネーメトが一九二九年だったか、次のように記したとき、全く以てそれはフッサールの精神を体してのことであった。「見通しのきかぬ事柄《ザーヘ》をも見通すのが、我らの基本的な欲求である。私達すべての中には文学についての或るイメージが生きている。そうしてこのイメージは大部分がステレオタイプから成る。精神とは怠慢なもので、言葉を事物の代りに措定する。それがつくり上げるのは、事物の性格についての申し合わせなのである。こうして諸々の特質の全体の代りに、ただこれらの申し合わせだけが先走ってゆくことになる。而して即席にでっち上げられたこの申し合わせさえもが何と磨滅してゆくことよ！ ここでハンガリー文学の何か弔辞とでもいったものを引き出して差し上げようか？（……）我らはヨーロッパとの、見たところ生き生きとはしているものの片ちんばの代謝の中に立ちつくす。我らは翻訳洪水に呑み込まれていて、そのかなり重要な文献は忽ちのうちにそれのハンガリー人探究者《ヒストリカー》を見つけ出す。我らは事典類を備えており、世界文学史を要約して叙述するのが流行になっている。しかしながら、こうしたすべてが何と消化不良であることか！ 厖大な量の我らの知識が我らを押し潰す。自由にしてくれる代りに。……」

ネーメトの著作に、こんな、或いは似通った条《くだ》りを果してルカーチが読んだか否か、私達は知らない。けれどもそのような事態だったとしても、ネーメトに関する彼の判断がより一層肯定的な結果になることは殆どなくてもやむをえまいに。何故って同時代の生の哲学(27)、その文脈の中に彼はフッサールを配するのだけれども、また本質的にはネーメトもまたそれの代表者だったのだけれども、かような生の哲学は、彼のもとでは周知のごとく、何の御贔屓にも与からなかったからである(28)（物象化が「目の敵《かたき》」にされたのは、生の哲学にとってと同様、マルクス主義にとってもなのだけれども）。

哲学者ルカーチが、ネーメトの本文《テクスト》を、いくらかニュアンスをつけ、よりひろい概念地平の上に省察するのを見合わせたからには、印象主義の精神を胸に刻んだハンガリーの文人たちが、それ以上肌理《きめ》細かに『少数派に身を置きて』と接することはいよいよ以て出来ない相談だった。ネーメトの試論《エッセイ》に異論を唱え、しばしば遥かにこじつけた諸々の概念を以て的外れにその核心的な問題を処理した無数の新聞寄稿記事にあって、そうした寄稿のどれひとつとして〃偽りなさ《アウテンティチテート》〃なる術語をそこに用いたものがなかったというのも、人目に立つことではある。その上、この術語が、純粋さというありふれた概念の同義語にしか過ぎないとは！

偽りなさ《アウテンティチテート》ということがここでは問題となるところだったかも知れないと、ルカーチまでもが思い到らなかったというのは、ますます以て驚きではある。何しろ偽りなさ《アウテンティシティ》とは、疎外の止揚、主体の統一性の再建、（『歴史と階級意識』の中心テーマたる）全体性の一つの源泉だと絶対に見なさるべきものなのであるから。彼自身はさてもアナトール・フランスを〃深きフランス人〃と名づけ、而してアディを繙いては、この人が同時代ブダペストの作家たちとはこと変り、〃ハンガリー気質の本場の生まれ〃だったことを賞めそやした。見受けるところ彼が、それゆえ、高く評価したらしいのは、偽りなさ《アウテンティチテート》だということになるが、ただネーメト試論《エッセイ》ではそれを中心的範疇として認めることが出来なかっただけのことである。

ネーメトにあっては、偽りなきハンガリー人と然らざるハンガリー人を区別するに際し、法的身分の相違も、出自の相違も、問題にはならなかった。また彼にとり愛国主義的告白だの道徳的資質が問題になることのなかったことも、少なからぬ人々が思った通りである。彼の試論《エッセイ》の二・三の定式化から推論されることは、彼にとっては本質的に心的な構造こそが問題だったのだということである。かくて『少数派に身を置きて』の今日の読者には〝深きハンガリー人〟という概念の心理学的解釈こそが最も納得のいくものと思われるのだ。決定的なのは、従って、幼年時代や少年時代に言語や文化環境の刻印を帯びさせられた余光《リフレックス》である。〝深い〟ハンガリー人とは、それゆえ就中、その下意識において——正にその魂の〝深底《おくが》〟において——ハンガリー的な刻印を帯びた者の謂いなのである。一九三九年に、ハンガリー人の、或いはお望みとあらばマジャルの由緒正しさ《アウテンティチテート》は、相も変らず主としては鄙びた刻印を帯びたものであったが、そのことが惹き起こしたのは、当然ながら一連の誤解、曲解、生産的ならざる諍《いさか》いであった。だが、それは別の頁でのこととする。

ネーメトの意図をルカーチは認識できなかった。或いは認識しようとしなかった。意に染まぬ凡ゆる局面を払拭して、彼は次のような判定に達したのであった。即ち、「究極的には、しかし、これらすべての留保、掘り下げ、精緻さは、大した助けにはなっていない。ネーメト・ラースローの最終結論が極端な人種理論と異なるのは、それの逆説的な《パラドクシカルな》かたちを通してであるに過ぎない。」

この〝究極的には〟というのは、現実から、ただ次の程度だけしか認知する気のない教条主義者の言い草である。即ち確定的な己が範疇の己れに許す程度、従って凡てを己が最終結論においてしか、観察し評価するところがないという程度に過ぎぬ。その際、疑問の余地がないのは、価値体系の次のごとき決定的な諸点において、ネーメトと彼〔ルカーチ〕の間で合致するところがあるということである。すなわち、アディへのたかい評価とか、文学が民族と結びついていることの必然性の強調とか、一八六七年の墺・洪《オーストリア・ハンガリー》和協や、且つまたバビッチとその門流により実践されている審美主義の拒絶においてだ。正しくルカーチこそは、こうした年月に同時代のドイツの文人たちが民族とは無縁の存在でいることを非難して、そのあと生ずる民族への旋回、亡命作家たちにあっての「母なる国土への還帰」を大満悦で突きとめた当のその人だったのである。ネーメトのことを詳しく述べるに当ってルカーチをあんなにも狼狽させたらしいのは何かと言えば、革命イデオロギーに対してのこの人物〔ネーメト〕の猜疑であった。この猜疑を彼は明らさまに反革命的な駈け引きと同断だとする。その戦術につき彼はリアリズムについての一九三八年の著書でこう筆にしたものである。恐らくこんな戦術は、「民主的ないかなる世界観をも拒み去るところであろう。〝西方からの輸入〟として、何かしらドイツ民族の本当の精神にそぐわぬものとして」と。

たしかに後進国では、ひとりそこのみに限られないが、いつもいつも保守的民族中心的な知識人たちがいて、この連中は近代西欧の思想の所産[29]をこのようなやり方で排斥したり、少なくとも選別したりしようとする。恰度一九八九年の曲り角でも、ハンガリーに見てとられた通りにだ。けれどもネーメトにあっては本質的に何かしら別のことが問題なのだということを私達は見てとった。この人物の知的姿勢の最も重要な基準は、凡ゆるイデオロギーに対する不信である。革命のそれに対してのみではない。何と文化のそれに対してもだ（この人物の見解は、こうした点で、アドルノのそれと相蔽う。けだしアドルノは、それこそやや後に、文化の物神化を厳しく批判したのであった）。この物神化にこそ大いなる欠陥が帰せらるべきことについては『少数派に身を置きて《キシェブシェーグベン》』の中でこう語られている。つまりは教養が自己目的と化している、と。ハンガリー文学の何人もの一流作家すらもが、あたらその才能を陳腐な努力のため犠牲にしたのだ、と。けだしあり得べきあらゆる詩文学のジャンルにおいてそれら一流作家も、しばしば天来の声なしに、月並な作品を、ただただ〝愛国主義〟から、ただ威信ゆえに、国民文学を完全無欠とするためにだけ著わしたことによってである。そうしてこれは、ルカーチがその応酬において関説しているドイツ、ロシア、況んやフランスの古典相手にはたしかにやってのけるわけにはいかない異議申立ではある。

ルカーチとネーメトの対決に際しなお気づかされるのは、一方ではネーメトがハンガリー人と隣接諸民族の歴史的文化的共通点につき再三記して支配階級《エスタブリッシュメント》やバビッチとかセクフューの一門を等しなみに（奴はハンガリー人をスラヴ人と一緒くたにしている！と）反撥へけしかけているそのもう一方で、ルカーチにあってはかかる思いつきが浮かび上って来ないということである。彼が与える指示はせいぜいのところ、階級闘争における平行現象への地球規模のそれであって、たとえば国民的伝統、民俗、宮廷文化、宗教改革等々における文化地理学的に限定された対応関係への指示なんかではゆめゆめないのだ。

　これら特殊な与件の数々に、既にしてお話ししたごとく、彼はそれほど関心があるわけではない。彼のヘーゲル派的世界像に顔を出すこれら世界史的ならざる諸国民にあっては、〝世界史諸々の大問題〟もしばしばただ〝歪められたかたちで〟登場するに過ぎず、演ずるのは単に周縁的な役割でしかない。規範的なこんな構え《ポジション》が否みようもなく惹き起こすところこそは、彼の思考における矛盾撞着なのだ。何しろ己が故郷の特殊な諸問題を個人的には体験していて、己が社会参加《アンガジュマン》の本性がそれら諸問題を前に目を閉じることを許さないからである。これら諸問題に気づきこそしているものの、しかし彼には、あまりに地球規模《グローバル》な展望《パースペクティヴ》を一擲して、経験知と理論の間の媒介を独力で成就するだけの能はないということである。

　かくて、たとえば次のようなことを彼は白状する。すなわち、ハンガリーの田夫野人の尋常ならぬ差別は、公権を剥奪しさったということのみを以ては――従って純政治的には――説明がつかなくてもやむを得ない、と。何故なら情容赦ないツァーリ体制すらもがロシアにおいてはナロードニキ運動[30]を容赦しなければならなかったその一方で、ハンガリーにおいては、一種のナロードニキ運動が発生したのは、漸く第一次世界大戦以降になってのことだったからである。さてこのように情ないハンガリーの特異性をいかに説明すれば宜しいのかを彼は懸案のままにしておくが、それでもネーメトに対しては頗る手厳しい論難を浴びせかける。因みにこの人物〔ネーメト〕は正にここからスタートして、ハンガリー教養層の極端なまでの脱民衆性をこと細かな点検に委ねるわけである。ルカーチがほかでもまた単刀直入に同じ諸問題に言及していることは、サボー・デジェーやネーメトと同様だけれども、ただハンガリー人の意識にとってのそれの帰結を彼が点検はしていないというだけのことである。

彼は、ハンガリーにおける資本主義が本質的には同化者の仕業であったとしていいことを突き止める。アディの反対者を彼は手厳しく非難する。頑迷なる農民の敵意やブルジョワ左翼の〝干からびた合理主義〟を攻撃する。ハンガリー文芸学における立脚地なき恣意的な手順のすすめ方に対して非を鳴らす、等々。

一つ一つの点においては、それゆえ、彼のとる態度はネーメトのそれと相蔽うのだが、批判を蒙った現象相互間の内在的関連を彼は見ているわけではない。彼は都度々々ヘーゲル派的・マルクス主義的理論から出発して、その諸範疇を捉え得ないでいる一切合財を初めから周縁に格付けしてしまう。ネーメトは、それとは逆に、正にこの周縁の現実をこそ己が思考の中心的対象として、それを様々の、一部は自分で拵えた範疇群を以て片づけるわけである。その際この人は、或る役割は疑いもなく演じているにも拘らず、ルカーチが無視する諸々のファクターをも考慮に入れる。たとえば、この人が指摘するのは、ハンガリーにおける社会的文化的変転が通例は外因性のものだったのだということである。けだしルカーチが、一九四五年のあと初めて、それゆえ最近における外因性の変革のあとになって初めて、知った状況ではある。そのあと初めて、そのマルクス主義者は、かかる成り行きから生ずる特別の困難を認識したわけである。結論を彼が出したのは、しかし、ただ現在にとってのそれに過ぎず、歴史にとってのそれではなかった。
かくてネーメトの努力を単純に〝人種理論〟と彼がけなしたのは、ただ当時の世界状況を考慮してのみ許容しうることに過ぎない。彼の哲学的自己理解で独得なのは、しかし、（〝深い〟ハンガリー人と〝浅い〟ハンガリー人という）固有の諸範疇なんかを構築していることでネーメトに対し腹を立てていたということである。ブダペスト左翼に対してと同様に。しかもこうした範疇群は、今日なおハンガリーでは茶化される。けだしそれこそは殊にも新改宗者《プロセリト》たることの症候群の一つなのだ。すなわち、まともに取り上げられるのは、国際的威信をそなえた範疇だけで、独立自存の概念形成など野暮の骨頂として村八分にされるわけである。

とにもかくにもルカーチは十二分に次のことを強調することが出来なかった。すなわち、社会参加《アンガジュ》した農民作家たち（〝人民派《ネーピエク》〟、ロシア語での「ナロードニキ」）の群は、ネーメトもそれに甚だ近かったのだけれども、「過去四分の一世紀のハンガリー文学における最初にして唯一の一歩前進を意味した」そのことをである。この文章は、〝人民派《ネーピエク》〟に関してのネーメトの言説と殆ど逐語的に同一である。むろんのこと彼らの右翼的見解に対しては断乎として彼も反対した。そうした見解に従えば、地方民の命運は、直接的な政治活動ぬきでも、教養、教育、自助等々によって改善さるべきだとすればそれでよく、その結果は、従って、社会的経済的改革など、言ってみれば、民衆に敵対的な支配体制の背後で成し遂げらるべきだとしても一向に差し支えないことになる。ルカーチが一九四一年立ち入って取り組んだのも、彼の意見では幻想的なこの見解を相手どってであって、これは彼によっても高く評価された文筆家（ネーメトにとっては〃深い〃ハンガリー人）モーリツ・ジグモンド（一八七九―一九四二）により殊にも代表された見解だったことになる。その際こと細かに彼〔ルカーチ〕が引用したのは、運動のむしろ左翼の代表者たちであって、この連中も同様にして急進的な体制変革に対し代替すべき他の術《すべ》を見てとっていたわけではなかった。したがって彼が議論に一人立ちでの寄与をなすわけではなかった。彼がしたのは諸々のイデオロギー的採点を配分することだけでしかなかったのである。

ルカーチが、モーリツの日和見主義《オポチュニズム》的態度の簡明的確な兆候として引用している述懐にはこうある。曰く、〃この国では何もかもをただ政治によって片づけることができるが、そんなことと折り合いをつけるわけにはいかない〃と。この文章は、モーリツのそのほかすべての声明（たとえば〃政治とは手を切り、建設せよ！〃とか〃民衆はもはや今日政治に耳を傾けようとは欲しない。既に正しい文化をこそ身につけようとしているのだ〃とか）と同じく、第一義的には――ルカーチも考えたごとく――体制との折り合いを意味しなかった。ここでの問題は、社会の文化的領域を全面的に疎外する為体《ていたらく》に対しての抗議、人間的国民的なありとあらゆる諸問題を二・三の具象的概念の下に力づくで包摂してしまうことに対しての異議なのである。それは、社会生活、文化生活のあらゆる問題を都度々々の現実の権力打算に矮少化して考察する政治的観点の卓越に対しての拒否である。（あらゆる生活局面のこうしたやるせない政治化、社会的文化的な活動悉くを純然たる政治的視点、従って短期的・戦術的視点が従属させることとは、一九八九年の曲り角以来再び軌道に乗ってきた。）『三世代《ハーロム・ネムゼデーク》』なるその著書で、保守的なセクフューも次のことを嘆いたのであった。すなわち、二重帝国《ドッペルモナルヒー》幾十年の間ハンガリーの公衆が殆どもっぱら興味をそそられてきたのは、皇帝に忠節を誓う支配階級《エスタブリッシュメント》に対しての民族主義的な反抗とそれを盛り上げるジャーナリズムによって導かれた浅薄不毛の論争の数々であって、文化的社会的宗教的等々の諸問題を意に留めたのは、もしそうだとしても、せいぜいのところ不精々々であったに過ぎない。アディもまた、ハンガリーでは何でも政治を通じて達成出来ればそれでいいのだという意見であった。〝財産、名誉、職業、愛人、妻、宗教、信条、安心、出産、死の一切〟がである。

モーリツの姿勢は、このような状況を顧ることなくしては、正しい判断を下すことが出来ない。この人物を批判するに当って、その人の若い頃、同じような理由から諦めきった口調で（ここでは何が言われているかを聞いてもらえることすらない。ましてや何が黙秘されているかといったことになれば、ますます以てだ、などと）話したりしたことに思いを致したとかりにするなら、恐らくルカーチはモーリツに対しもっと物わかりがよかったことであろうに。モーリツが出発したのは、もちろん別の文化理解からである。けれども純然たる実用の見地でも、彼の姿勢、実現可能なことへの彼の集中ぶりは、説明がついたのであった。破天荒の遥けき目標にむけての口舌を以てする活躍は、この人の役目ではない。とはいえ、ハンガリーなる地方《プロヴィンツ》の極端なまでの社会的文明的後進性、社会参加《アンガジュ》したいずれの人間味ある観察者にも即座の実践的行動を要求したその後進性もまた、無理からぬところがあるのだ。

5 『未完のことば』批判

あまりにも実践からかけ離れたルカーチの理論化は、ハンガリーの現実——一農業国における後期資本主義的危機の局地的尖鋭化——に、相応の顧慮を払うことが出来なかった。たとえばイエーシュ・ジュラ[1]がその著書『ハンガリー人《マジャロク》』において情熱的且つ皮肉たっぷりに告発したのが、かかる危機の悲しむべき諸結末、つまりは農民文化の急速な頽落とか、失われたものが何ものによっても埋め合わされなかったり——或いはもっと悪いことに大都市の新聞のいかがわしい所産を以て——埋め合わされたりしたことであったときに、この人はモスクワからお咎めを蒙った。すなわちこの人を〔彼地から〕ルカーチはこう非難した。皮相で寄生的な資本主義的文化営為に対し単に抗議を唱えるだけのこの人は、そこどまりで、却て本当はそのことにより反動的反都市的イデオロギーを助長してしまうのがおちなのだ、と。そんなマルクス主義者の眼中になかった問題の重苦しさとは何かと言えば、専ら地方の伝統に拘束されている社会にとって突然頭上に飛来する季節外れの虚無的文化（「著者が何と書いていようと、どちらでもいい……」）は断じてふさわしいものではないということ、それはただ混迷をむしろ招くだけで、当該社会の民主化を挫折させてしまいかねないということである。何故ならアドルノが『半教養の理論《テオリー・デア・ハルプビルドゥンク》』なるそのエッセイで説き明かしたように、「意識の中に迷いこんできた教養の構成分子は、意識の連続性の中に溶融することなくしては、却って悪しき毒素に変ってしまうからなのである。」

一つの社会の近代化もかかる諸問題を投げかけるものだという認識は、ハンガリーの共産主義者には遮断されたままであった。ルカーチもイエーシュの慨嘆に対し、ただマルクス主義的な陳腐さを以て答えたに過ぎない。彼がそこでイエーシュを咎めたのは、この人がハンガリーの労働者階級のことなど気にもとめないでよしとしているということである。曰く、「いったい彼《イエーシュ》は嘘偽りなく信ずることが出来るのだろうか。農民階級の命運を決するに当っては、ブダペストとその幾百万を超す労働大衆が全く考慮の対象にもなっていないなどと。」

しかし問題となる時空間でのこの労働大衆の社会的構成や意識状態をいくらかもっと詳しく調べてみるなら、地方民をも敬服させる、言うに値いする革命的衝動が彼ら労働大衆からは殆ど期待さるべくもなかったことが突きとめられざるを得なかったのである。ハンガリーの労働階級は、局地的・経済史的に決定されたその固有の構造を具えていて、それは西欧諸国の産業プロレタリアと殆ど類似性を示していなかった。まだ〔二〇〕世紀の初めのうちも、彼ら〔我が労働階級〕の背骨がかたちづくられたのは、圧倒的に社会民主党的な考え方をする熟錬労働者によってであった。因みにこの連中はそのかなりな部分が外国出身であって、社会的には相当に孤立した暮しぶりだったのではあるが。つまりは農民たちとも知識人とも繋がっていなかったということである。一九一九年の〔ハンガリー〕ソヴィエト共和国《ケズタールシャシャーグ》における彼らの〝非革命的〟な振舞いは、K

P〔共産党〕樹立者クン・ベーラ(2)をも深く幻滅させたのであった。一九一九年以降、なるほど彼らの社会的相貌は変ったし、かくてその意識の中にこのソヴィエト共和国はその痕跡を残したものの、社会民主党的な強い伝統は、彼らのサークル内への共産主義の影響をして勝利を博さしめなかった。このことは、地下活動をしていたハンガリー共産党《カーペー》が〔一九〕三〇年代には特別に狭量な正統思想《オルトドクシー》により孤立化して、魅力にも欠けていたからには、ますます以て。そうしてルカーチにはそのことがわかっていた。

というこことになると次のことは、あまり人を納得させる所以ではなかった。すなわち、イエーシュや他のハンガリー〝ナロードニキ(3)〟を彼が批判するに当って出発したのが、事実上の諸関係からではなく、実際上はきまり文句化した観念からだったのだということは。労働者階級が現実の社会的形成物としてよりも、むしろ神話的偉大さとして光臨するという、さきに引用の彼の論拠が、根本的に正に教条的に聞こえてしまうわけである。ほか諸々の彼の論議を知ったところで、むろん私達を驚かすことは出来ない。概括化《グローバリゼーション》、つまりは正統思想《オルトドクシー》への愛着を常に彼が抱いていたのを私達は見てとっていたからである。その初期の〝プラトン的〟告白――〝ありふれた〟現実なんかよりは、それこそ概念性の方にこれ見よがしに肩をもつ告白――が既にしてかかる愛着を代弁していた(こうも言えるところであろうか。すなわち、それら告白が代弁したのは、心理的に動機づけられる彼のイデオロギー要請なのだが、細かなニュアンスの差がある彼の教養と再三再四不可避的に衝突に見舞われたのだ、と)。

とりわけ具象的にルカーチの価値体系における両面性が露呈するのは、デーリ・ティボル[4]（一八九四—一九七七）の小説『未完のことば』[5]に対する彼の態度表明においてである。小説の中心的なテーマは、正にブダペストの産業プロレタリアの己がブルジョワ搾取者に対する階級闘争なのだ。概してルカーチはその小説を歓迎し称讃している。この小説はハンガリー文学では初めての、明らかにマルクス主義的階級闘争的な意向にそったものだからであるが、個々の点では、しかし、著者がそこで記していること、また記し方を、殆どすべて認めていない。

この一九三三—三七年にものされ、一九四七年に上梓された、ほぼ千頁にも及ぶ小説と、ルカーチは二度に亘り取り組んだのであった。つまり、同書公刊の直後、感激してそれを讃える批評家として議論したときと、七年後にデーリの新たな小説集に好意的な序文を草したときとである。いずれの場合にも、彼は『未完のことば』を殊のほか重要な文学的所産、否それどころか最近幾十年の最も重要なハンガリーの小説として特記する。だが、一九四八年にしたためられた正に浩瀚なる論評で彼が打ち出すのは、まことに以て中味の濃い根本的な異論とも看做されるものなのである。しかも次のような注目に価するやり方を以て。すなわち、先ず基本的に著者の表現者としてのあれこれの業績に関し熱狂的な書評子たちの称讃を承認した上で、しかしつづけて具体的に制限をつけてゆき、実際上は、讃美に待ったをかけるわけである。

基本的に彼はかくて最高の賞讃を表明しながら、しかし具体的には極度に消極的な判断を下すことになる。こうした逆説的態度を以て、彼はしかし『歴史と階級意識』で宣言した注目に価するその見解を裏切らなかった。すなわち、たといその後の研究がマルクスの全陳述の事実的な誤りを証したとかりにしても、「真摯な正統マルクス主義者ならひょっとするとこれら新たな凡ての結果を一人残らず無条件で承認したかもしれない。マルクスの個々の論題《テーゼ》の悉くすべてをかなぐり棄てたことだってあったかも知れない。――寸刻と雖もマルクス主義の正統性を断念せざるを得なくなることは免れたままに」。

知識人なる彼の習性《ハビトゥス》のこの逆説が、多分成程と頷かせるのだ。まさしく正統思想《オルトドクシー》こそが『未完のことば』の著者の悩みなのだと彼がしたりするのを。すなわち、デーリの描くところは、〔一九〕三〇年代労働運動の〝党派的イデオロギー〟だけでなくてもいいのだ。とにかく、事情がそうだったんだから、それで間違いないとも。またその際、彼《デーリ》みずからも党派的であってくれてもいいのだ（〝党派的〟とは党の陰語では教条的、乃至「左翼偏向的」なことを謂ったのである）。手短かに言おう。デーリは、自分が文筆家として、「己れ自身の筆で描かれた世界を超出してはいない」ことを知らなくたっていい。彼《デーリ》の「正統思想が、あらゆる点において、市民《ブルジョワ》生活の批判をこの人が首尾一貫して遂行するのを妨げたとしても、構わないのだ。」

長篇小説の作者にこれ以上の容赦ない非難を浴びせることは殆ど出来ないけれども、しかし、素材に対しふさわしい距離をとることは、いずれの芸術表現にも必須条件《シネ・クワ・ノン》ではあるまいか。

少なからぬ興味をかき立てられるのは、ここで概してルカーチの筆を執るのが、諸々の人間や行動の物語《エポス》風叙述に対し教条的な態度のもたらす帰結についてだということである。何故なら、信条と日常的現実、乃至は直かに理想を実現しようとする意志との間の関わりこそは、古くからの彼のテーマなのであるから。デーリの登場させる主人公の一人は、監獄に放り込まれている共産主義の活動家なのだが、この男に次第々々と見当がついてくるのは、大袈裟で例外なしの目的設定のおかげでプロレタリア大衆が不当な要求に曝されているという認識である。直近の必要がその際無視されるほどにまで、とルカーチは言う。政治的な遠隔目標へと人々を動員することが叶わなくてもやむを得まい、と。デーリの活動家がとろうとするのは、然るに、そのような行動であって、政治的な諸問題が、それゆえ、単なる道徳的なお説教へとひっくり返ってしまうことになっても致し方ない。曰く、「まことに興味津々たる結論に辿りつくところだったろうに。もしもかかる道徳的思考過程の内容と構造を詳細に分析しさえするなら。党派的な禁欲主義が一種の道徳的お説教としてのマキャヴェリズム(6)へと如何に転化するかが見てとられるところだったろうに。けだし否も応もなく起こるところなのだ。客観的な戦術的問題がもしも個人的道徳の水準へと横辷りしていく場合などには」。そうしてここにヘーゲル派なる彼の悪名たかい紋切り型の文章がひきつづく。「このことを詳しく述べる余地が残念ながらここにはない……」と。ルカーチが途中で筆を折るのは、まさしく細部へと本当は彼が赴かねばならなかったほかならぬそこにおいてなのだ。

何頁かあとになって、むろん彼は今一度この考えに舞い戻ってくる。そしてそうするのは幾分さりげなくで、〝党派的禁欲主義〟だの〝道徳化しゆくマキャヴェリズム〟だのといったぎこちないイデオロギー的概念を、過大な要求をつきつけられた読者のために解説もせずにいる場合にすら、彼は見透させるのである。ここでの問題が、個人道徳の領域へと無意識に移しかえられた〝解決不能の政治的な問題性〟であることを。

もっとあっさり言うとすれば、人は誰からでも禁欲とか英雄主義を期待できるものではないということである。政治を行なうとは、道徳を説くことではない。デーリに出てくる活動家は、思い違いをしかねない、とルカーチは書く。若しも男が己れの課題は大衆を、固有のその利害に逆らっても、遠き未来へと指揮することであっていいなどと思っているなら、と。血も涙もある人間にして、党派の命令だの血の気なき硬直した指示などを納得させられ、それをよしとしている者はいまい。もしか任意の労働者に、その階級的立場がいつの日にか完全に自覚されればとした場合、そしてこの認識がその男には自己犠牲への覚悟、運動への禁欲的なきっかけとなればとした場合、それを脳裡に跡づけられるといいのだが。けれども若しか市民《ブルジョワ》なる知識人がかかる決意をするとかりにするなら、従って己が固有の階級に刃むかうことになっていいとするなら、——小説の中の女主人公がそうなるように——それは抽象的理論的根拠からではない。そんな洞察が生起しうるのは、〝マルクス主義一般〟からではなく、むしろただ宿命的な個人的体験から来ることなのである。このことは、『未完のことば』において心理的に個々に亘って説明がつけられなければならぬところであったろうし、またそんなことが別にもち上らなくたっていい。そこに抽象的世界観と個人の人生体験の間に媒介項が欠けていても仕方ないのだ。デーリは、納得のいく共産主義的英雄を描き上げたりすることに別に取り組んだり出来なくていいのだ。かりにどこで手がけようと、この人にうまくいくのは、むしろただ〝戯画《カリカチュア》〟でしかない。

事実、その小説には、生硬な命題風の句々が見出される。然り、全く以て消化不良のイデオロギー的岩塊《ブロック》であって、ルカーチの不興を買わざるを得なかったものであるが、しかし、彼の見るところ、まさしく理論と人生経験の間の差異化された叙事詩的造型的媒介こそが〝偉大なるリアリズム〟の模範的な技法に属していたわけである。彼によりかくもしばしば高く買われたこの文学的価値体系のためにこそ、結局のところ彼は、まさにしぶとい戦いを戦いぬいたことになる。そしてその美的保守主義がいかばかりのものであるにせよ、いかほど彼が古典を崇拝していようと、この価値体系が妥当性を全く以て失ったわけでないことは、否みえなかったのである。ともかくにも、私たちが、バルザックとかトルストイといった〝偉大な写実主義《リアリ》〔文学《スト》〕者〟に負うている人間像=社会像は、今日もなお有用な指針をヨーロッパの読者には供しているのだ。そして『未完のことば』に関しては、さるデーリ崇拝者が嘗てこう吐露したものである。すなわち、件《くだん》の作品は「既にプルーストを読んだことのある、おくれてきたバルザックの筆に成るもの」だ、と。(7) この小説をバルザックを以て測るのは、従っていずれにせよ、全く以て本末顚倒というわけでもなかったことになる。

6　挫折せる啓蒙主義者

一九四五年ソ連からの帰還後、ルカーチがハンガリーで二正面作戦を遂行したのは、己が理想に仕えるためであったが、そのことは彼の内面における煮えきらなさを以てのみならず、事実上の政治的状況を以てしても説明がつく。彼が戦った相手は一面では、社会および文学における血肉化した復古的傾向、相も変らず有毒な〝芸術のための芸術《ラール・プール・ラール》〟イデオロギーであって、戦を遂行したのは、教条的ないら立ちなしに、殆ど自由主義者としてであった。他面では分派《セクト》主義や俗流マルクス主義、また文学的画一主義《シェマティスムス》を相手どって断乎立ち向かった。因みにこの画一主義は、共産主義の権力拡大と並行して、いよいよ豪奢に咲き誇る花をつけていったのである。その際、むろん彼固有の立脚点も諸々の矛盾から免れるわけではなかったといえ、しかし彼が正当マルクス主義者であることは、相も変らずであった。『未完のことば』へのたとえば批評において彼が自から嘆いたのは、戦間期の労働運動に魅力を欠いたのが、教条的精神にそれが支配された正にそのおかげだということであったが、若しあるとするならば、イエーシュの農本的見解に対し論難を加えたのは根拠薄弱だった、とみずからしたことになる。

戦後最初の幾年、ハンガリーに当面実在したのは多元化した国家・社会秩序だったが、この間珍らしく彼の取り組んだのは、ハンガリー文学界の基本的諸問題であった。啓蒙的意図で講演を数多く彼は行ない、かなり長い論攷群に筆も染めたが、スターリン主義的になりまさる党上層部ではおかげで不興を買うばかりであった。その際、市民的《ブルジョワ》心性の作家たちから共鳴をうることも別になしにだ。

とりわけ一九四八・一九四九の両年にしたためられた、かなり長目の試論《エッセイ》（ハンガリー文学史の〝改訂〟ならびに「マルクス主義的批評の諸課題」）において彼が企てるのは、ハンガリー人の文学理解の伝来の構造を包括的に棚卸しする在庫調べであって、反動的で妄想的なありふれた伝統とは決着をつけている。その際、彼が歴史的説明を繰り返すのは、ハンガリー社会の悲惨ということ、市民的発展がなかったということであったが、しかしとりわけても、一八四八年革命の挫折ということや、嘗ては進歩的だった自由主義者たちが、自発的に旧体制の復活に調子を合わせてしまっていることについてであった。

むろん彼は〝純粋精神〟への帰依者にも厳しい監視の目を注いでいて、その際ネーメトも攻撃されている。因みにこの人は（殆ど説得性のない論拠を以て）保守的なアンリ・ド・モンテルラン[1]およびヴィシー[2]〔政権〕フランスを弁護したのだ（〔ドイツ〕占領下のフランスで〝不潔な文学事業〟など鳧《けり》をつけてしまえばいいのさ。賛意とともにネーメトはこう件《くだん》のフランス人から引用したのであった）。

ルカーチのこれら論説における中心的な論旨が代表するのは、本質的には全く以て中庸を得たもの、ひょっとすると中道左派の考え方と言っても差し支えない。ルカーチがときどき証言台に呼び出すコロジュヴァーリ＝グランピエール・エミールといった、市民的進歩的作家たちのもっと流暢に公式化された批判的主張から件《くだん》の論旨が区別されるのは、その退屈な掛声ばかりのマルクス主義的符丁《ジャーゴン》のせいであるに過ぎない。そして、もしかしてその年老いたるマルクス主義者が、時代おくれな貴紳《ジェントリー》の影や国民的誇大妄想に対し、無体系性や印象主義的恣意に対して、雷を落とすとするなら、もしかその彼が、現行の文学観における歴史的社会的関連の欠落につきクレームをつけるとするなら、彼が正統派のマルクス主義者であることなど、ひょっとしたら思い出してももらえないことかも知れない。〝ハンガリー文学史の悉くが修正されなくてはならない〟という要求に頂点を画するその論文において彼は或る箇所でこう叙べている。ドイツの精神史は、歴史的な諸力のうち、何ら社会経済的要因をでなく、ただ無時間的な心的構造をのみ識るものであるが、それが呪物視的《フェティシズム》概念を擁して、進歩的文学理解の中にさえ浸み込んでしまっているとしていい、と。然り、ドイツの精神史は、〝己れをマルクス主義者と看做すかかる学究の見解の中に〟すら紛れこんでいてもいいわけである。けだしその上で同様にして呪物視的《フェティシズム》浴流社会学との内縁関係に入り込む羽目になるのだ。

遍在する呪物視化《フェティシズム》よ！　ルカーチは、ここでまたぞろ文化政策的なこの弱点に触れる。またぞろただ一時的にだ。マルクス・レーニン主義はかかる禍悪に、むろんのこと、何ら特別の顧慮を払うわけではない。それゆえ、彼も、もはやそんなことに心を労したりはしない。しかし、ともかくにも、その問題に彼も触れはして、打ち明けるのは、内面を掘り下げる玄奥なる教義の枠を超えても、折にふれてものを考えることは出来るようにとしてであった。それ以上に正統性の道を踏み外そうとは相憎彼は欲していない。彼はそれ以上立ち入っては関わりあわないのだ。ハンガリーにおいて現に存する精神史的概念性の受容とマルクス主義的社会学的なそれの受容との間の構造的類似性などには。かかる類似性に警鐘を乱打する者を彼は見分けようともしないか、それとも見分けられないのだ。

戦後の年月におけるルカーチの〝左派自由主義的〟な立場もまた、どっちつかずを免れうるわけではなかった。そうした立場が時折りぶち当ったのは、内面の差し迫った抵抗であったが、彼の人柄の教条的側面が折りに触れずかずかと闖入して来た。特徴的な事例の一つは、一九四八年にお目見得したネーメトの小説原註*『嫌悪《イソニ》』を彼がいかに批判したかということである。この小説に彼が確認したのは、（著者の）〝高度の芸術的統一性と閉鎖性〟、従って甚だ注目に価する芸術的資質なのであるが、この人を、しかし、にべもなく一気に拒み去ったのであった。この小説に彼が見てとったのは、新たな政治秩序に対するその著者の反感の表明なのである。やむことを得ず実現した結婚が次第と崩壊してゆく若き婦人のその物語は、彼にとってはあまりに非政治的であった。ネーメトの〝極端に私的な〟主題《テーマ》選択に彼は件《くだん》の著者の拒否的な身振りをただ目にするばかりであった。その人の文教政策的エッセイに基き、それより僅かに先立って〝ハンガリーにおける殆どありとあらゆる反動的理念の父、乃至は祖父〟原註**とこの人物を名づけたものである。ルカーチの意見によれば、その全小説が基本的には〝新たな民主々義への無言の抗議〟であるとしていいのだ。さて、しかし、ネーメトはこの小説を既に連載で一九四二年に或る短命の文学雑誌のため書き始めていた。（少なくとも三分の一たっぷりは既に一九四二年に公刊されていた。）しかも五年前に中断されていたこの仕事を、同様連載で継続したのは、もっぱら（イエーシュをも含む）何人かの朋輩の強《た》っての要請によることに過ぎない。今や新たに創刊されたリベラルな雑誌においてであるが、最初からそこを公表の場にして、更に学校改革の計画を錬ったりもしていたのである。反対派的な己が信念を誇示することについては、それゆえ、話題にもなっていない。

かくしてルカーチの文献処理上の恥曝しないいい加減さから暴露されたことこそは、彼自身のイデオロギー的判断が嘘八百なのだということである。するとネーメトの小説をあまりにも非政治的な〝私的〟物語であってもやむをえぬとするのは、これまた極度に皮相な判定であるに過ぎない。何故ならここでの問題は、本物の社会小説であって、そこでは私的な葛藤も、はっきり輪郭づけられた社会的背景の前で演じられるからである。けだしそうしたことは進歩的な他の批評家たちにも秘匿されていたわけではない。ルカーチの思考において、芸術的資質に対する彼の感受性《センス》に対しまたしても勝利を博したのは、彼の目の教条的な節穴ぶりであった。

内面でのこんな葛藤（文芸学者ボリ・イムレ(3)が問う。〝居たのか、二人のルカーチが？〟と）が責めを負ったのは、ひとり矛盾に満ちた彼の姿勢にだけではない。それどころか、ひょっとするとこう言ってもいいところであった。すなわち、ハンガリー社会とその知識人たちの意識状態の事実上の結果こそが、彼の矛盾撞着なのだ、と。何故なら、一面では、政治的社会的な大変革、古き反動国家の没落——そして勿論ファシズムからの解放も——こうしたことどもに積極的に心を一にして反応することこそが一国の精神的エリートたる所以だというのが、まともな期待であったから。が他面では、——勝利を博した赤軍により遂行された——この解放は、教養ある階層も含めた人口の大部分にとり、先ず一旦は衝撃《ショック》であった。破壊、掠奪、強姦もこの解放の一部ではある。同じように共産党《カーペー》の、そのあと忽ち始まる不釣合なまでの権力拡大、多かれ少なかれ信用ガタ墜ちの作家たちを狩り立てることども。歓ぶ謂われがあったのは、個人的にはそれゆえたとい苦境に立とうとも、その日その日を超えて思いを馳せる能にだけは恵まれたただ崇高な精神の持主だけであった。

疑うまでもなく、かかる人々が居たということ、程なくそれもごらんいただくこととなろう。だが文化的な場景の全体像が左右されたのは、むしろそれ以外の人々による。一方には義理がたい党詩人とか懸命な日和見主義者《オポチュニスト》がいて、新たな世界を歓喜の歌《ホサナ》で迎えたかと思えば、他方には筆一本の者どもがいて、この連中は素朴にもっと書きたいというだけ、自分たちの筆にしたものが、政治的にどれほど関わりがあったのか、そんなことはどうでもよかった。社会的政治的大変動の歴史的意義を彼らが見てとっていたことは恐らくないのだ。だから、そこから彼らが見てとったものも、これまた無条件に頷かせるものではなかった。一度としてユダヤ人作家すべてが、新時代をとりわけても感激を以て歓迎するといったことはなかった。この新しい時代こそが彼らの生命《いのち》を文字通り救ったのに。思慮分別がある人間で、人生が百八十度ひっくり返ったあとも、以前通りに続けていいければそれでいいとするような奴は居るまいと指導的な某政治家が宣《のたま》うたのに対し、こうお答えしたのは、ヴァシュ・イシュトヴァーン。(4) ユダヤ系の抒情詩人であった。「私共は、自分で始めましたこと以外の何かしらを先へとすすめますことに、理由も歓びも持ち合わせませぬ点で、思いを同じくいたしております」と。この詩人が仲間とたずさえ前へとすすめようと欲した道は、バビッチとコストラーニィこそが彼らに教示した筈であった純粋詩の道なのである。

これに関してルカーチが確認したのは、ファシズムや第二次世界大戦の破局《アポカリプス》が、これら作家たちには明らかに何の痕跡も残さぬまま見過されたとしていいということである。曰く、「ブダペストが砲烟弾雨にたとい粉微塵《みじん》となったとしても、しかし象牙の塔はその古き在処《ありか》にかすり傷ひとつ負うことなく屹立している。」

ルカーチの期待は過剰だったのであろうか？ ——そしてヴァシュの応答は筋の通ったものだろうか。原則としてルカーチは、いずれにせよ、正しかった。何故なら、バビッチの信奉者らが、歴史的政治的関連に気づいて、そんなことから結論を引き出すのを拒むこと、とりわけてもまたアディの一触即発の遺産を中立化しようと努めたりすることこそは、『西方《ニュガット》』の刻印を帯びたハンガリーの文学エリートたちが自明とするところの全く以て徴候だからである。ならばこんな浮世ばなれを拒むために、わざわざ正統共産主義者になどならなくてもよかったことになろう。ネーメトと雖も『芸術のための芸術《ラール・プール・ラール》』の信条は、小っぽけな民族の文学にとっては、まさに生命《いのち》とりだと思ったわけで、するとバビッチですら生涯最後に、人はその生きる時代から遁れえなくともやむをえぬと悟っていたことになる。

純粋詩の帰依者たちは、しかし、彼らの師匠の晩年の洞察を見落していた。そして文学の純然たる仕事場《アトリエ》的見地に公々然と賛成してしまったのは、ルカーチが彼らを咎めだてしたごとくであった。彼らは一九四六年夏、『新しい月《ウーイホルド》』なる雑誌を創刊した。第一号の巻頭を飾ったのは、編集者の綱領的論説であった。その論題「バビッチに向けて」は、バビッチが一つの画期的な現象であって、この人の死後、その影から歩み出すことが全く以てむずかしいとせざるをえないことを暗示したのであった。この仁は、それこそ〝まるまる一つの世代を息つく暇もなくした〟と言っていい、と。であればこそその追随者は模倣者《エピゴーネン》たることを運命づけられるほかないわけである。ルカーチは、むろんのこと、固執したわけではない。「模倣者根性礼讃《エピゴーネントゥム》」と荘重に彼が呼びかけた件《くだん》の論説に答えて、次の点を非難することに。すなわちそれが「いけ図々しくもありとあらゆる文学的関連を洗いざらい調べ上げ、せいぜいゲーテやプーシキン[5]にあってのみ誇張とは多分なるまいほどの完全性や普遍性をバビッチに保証してしまう」点をだ。真の普遍性が万が一にも成就するのは、自己中心極《きわ》まりない詩人の体験さえもが一国という大問題に深く浸透されていてもいいところ、「個人的極まる体験すらもがこの問題を世界観的にして詩的な高みへと引き上げる」ところにおいてのみなのである。バビッチではなく、アディこそが、里程標であっていいのだ。而してアディの歿後の時代においてさえ、至純の普遍性を証されてもいい詩人たち、つまりはヨージェフ・アッティラ(6)とかイエーシュ・ジュラが居ても差し支えなかった。〃バビッチの自虐的な唯我論〃が、ヨナの詩の解決不可能という難問の中へと、真の普遍性の中へと流れ込んでいったのは、ただその生涯の最期におけることでしかなかったのである。

　全く以て正当なルカーチの要請や勧告の数々が悩みの種としたのは、それらが作家たちに宛てられるより、本当は書評とか文芸学を当てにしたものでなければならなかったのにということである。結局のところ、世界観を唐突に切り替えたりすることは、作家たちから何ら期待しえなかった。だから彼らに対しては、そもそも〃規範として〃臨みたいと期待するそのことにより彼らからただ反感を呼び起こしえただけのことであった。ここに示されたのは、ハンガリー人の精神生活におけるまたぞろ文学の独占的地位、ネーメトの命名にかかる「文人魂の蔓延」なる祟《たた》りである。すなわち、世界観的、哲学的、精神科学的諸問題が、純イデオロギー的にとは言わぬまでも、とりわけて字義に拘泥《こだわ》る諸局面の下に話題とされ、その際しばしば誤って格付けされたり、見当外れに取り上げられたりしたわけである。(7)（「ヘーゲルはね、駄目な著者だよ。」嘗てこう言ったのは、伝説的な『西方《ニユガット》』編集者オシュヴァートであった。偶然喫茶店でルカーチと出会って、哲人の身辺にヘーゲル本を一冊目にしたときのことである。）たくさんの概念紛糾があった。互いに話が嚙み合わなかった。であればこそ、『西方《ニユガット》』の悪しき遺産として杓子定規と没論理への跪拝を嘆くルカーチの繰り言が繰り返し耳に届くのであった。自《みず》から省みて生涯に亘りドイツ観念論の免許皆伝でありつづけたこの人は、肝を潰していたのだ。討論への寄稿「ばらばらにか、それとも相共にか」（一九四七）において、彼がこれに加えて引用したのは、コロジュヴァーリ・グランピエールのぶっきら棒な次のような言葉であった。曰く「いずれの意見も主体に根ざすんだから同格であっていいなどという理論的命題《テーゼ》はね、相も変らず破滅的な幼稚ぶりがわが国では道連れだということなのさ」と。

ルカーチは挑発的なその断言によって議論を捲きおこすことに成功しなかった。全体として当時彼の論拠は、それがたといどんなにしっかりしたものかも知れなかろうと、格別説得的には響かなかったのである。エスカレートしゆく冷戦と国内政治への共産主義者どもの血腥い浸透のただ中にあって、それら論拠に許されていたのは、耳に快いものではなかった。〝新たな、いっそう価値たかき人間の振舞〟への希望に胸躍る期待は、ルカーチによれば、今やハンガリーにおいて生じつつあっていいものだけれども、それはただほんの僅かな者だけの分かちもつところであった。何故ならばプロレタリア、乃至そう名ざされた者どもの独裁がその影を既に歴然と投げかけていたからである。

それは不吉な情況であった。そこでは、世界観的テーマ、いやそれどころか政治的テーマについてすら、偏見に捉われぬ説明が、もはや可能ではなかったのである。最後の最後まで誠実に国内政治の偏見なき建設的な棚卸しを遂行しようと試みた一人は、政治学者ビボー・イシュトヴァーン(8)(一九一一―一九七九)であった。一九四五年から一九四八年の間に包括的な論攷数篇をものしたが、そこではハンガリーや中・東欧全域の社会的諸関係の史的根源が深い学殖と高度の感性を以て分析されている。ビボーが断然擁護した論題《テーゼ》は、一九四五年に始まる大転換の意義がいかに高く評価されようと十二分だということはあり得まいというものであった。つまりは四百年来存続してきた宿命的な社会上政治上の牢固ぶりは、その〔大転換の〕おかげでこそハンガリーでその終焉を目にし、民主的発展が軌道に乗せられたとしていいというものである。

戦後最初の己が論攷としてこの人は一九四五年晩夏、「ハンガリー民主々義の危機」の筆を執ったが、この危機をハンガリー社会における政治的分極化といやます不安との成れの果てと見積もっている。一方の者たちが共産主義独裁を恐れれば、とこの人は述べる。もう一方が恐れたのは〔旧体制の〕復活で、かくてこれら両《ふた》つの不安は互いに盛り上げあって、ヒステリーにまでいたる。両者とも何の根拠もあるまいに。であればこそ政治的中間勢力が本当は拡大強化されなければならぬのではあるまいか。けれども、それゆえ、共産主義的に指導された警察の干渉もまた有害無益にならぬとも限るまい。つまりしょっちゅう新たな謀議の数々が絶え間なく摘発されて、それが保守派の側に無分別な不安をかき立てたわけである。共産党《カーペー》は、かかる活動を以て、己が敵を淘汰するよりも、むしろ増殖させているところなんだが。

文化・情報問題担当の共産党中央委常任政治局員レーヴァイ・イシュトヴァーン(9)がビボーの論文の目前に迫った刊行につき聞かされたとき、直ちにこの男は干渉した。公表を警察の手で取り締まろうとしたのだ。当該新聞のリベラルな編集者は、しかし、その結果、己が辞職を以て脅かした。するとそのことにより惹き起こされるところであったスキャンダルが、共産党《カーペー》にとり頗る悲痛な結果をもたらすことにまさかなろうとは。何時間にもわたる空しい討議の末、レーヴァイは、自分の近所に居を構えるルカーチを話し合いに割り込ませて、仲介してくれるように頼みこんだ。件《くだん》の論攷についてのルカーチの判断は、レーヴァイのそれとそっくり同じであった（ビボー氏は民主々義を「右から」批判してよしとしている、というものだ）。しかしながらルカーチが（まるで賢きラビ[10]のごとく）薦《すす》めたのは、以下の条件でそれに陽の目を見させることであった。すなわち、引きつづき公開討論において共産党《カーペー》が党の立場を説明できるようにするという条件でだ。それは事実上ソロモンの審判[11]であった。一箇の民主々義者という己が最良の側面からルカーチが証してみせた審判だったのである。そして〔公開〕討論もまた催された。レーヴァイもルカーチも、演壇にビボーと並んで座を占め、五〇〇部刷られたその雑誌論文を〝民主々義に対する脅威〟呼ばわりしようと試みた。ハンガリーにおける歴史的大転換が危険に曝されるのはただ右からのこととしていいと、彼ら〔二人〕は言ったのである。であればこそ本当は、そこで共産党《カーペー》のあらゆる進歩勢力が歩み寄って、ありうべき復古にむしろ先手をとらねばならぬ筈のところなのだ、と。〝我らと共に居ない者は我らに敵対している〟などというのこそ共産党《カーペー》の標語だとしていいと、ビボーがそうしたように、主張するのは、馬鹿げているとして差し支えない、と。しかしそれは全く以て疑問の余地なくスターリン主義の根本原則であった。ごった煮《グーラシュ》共産主義の父カーダール・ヤーノシュ(12)が一九六二年、全く故意にひっくり返したスローガン――〝我らに敵対しない者は我らと共にある〟――を言ってのけたとき、そのことで正に疑問の余地なくビボーの見解の正しさは確認されたのである。

ビボーとの論争で、のちの文化独裁者レーヴァイと全く同意見という立場をルカーチがとったことで、再び彼は単なる共産主義者であったに過ぎなくなる。同時に彼は、ハンガリーの市民《ブルジョワ》作家たちが、民主々義ならびに歴史的大転換に対し無関心であることを非難しただけれども、左派自由主義のビボーをも拒んだのであった。けだし他の何びととも較べらるべくもなく民主々義への旋回の意義を評価し、たかく買っていたビボーをである。

その見地を以て本来ビボーは、本当はルカーチの仲間とか盟友たり得たところだったのだ。ところがその頃ルカーチが語ったのは、プロレタリアの独裁についてではなく、ただ民主々義のことだけでしかない。彼が招霊したのは、国民史の庶民的革命的伝統のみであって、それをしたのも、彼のもとで意味しているように、ハンガリー民族のため、これらの伝統により指し示された道を〝将来の文明化された民主的世界〟へと(従って共産主義へとではない)地均《なら》ししてやろうとするためである。自身について個人的に彼が一九四四年、なおモスクワに身を置いたまま、強調したのは、年老いたる共産党員たる彼がその文学批判・イデオロギー批判の論考においては、一度として社会主義的共産主義的諸原理をハンガリーの民主々義作家たちから要求したり、期待したりしたことはなかったとしていいという話であった。それはその通りかも知れない。が、他方で彼は、妥協を拒み、政治的論敵どもの一掃を迫ったのである。ビボー論争からまるまる二年も経たないうちに今一度彼は政治学者と四つに組んだ。すなわち、強化さるべきであるのは、中間勢力ではない、と彼の対抗綱領にはある。むしろ反動的指導層こそが本来は決定的な諸勢力の市場《メッセ》において〝民主的な勢力により抹殺され〟なければならないところなのだと。

自由と共産主義の間に一つの結びつきを見出そうとする彼の格闘は、成程私達の共感を目覚ませるが、しかしこれら原理の納得のいく総合《ジュンテーゼ》、彼の精神のありようにおける経験的＝歴史的に基礎づけられる諸矛盾を理論的にはっきり解決することにはどうやら成功しなかった。彼の人生の基本的な逆説は存続しつづけたわけである。

独裁政治の出だしに当り、自分が公生活から大幅に却けられた後、ルカーチは今一度センセーションを捲き起こした。問題となったのは、一九五五年におけるマダーチ・イムレ(13)（一八二三—一八六四）の劇詩『人間の悲劇《アズ・エンベル・トラゲーディアーヤ》』の上演禁止である。これは国立劇場での公演予定となっていたものなのだ。人類史の意義問題を西欧史の代表的な諸場面で例証しようとしたこの哲学的志向を有する劇作品において、社会主義——少なくとも一九世紀中葉に議論されたユートピア主義的なそれの変種《ヴァリアント》——は首尾よくはいかない。夢幻的な「〔フーリエ流〕社会主義共同生活の場《ファランステール》」で描かれるのは、魂の抜けた超合理主義的な社会組織としての社会主義であるが、そこでは、ミケランジェロ(14)のような者には、大量の椅子の脚といったものを製作する課題がわりあてられるのである。

『人間の悲劇』はハンガリーでは伝統的に重要な哲学的命題を伴う国民文学の大作とされている。二・三の批評家は、最初からその作品に対し作劇上、また内容上、重大な疑義を表明していたのだけれども。若き日のルカーチもあまたたびその作品への基本的な批判を行なった。一九〇九年に彼はこう筆にしたものである。すなわち『〔人間の〕悲劇』は、何ら純粋演劇でなくてもいい。むしろ一つの〝対話的教訓詩〟、つまりあまりに多くの普遍性を抱え込んで、その明々白々たるメッセージが、上演の筋により、出しぬけに且つ力づくでシャッポにされればそれでいい、と。国民の価値一覧表における件《くだん》の戯曲のランクにだけは難癖のつけられることが殆どなかったのは、他の批評家どもによる異論の数々におけると同様である。世論にとっては、それは依然として国民の偉大な精神的成果の一つだったのである。が、国民的伝統と面倒なことにならぬよう、それこそ苦心惨憺していた共産主義者どもにとっては、この戯曲が描き出したのは、胡散くさい場面であるゆえに、殆ど解決すべくもない政治的な一問題であった。一九四九年に樹立された独裁政は、夥しいその他の諸問題と同様、彼らなりの仕方でこれを解決した。すなわち強権を以てだ。この一篇は厳しくタブー化されたのである。[15]

スターリンの死と非スターリン化の導入の後、幾年にわたり黙殺されていたその作品は、再び上演されて大成功を収めた。しかしその後一年も経つと、ハンガリーの独裁者ラーコシが、[16] 一九五三年に失った権力を再び手中にして、非スターリン化にストップをかけた後、上演が新たに禁止された。この措置は、今や『〔人間の〕悲劇』の大いなる名声のゆえに、政治的に微妙な一歩であった。それゆえにこそラーコシは知的な背面掩護を必要とした。この男のカムバックは、党御用作家たちのそれも含めた既に始まっていた文壇情景《シーン》の醱酵をもはや後戻りさせることが出来なかった。奴《やっこ》さんは、反抗的になった作家たちと相対して、それ相応の同盟者らを択りどころにしなくてはならなくなった。そこで男は、他の点では自分から全然評価されなかったルカーチのことが念頭を過《よ》ぎった。奴は知っていたのだ。一九四九年に己れ自身の手で馘《くび》にされたこの党友がマダーチ作品のファンなどでは全くないことを。だからこの同志から掩護射撃を期待することも出来たことを。

そうして独裁者はそれをかち得もした。

ルカーチは党機関紙に長文の論説を草し、『〔人間の〕悲劇』の否定的評価を詳細に基礎づけたのであった。彼の論説は、むろんのこと、註文により筆にした、卑屈で密告的な攻撃といった印象を与えるところはどこにもない。文体とか論証の手つきは彼のライフワークにすっぽりはまり込んでいる。彼がマダーチに咎め立てをするのは、その大衆蔑視と歴史哲学的なペシミズム――『〔人間の〕悲劇』の一貫したモティーフ――なのだ。更に彼はこう非を鳴らした。すなわちマダーチは単純にも一つの〝詩的且つ世界観的な死の跳躍《サルト・モルターレ》〟を以てその『〔人間の〕悲劇』の解決不能の矛盾撞着を跳び超えてしまうのも意に介さず、深い悲観主義《ペシミズム》を湛える作品を理由《いわれ》なき希望に満ちた結果《フィナーレ》を以て梟《けり》にしてよしとしている、と。結論は、その愛国主義が「彼固有の思想家としての悲劇」を惹き起こさざるをえなかった、というものである。

このような反論は、疑いもなく、実感としてはわかる。しかしながらこの新聞論説は、勇み足であった。少なくとも戦略的に。つまりルカーチはこれで以て彼自身の名声を台なしにしてしまったのである。しかもスターリニズムが既に歴然と気息奄々になって、楯つくことの危険が、なお一九五三年以前とくらべ、半減していた時になってだ。かりにルカーチがラーコシの懇願をはねつけていたとするならば、その彼を国民は心から愛《いと》おしんだことであろうに。しかし彼の最も忠実な弟子にして助手エウルシ・イシュトヴァーン(17)が、この利敵行為のことで釈明を求めたとき、彼はこう答えたのであった。「どうして僕がラーコシと、僕があいつと同意見である、よりにもよって唯一の問題で争わなければならないのかね ?」と。

国民的英雄《ヒーロー》たらんと別に欲してなどいなかったにせよ、独裁(もっと精確には個人的にも毛嫌いされた独裁者)をむこうにまわしての自由とか民主々義といった事柄で彼が勇気と首尾一貫ぶりを示すことは、一つの姿勢、ルカーチがこれを以て己が理念に、事実上それが保持した以上の公けの反響をきっと確保したところであろうそのような姿勢でも本当はあったろうに。

私達はこう自問しなくてはならぬ。さても彼はモスクワでの年月に、あまりに畏縮させられ、凡ゆる犠牲を払っても生き延びるよう調教されたため、僭主《タイラント》が彼に頼みこんだとき、彼は忽ち屈したのだろうか。それとも私達は心理学的にもっと深くほじくり出して、彼の青春時代の問題、つまり作品と人生の敵対関係の問題にまで掘り下げなければならぬのだろうか。精神的な人間の〝万やむをえぬ〟軽佻浮薄とか反世間ぶりについての初期の頃の見方にまで?『精神の貧困』における彼の分身《アルテル・エゴー》は、〝普通の生活の道徳〟から身を振りほどこうとする己が懸命ぶりを語ってはいなかったか？……正にこの人生こそが〝たった一語に極まる〟ゆえにか？〝千々に乱れる思いを経てのみ統一的な現実《リアリティ》へと辿りついた〟人生ゆえにか？

それでは、ルカーチの確信によれば、彼の〝形而上学的我《イッヒ》〟の純粋性は、彼の普通の局部的我《イッヒ》の諸々の罪にけがされなかったのだろうか。正に〝彼の自己非同一性《ニヒトイデンティテート》[18]こそが、彼には本質的〟であったがゆえにであろうか？ ウテ・クルーゼ・フィッシャーが彼女の刮目に価する書『食いつくされた浪曼主義《フェアツェーアテ・ロマンティク》』[19]（一九九一）に先頃証《あか》してみせたように。問題は未解決である。

結局のところルカーチは、その二正面作戦《ツヴァイフロンテンクリーク》に両々いずれの側面でも敗れ去った。誰ひとり彼の〝大いなるリアリズム〟を欲しはしなかった。審美主義者も、マルクス主義者も。審美主義者にとって彼は、凡ゆる近代性に対して自己を鎖した教条主義的共産主義者、つまりは純然たる〝恐竜〟であった。それで〔共産〕党にとってはというと、これはこれなりに、ブルジョワ的古典派作家たちをたかく評価することにおいて行き過ぎとなった。それこそどっちつかずと評される己が政治的立場のおかげで、自分が得《とく》になったわけではなかったのだ。民主々義を促進する急進共産主義者――こう彼は自分のことを逝去寸前の回顧的インタヴューで性格づけた――にとり、わが〔二〇〕世紀の政治的現実には居場所がなかった。況んや東欧では全く以て。

一九四九年に幕を切っておとした粛正裁判と殆ど時を同じくして、彼に対しても総攻撃[20]が始まった。党の理論誌に、彼のイデオロギー的錯誤についての浩瀚な論説があらわれた。彼の主たる罪状の一つは、古典的ブルジョワ文学の肩をまさに彼がもったことであった。社会主義リアリズムや、より新たなソヴィエト的（スターリン的と言おう）文学を犠牲にしてだ。ルカーチは、攻撃に対する反論、一種の自己批判を同じ雑誌で筆にした。そうやった上で、引きつづき凡ゆる公的活動から身をひいたわけである。[21] 影響力大なるハンガリーの哲学者、文芸批評家としての彼の神通力は、まる四年とはつづかなかった。それを掲げることで大凡は彼が時流に逆らうこととなったその見解は、公共財となるいずれのチャンスにも恵まれなかったのである。

原註——

第一章〔本文三一頁〕

＊これらの問題は、解釈学的にも、知識社会学的にもうまく定式化されている。何故なら伝統の喪失とつながる諸困難こそが問題だからである。伝統＝乃至歴史意識は、解釈学者にとり教養の前提である。「伝承に包まれてあることは、認識の自由を制限することではない。」とH・G・ガダマーは言う。〝むしろその自由を可能にするのだ〟と。そして東欧では過去二百年に、西欧におけるより更に多くの伝統が失われた。前へ前へとすすむ合理主義と受太刀にまわった信仰の伝統との間で交えられる〔比較の対象となる〕西欧における抗争は、長い過去をもっていて、社会の中に徐々に浸透してゆくだけの時間的ゆとりがあった。東欧では、これとは逆に、その抗争は、一九世紀になって初めてその出番となったが、そのあとは迅速で、〝倍々ゲーム〟であった。何故なら同じ時期に組み込まれた産業革命がこの対決を尖鋭化したからである。すなわち産業革命が社会にもたらしたのは、更なる抽象的教育内容であり、新たな、なかんずく省察的な思考法、それも広汎な影響を及ぼす学校制度とか急成長した報道界の威力とかに助けられての、全く以てがっしりしたものだったのである。かくも夥しい近代性の受容——別言すれば、かかる〝文化衝撃〟の処理——は、この地域に相も変らず毒素をまき散らしていた農民的で古めかしい思考パターンを克服など出来ぬものであった。結果は、チャダーエフからネーメトにいたる何人もの東欧知識人たちが、次のように慨嘆したところであった。曰く〝個々の教育内

容のてんでんばらばら、人間の頭の中に習得された知的素材の無機的で寄せ集め式の性格〃と。
〔H・G・ガダマー Gadamer, Hans Georg（1900―）ドイツの哲学者。美学、哲学史、歴史哲学〕

第四章 6〔本文一九二頁〕

＊ドイツ語での初版本（シュトゥットガルト、一九六〇）の書名は『いかにして石は落ちるか』（"Wie der Stein fallt"）DDR〔ドイツ民主共和国、いわゆる東ドイツ〕で、一九八一年に刊行された同じ訳書は『嫌悪』という嫌悪すべき書名を帯びているが、これは一九八七年、叢書『ローボルト世紀』（"Rowohlt Jahrhundert"）に収められた。

＊＊ルカーチの厳しい批評は、〃党詩〃をめぐり一九四五年一二月に行なわれた講演の中にあったものであるが、それの正確な文面は以下の通り。「……何故なら進歩阻害的で、民主々義を敵に回し嗾《けし》かけたりする諸々の精神的潮流は殆どハンガリーにはないからである。そんな潮流の思想的な父乃至祖父がネーメト・ラスローでなければよかったのだが。」この文章が見出されるのは、一九四七年に世に出た『文学と民主々義』（"Irodalom és democracia"）においてだけである。一九七〇年に公刊されたハンガリー語論文集では削除された。――さもなければ変更を加えられることのなかった講演草稿からだ。――

訳註——

序章

（1）ルカーチ・ジェルジ　Lukács György（1885―1971）享年八十六歳。

（2）ベルグラード河岸《ケ》　Belgrad Rakpart ペシュト側のドナウ河岸《かし》で、対岸のブダへと架されたラーンツ〔吊〕橋《ヒード》からエルジェーベット橋《ヒード》を経て自由橋《サバッチャーグヒード》までそれぞれペシュト側起点を結ぶ区間。旧称はフェレンツ・ヨージェフ河岸《ラクパルト》で吊橋《ラーンツヒード》起点の広場《テール》名とともにフランツ・ヨーゼフ帝の影が色濃かった。

（3）フェエシュ・エンドレ　Fejes Endre（1923―　）作家。一九五六年以後輩出した若手ホープの一人。『屑鉄墓場』（一九六二）は当時の話題作。

（4）カフカ　Kafka, Franz（1883―1924）プラハ生まれのユダヤ系ドイツ人作家。

（5）ベケット　Beckett, Samuel（1906―1989）ダブリン生まれの英国・フランスの小説家、劇作家。ジョイスと親しい。「ヌーヴォー・ロマン」の先駆者。

（6）モルナール・フェレンツ　Molnár Ferenc（1878―1953）作家、劇作家、小説家。第二次世界大戦後ハンガリー文学界の大御所。『リリオム』などが有名。社会劇、歴史劇、エッセイも。政治的にも発言。資本主義と社会主義、西欧民主々義とソヴィエト共産主義の綜合としての第三の道を提唱して、ハンガリーの土着農民的状況の近代西欧的原理による脱皮を目ざすべしとする。

（7）ネーメト・ラスロー　Németh László（1901―1975）作家、医師、教師。民衆派。『西方』誌につどう。戦後文壇の大御所。社会劇、歴史劇も。政治的にも発言。

（8）オルテガ　Ortega y Gasset, José（1883―1955）スペインの哲学者。所謂「九八年の世代」の息子の世代。『大衆の反逆』（1930）はじめ警世の書が全欧に衝撃。ルソーが一八世紀に、マルクスが一九世紀に意味したものを二〇世紀に対して意味すると言われた。哲人ジャーナリストとして『傍観者《エル・エスペクタドール》』（個人誌）。また一九二三年創刊の『西方評論《レビスタ・デ・オクシデンテ》』を主催した。スペインの内戦で亡命。大戦後、ドイツ中心に講演行脚、絶大の影響力。

（9）H・D・バール　H. D. Bahr　不詳。

（10）"Goetz von Berlichingen"（1873）は「疾風怒濤《シュトゥルム・ウント・ドラング》」時代の新進作家なるゲーテ（1749―1832）のシェイクスピア風戯曲。他方、"Iphigenie auf Tauris"（1889）ではワイマル公国での政務と自然探究の実績を経て到達した沈静な人間洞察のうちに調和せる人間性の古典的理想像が謳い上げられる。

（11）アデナウアー　Adenauer, Konrad（1876―1967）西ドイツ連邦首相（1949―63）。一九四五年ＣＤＵ（キリスト教民主同盟）を立ち上げ、第二次大戦後の政局を主導。

（12）五パーセント制限条項　Fünfprozent　比例代表制選挙システムに則る議会での議席配分に当り全選挙区で少なくとも五％の票数をかち得た政党のみが顧慮されるとするもの。小党乱立を防ぎ、健全なる多数派の維持を目的とする立法。

（13）リープクネヒト　Liebknecht, Karl（1871―1919）ドイツの政治家。一九一二年ＳＰＤ（ドイツ社会民主党）に加わる。一九一七年スパルタクス団創設に導く。一九一六年には開戦反対の示威により懲役刑の宣告。スパルタクス団の反乱に当り、ローザ・ルクセンブルク（Luxemburg, Rosa 1870―1919）とともに逮捕さる。脱獄を試みるも暗殺。

（14）ゴーデスベルク綱領 Godesberger Programm（1959）SPD（ドイツ社会民主党）が階級政党から国民政党へと転生した、バード・ゴーデスベルク――ボン近郊――での画期的党大会で打ち出された綱領。マルクス主義に忠実なエアフルト綱領（1891）の伝統から袂別した。一九五六年のブダペスト反乱（ハンガリー革命）から三年後の出来事である。

（15）ヘルベルト・ヴェーナー Wehner, Herbert（1906―1990）ドイツの政治家。一九二七―四二年、ドイツ共産党（KPD）で活躍。一九三五―四六年、ソ連およびスウェーデンに亡命。一九四六年から社会民主党（SPD）党員。一九四九年から連邦議会議員となって、一九六六年からは金融問題相。SPDを階級政党から国民政党へと脱皮させるのに主導的役割を果した一人。

第一章

（1）ヘッベル Hebbel, Christian Friedrich（1813―1863）ドイツの劇作家。ヘーゲル流の観念論《イデアリスムス》とリアリズムの間に立って「汎悲劇主義」なる作劇理念を打ち出す。ウィーンはブルク劇場の名女優と結婚してウィーンに定住した晩年一五年間に旺盛な劇作活動。一九世紀リアリズム演劇を完成。近代劇創始者。因みにアントン親方が登場するのは、その戯曲『マリーア・マグダレーネ』（“Maria Magdalene”, 1844）。新参者たちに理解されない仕立屋の老人の溜息でこの一篇はしめくくられる。

(2) トーマス・マン　Mann, Thomas（1875—1955）ノーベル文学賞（1929）。
(3) ドストエフスキー　Dostojewski, Fjodor Michailowitsch（1821—1881）
(4) ミツケーヴィッチ　Mickiewicz, Adam（1798—1855）リトワニア出身のポーランド愛国詩人。ジャーナリスト。独立運動の闘士。プーシキンらと親交。
(5) ウナムーノ　Unamuno y Jugo, Miguel de（1864—1936）スペインの哲学者。サラマンカ大学総長。所謂「九八年の世代」の代表者の一人。実存主義の先駆。『キリスト教の苦悶』等。
(6) ガンジー　Gandhi, Mahatma（1869—1948）
(7) サンゴール　Senghor, Léopold Sédar（1906—2001）セネガルの詩人にして政治家。パリで教授活動。一九六二年よりセネガル共和国大統領。アフリカ魂の語り部とされる。
(8) ダニレフスキー　Danilewski, Nikolai Jakowiewitsch（1822—1885）ロシアのジャーナリスト、自然科学者、歴史哲学者。『ロシアとヨーロッパ』（1869）。
(9) トゥルベツコイ　Trubezkoi, Nikolai Sergewitsch（1890—1938）侯爵。ロシアの言語学者。革命で亡命。近代音韻論樹立に貢献。コーカサス及びフィノ・ウゴル言語学への寄与。ロシア民俗学を開拓。
(10) ファノン　Fanon, Frantz〔Omar〕（1921—1961）マルティニク生まれの西印度の精神医。社会哲学者。アルジェリア解放運動に挺身。ポストコロニアル思想の先駆者。
(11) イワン・イリイッチ　Illich, Iwan D.（1926—）オーストリア出身の米国カトリック神学者。1951—69司教。ラテン・アメリカ協会理事。ジェンダー概念を打ち出し女性学にも強い刺戟。

(12) ツルゲーネフ　Turgenjew, Iwan〔Sergejewitsch〕(1818―1883)

(13)「レダの卵」'Eier der Leda' 人類の命運が決せられるトロイア戦役の物語において、戦争の起因は、トロイア王子パリスに奪われたスパルタ王妃ヘレネーだけれど、この美姫は、白鳥と化した至高神がレダを抱いて生ませたゼウスの胤《たね》にほかならない。抑々の初めの比喩。

(14) トインビー　Toynbee, Arnold Joseph (1889―1975) 英国の文明史家。著名な学者一族。

(15) カトゥルス　Catullus, Gaius Valerius C. (B.C. 87―54) 最重要の古代ローマ詩人の一人。

(16) アドルノ　Adorno, Theodor Wiesengrund (1903―1969) ドイツの社会学者、哲学者。音楽学者。一九三四年アメリカに亡命。一九四九年帰欧してフランクフルト大学教授。フランクフルト学派の象徴的存在の一人。

(17) バビッチ・ミハーイ　Babits Mihály (1883―1941) 詩人、小説家、随筆家、翻訳家。『西方《ニュガット》』誌に創刊時から関わる。一九一八年の民主々義革命でハンガリー・ソヴィエト共和国が出来ると、ブダペストの大学で文学の教授に指名された。が、須臾にして復活した反動体制の中で平和主義的理念を告白。「芸術のための芸術《ラール・プール・ラール》」美学に加担して、ファシズムには距離をおく。文壇に指導的役割。

(18)『西方』　Nyugat　ハンガリーの革新的文芸誌。一九〇八年創刊。世界大戦前、ヨーロッパ先進社会の華だった「カフェ文化」の一頂点をなすブダペストのカフェ「ニューヨーク」に編集部をおく。国民文学の枠を超えた普遍的近代文学の温床となる。

(19) 聖《セント》イシュトヴァーン　Szent Istvan = Istvan I. (970頃―1038, 在位997―1038) パンノニアの故地に

占住（honfoglalás）のマジャル部族連合大首長アールパードÁrpád家、第五代。父ゲーザGezaからキリスト教的国土統一の事業を受け継ぐ、イシュトヴァーン〔＝ステファヌス〕なる名で一〇〇〇年教皇シルヴェステル二世授与の王冠を戴きハンガリー初代国王に。列聖は没後一〇八三年。その際気づかれた遺体より失われた「聖なる右手」の所在をめぐっては変遷があるが、現在ブダペストの聖イシュトヴァーン大聖堂に安置され、八月二〇日の聖王に因む国民の祝日には、この聖遺物を先頭に行列挙行。一九世紀には大ハンガリー民族主義の拠りどころとなり、故地占住《ホンフォグララーシュ》よりの千年を祝う建国記念祭が一八九六年、国王フランツ・ヨーゼフ一世夫妻来臨の下、挙行された。「古きよきハンガリー」のおわりの初まりである。（因みにステファヌスとはキリスト教殉教者の草分け。）

（20）メレジュコフスキー　Mereschkowski, Dimitri Sergewitsch（1865―1941）ウクライナ貴族なるロシアの詩人。女流詩人ヒッピウス　Hippius, Sinalda〔Nikolajewna〕を妻とし、共に『象徴主義』誌を編集。一九〇五年の革命には同調するも、一九一九年にはボリシェヴィキと敵対して、パリに亡命。キリスト教的神秘主義。小説や自伝的作品。

（21）イエーシュ・ジュラ　Illyés Gyula（1902―1983）作家、詩人、劇作家。物語作家。翻訳家。卑賤の出。一九一九年ハンガリー・ソヴィエト共和国で赤軍に入るも、その瓦壊で亡命。パリで詩作開始。一九二六年帰国して文壇の新星になる。バビッチ歿後は『西方』の編集を引き受け、多彩な文筆活動。戦後文壇に重きをなした一人。

（22）シュペングラー　Spengler, Oswald（1880―1936）ドイツの文化哲学者。『西洋の没落』

（“Untergang des Abendlandes”, 1918—22）。
（23）フリードリッヒ・ヘーア　Heer, Friedrich（1916—1988）オーストリアの歴史家、文化批評家、作家。また編集者。
（24）両剣論　Schwertlehre　ローマ教皇ゲラシウス一世（Gelasius I 在位 492—496）が、君府《コンスタンティノポリス》の総主教に対するローマ教皇の首位権を主張する論拠となった思想。地上に存する二つの権威、教皇権《サケルドティウム》と皇帝権《インペリウム》のうち、前者こそが後者に対し絶対の優位があるとした上で、両者補完しあうべきことを、当時のビザンツ皇帝アナスタシウス一世宛て書簡で説いている。
（25）エカチェリーナ二世　Ekaterina II Alekseevna（在位1762—96）
（26）ゴンチャロフ　Gontscharow, Iwan Aleksandowitsch（1812—1891）ロシアの作家。大富豪の息子で官途についたが、ゴーゴリの流れを汲むリアリズム作家に。農奴解放に賛成しつつも漸進主義を以てよしとした。小説『オブローモフ』（“Oblomov”, 1859）は無気力で怠惰な「余計者《リシニエ・リュージ》」の形姿を見事造型、一九世紀ロシアの典型的人間類型の一つとなる。
（27）アラニ・ラースロー　Arany László（1844—1898）詩人。父ヤーノシュ（János 1817—82）も詩壇で名声、『ハムレット』の訳者でもあった。同じく息子も翻訳家。
（28）ゲルツェン　Herzen, Aleksandr Iwanowitsch（1812—1870）ロシアの思想家、作家。モスクワ大学に急進的政治サークルをつくる。首都より追放。一八四七年祖国を去り、西欧派《ザーパドニキ》最左翼の論客として活躍。祖国の革命運動に大きな影響を及ぼす。

（29）レーニン　Lenin, Wladimir Iljitsch（1870—1924）〔本名ウリヤノフ W. I. Uljanov〕

（30）ゴーリキー　Gor'ki, Maxim（1868—1936）ロシアの作家。幼少より下層社会の辛酸を嘗め、マルクス主義的世界観により創作と革命事業を合体させようとする。社会主義リアリズムの草分け。スターリン時代のソ連では殆ど神格化。

（31）チャダーエフ　Tschaadajew, Piotr Jakowlewitsch（1794—1856）ロシアの哲学者にしてジャーナリスト。プーシキンの友。

（32）エーリッヒ・フロム　Fromm, Erich（1900—1980）ドイツの心理分析家。フロイト説を批判。

（33）チチェーリン　Tschitscherin, Boris Nikolajewitsch（1828—1904）ロシアの法曹、歴史家、哲学者。ロシア立憲君主政の自由派の代表者。

（34）ベルジャエフ　Berdjajew, Nikolai Aleksandrowitsch（1874—1948）ロシアの哲学者。一九二二年亡命してパリ在住。精神哲学と正教《オーソドックス》神秘主義との統合を目指す。

（35）「特性のない男たち」'Männer ohne Eigenschaften'　恐らくオーストリアの作家ムジール（Musil, Robert 1880—1942）の『特性のない男』（"Der Mann ohne Eigenschaften"）を暗示。現実社会から供されるいかなる「特性《アイゲンシャフト》」の所有をも拒んで専ら可能性の地平で神秘的な葛藤を現じる主人公たち。

（36）『クリム・サムギンの生涯』"Jizn' Klima Samgina"（1825—1836）全四部の大作でゴーリキー最後の大長篇。トルストイの『戦争と平和《ヴォイナ・イ・ミール》』にも匹敵するスケール。ロシア文学における「余計者《リシニエ・リュージ》」の系譜の黙示録的な総決算。

(37) レールモントフ Lermontow, Michail Jurjewitsch（1814―1841）ロシアの詩人。プーシキンの決闘による死をうたった『詩人の死』Smert' poeta（1837）で一挙に文名をたかめた。天才ぶりはプーシキンの跡を継ぐと見られたが、自身も決闘で落命。第二の故郷コーカサスの自然と人生を詠う。

(38) シュニッツラー Schnitzler, Arthur（1862―1931）オーストリアの作家。元来ユダヤ系の医者。フロイトと交遊。世紀末的頽廃のウィーンに生き、メランコリックな戯曲や小説。ホーフマンスタールと並び称される。わが鷗外が傾倒して訳出も試みた。

(39) ホーフマンスタール Hofmannsthal, Hugo von（1874―1929）オーストリアの詩人。裕福な実業家の御曹子で早熟の天才。シュテファン・ゲオルゲの高踏的詩誌『芸術草紙《ブレッター・フュア・ディ・クンスト》』（一八九二―一九一一）の協力者として出発。「若きウィーン派」。自然主義への反撥として世紀末に生じた印象主義的象徴主義を掲げる新ロマン主義。劇作、小説、エッセイでも新境地。

(40) グリルパルツァー Grillparzer, Franz（1791―1872）オーストリアの劇作家、詩人。長く官界にあり、沈鬱な心情、小市民的ビーダーマイヤー風の世界を描く。

(41) コロジュヴァーリ=グランピエール・エミール Kolozsvári-Grandpierre Emil（1907―1992）小説家、エッセイスト。

(42) アディ・エンドレ Ady Endre（1877―1919）トランシルヴァニア《現ルーマニア》方面出身の詩人。新聞記者。パリに遊学。ボードレール等フランス象徴派への傾倒。急進社会主義思想と伝統打破の新しい表現形式。一九〇八年以後、文芸誌『西方』に関わり、ハンガリー近代文学の確立に大きな足跡。『新詩集』、『血と金』をはじめ、情熱と葛藤を謳う詩章は読書界に旋風。世界大戦勃発後、筆を絶ったまま他界するが、歿後、特異な詩人として国際的にも名声。

(43) マンヘイム・カーロイ　Mannheim Károly（1893―1947）社会学者。一九一九年の反革命後、亡命してハイデルベルクでマックス・ヴェーバーらに師事。カール・マンハイムとして健筆。しかしナチスの抬頭でロンドンに移る。『イデオロギーとユートピア』（1922）等々。知識社会学の礎石を据える。ユネスコでも重鎮に。

(44) デーリ・ティボル　Déry Tibor（1894―1977）小説家。富裕なユダヤ系商人の息子。社会主義に目覚め、一九一九年共産党に加わる。文名も上ったが、五〇年代には個人崇拝の非を暴く。五六年の動乱に加わったため三年間投獄されたが、国際的に注目されている。

(45)「芸術のための芸術」（"L'art pour l'art"）芸術の自律性と非功利性の主張。一九世紀初頭ロマン主義の嵐が去った後、復活した古典主義の精神が、写実派および高踏派の名の下に標榜した主張。前者ではフローベールやゴンクール兄弟。後者ではルコント・ド・リール（Leconte de Lisle 1818―94）やボードレールの詩が代表する。ペイターやオスカー・ワイルドの英国唯美主義との関わりも。

(46) ニェーキ・ラヨシュ　Nyéki Lajos（1927―）文学史家。詩人。国際的に名声たかい大学教授。

(47) カルヴァン派的伝統。一五世紀オスマン・トルコの圧力に抗しつつ、しかし世紀後半、マーチャーシュ大王のもとルネサンスの花を咲かせて中欧最大の強勢を誇った中世ハンガリー王国は、一五二六年、モハーチ Mohács の決戦でオスマン軍に敗れ、やがて国土は三分された。即ち宗教改革の波がここにも打ち寄せたとき、中核地帯はオスマン朝に占領されて、カトリック圏に維持されたのはハプスブルク家支配下の王国西部だけ、残る東部のトランシルヴァニア侯国のみが、王国の伝統を引き継いだ。もとよりここもカトリックが否定されたわけではないが、侯国はプロテスタントを公認し、西欧を逃れてきた新教徒を受け入れたので、一六世紀後半、ここは「新教派の楽園」と称された。殊にスペインの異端的医学者ミゲル・セルベ（Servet, Miguel 1511—1553）の主唱した反三位一体論は、イタリアはシエナの自由思想家ソッツィーニ（Sozzini, Fausto 1539—1604）により一五七八年この地に布教されて、諸国で弾圧されたユニテリアンの急進的風潮が例外的に浸透することとなった。ハンガリーの信教分布が百花繚乱の趣を今日でも呈するのは、その余波であるが、トランシルヴァニアを中核とするカルヴァン派が新教では特に目立つと言っていい。ただしこのような状況に対しカトリック側からの熾烈な捲き返しを成功させた対抗宗教改革者パーズマーニ（Pázmáni, Péter 1570—1637）の名を逸することは出来ない。一六一六年エステルゴムEsztergomの大司教となったこのイエズス会士は、一六三五年には、ナジソンバト（現スロヴァキアのトルナバ）に大学を設立したが、一八世紀にペシュトへと移った同大学こそは、ブダペスト大学の前身なのである。

（48）ヘルマン・バール　Bahr, Hermann（1883—1914）オーストリアの作家、劇作家、批評家。

（49）ブロッホ　Broch, Hermann（1886—1951）オーストリアの詩人、数学者。一九三八年米国に亡命。

（50）クラウス　Kraus, Karl（1874—1936）オーストリアの作家。諷刺家。一八九九年、『狼火《ファッケル》』創刊。因みに『毀《こぼ》たれた文学』の原名は“Die demolierte Literatur”（1897）

第二章

（1）コンスタンティノープルを陥してビザンツ帝国を滅ぼした（一四五三）オスマン・トルコの脅威は、第一回ウィーン包囲（一五二九）の危機となって、これは辛うじて凌ぐものの、一五四一年にはブダもオスマン軍の手に帰して、ハンガリーの中核部はイスラームの鉄鎖に呻吟することとなった。以後、第二次ウィーン包囲（一六八三）の難局を西欧が結束して乗り切るまで約百五十年を閲する。因みにその結着は、一六九九年のカルロヴィッツ Karlowitz 条約。トルコはハンガリー及びトランシルヴァニアの大半を放棄し、オーストリア・ハプスブルク家の領有となる。

（2）マリア・テレジア Maria Theresia（在位1740―1780）

（3）ヨーゼフ二世 Josepf II ハンガリー王、およびベーメン王として在位1780―1790。神聖ローマ皇帝としての在位は1765―1790。

（4）リュカ・カーロイ Lyka Károly（1869―1965）美術史家。芸術大学長。

（5）チュルカ・イシュトヴァーン Csurka István（1934―）文筆家。時局批判的諷刺小説。戯曲。政界にもかかわる。

（6）ジョルト・フォン・ハルシャーニ Zsolt von Harsány（1887―1943）スロヴァキア系の文筆家、編集者、劇作家。『ハンガリアン・ラプソディ』などの軽文学。なおマグドルナ（Magdolna）とはマグダレーナのこと。

（7）「赤頭巾ちゃん」Piroschka = Piroska　不詳

（8）ガールドニィ・ゲーザ　Gárdonyi Géza（1863―1922）教師、新聞記者、著名な小説家。エゲルの旧宅は記念館に。

（9）フローベール　Flaubert, Gustave（1821―1880）『ブーヴァールとペキューシェ』（"Bouvard et Pecuchet"）は一七七二年起稿。未完のまま一七八一年遺作として刊行。

（10）モーパッサン　Maupassant, Guy de（1850―1893）フローベールは母の兄の親友。若くして師事。

（11）ニーチェ　Nietzsche, Friedrich（1844―1900）

（12）スペンサー　Spencer, Hervard（1820―1903）

（13）ギュヨー　Guyau, Marie Jean（1854―1888）フランスの哲学者。著作は多岐にわたる。実証的スピリチュアリスム。生の詩人哲学者。モラリスト。

（14）ベルグソン　Bergson, Henri（1899―1941）

（15）トルストイ　Tolstoi, Lew Nikolajewitsch（1828―1910）

（16）ゾラ　Zola, Emile（1840―1902）

（17）ボードレール　Baudelaire, Charles（1821―1867）

（18）ヴェルレーヌ　Verlaine, Paul Marie（1844―1890）

（19）デーメル　Dehmel, Richard（1863―1920）ドイツの抒情詩人。陶酔的激情は印象主義的、且つ表現主義をも目指す。第一次世界大戦では志願参戦。感激から幻滅へ。

(20) アルノー・ホルツ　Holz, Arno（1863―1929）ドイツの詩人。戯曲・物語作家。自然主義的世界観。独自の詩形式。

(21) リルケ　Rilke, Rainer Maria（1875―1926）プラハ生まれのオーストリアの詩人。

(22) イプセン　Ibsen, Henrik（1828―1906）ノルウェーの詩人。劇作家。

(23) ハウプトマン　Hauptmann, Gerhart（1862―1945）ドイツの劇作家、小説家、批評家。自然主義の戯曲からやがてロマン主義的象徴主義への傾向も。ノーベル文学賞。

(24) アナトール・フランス　France, Anatole（1844―1924）フランスの作家。啓蒙主義の人間主義的伝統を体現。ノーベル文学賞。

(25) ワイルド　Wilde, Oscar（1854―1900）アイルランド（ダブリン）生まれの英国詩人。劇作や批評も。耽美派の主唱者。世紀末文学の代表。「芸術のための芸術《ラール・プール・ラール》」の英国における鼓吹者。

(26) ユーゲントシュティル　Jugendstil　一九〇〇年前後、ドイツの工芸・絵画における一様式。フランスの「アール・ヌーヴォー」のドイツ版。

(27) アツェール＝メーライ　Aczél Tamás（アツェール・タマーシュ）とMéray Tibor（メーライ・ティボル）の連名。いずれも作家、寄稿家で、一九五三年以降、ナジ・イムレ（Nagy Imre 1896―1958）を中心とする反体制知識人の推進役であった。一九五六年蜂起の挫折後、それぞれ英仏に亡命。『文学新聞《イロダルミ・ウーイシャーグ》』の編集に従事。両人の共著は“Die Revolte der Intellekts. Die geistigen Grundlagen der ungarischen Revolution”,（『知識人の反乱。ハンガリー革命の精神的基礎』）。

（28）ディルタイ　Dilthey, Wilhelm（1833—1911）ドイツの哲学者。哲学史的文学史的研究。「生の哲学」。『精神諸科学における歴史的世界の構造』

（29）ジャン・ジョノ　Giono, Jean（1895—1970）フランスの作家。プロヴァンスの自然を背景に異教的世界を描く。第二次大戦では反戦ゆえに下獄。ヴィシー政府を支持したため再び投獄さる。

（30）フロイト　Freud, Sigmund（1856—1939）

（31）ショーペンハウアー　Schopenhauer, Arthur（1788—1860）母親を通じゲーテの知遇。ヘーゲルと張り合うも及ばず。インド哲学の触発。『意志と表象としての世界』。ワグナーや若きニーチェへの感化。

（32）フッサール　Husserl, Edmund（1859—1938）ドイツの哲学者。「現象学《フエノメノロギー》」の開拓。ハイデッガーの実存哲学の或る意味での出発点。

（33）マイノング　Meinong, Alexius, Ritter von Handschuhsheim（1853—1920）オーストリアの哲学者。心理学者。実験心理学の基礎をつくる。

（34）クレッチマー　Kretschmer, Ernst（1888—1964）ドイツの精神科医。神経科医。『体格《ケルバーバウ》と性格《カラクター》』など。

（35）『善悪の彼岸』"Jenseits von Gut und Böse"（1885／86）ニーチェの重要著作。『道徳の系譜』と姉妹篇をなす。

（36）サボー・Cs・ラースロー　Szabó László Cs.（1905—1984）作家。放送関連の仕事で国際的に活躍。

（37）ショー　Shaw, George Bernard（1856—1950）アイルランド生まれの英国作家。英国近代劇の創始者。劇評も。ノーベル文学賞。

(38) ホイットマン　Whitman, Walt (1819―1892) 米国の詩人。『草の葉』

(39) ラフォルグ　Laforgue, Jules (1860―1887) フランスの詩人。頽廃的で仏教的厭世観も。

(40) コストラーニィ〔・デジェー〕　Kosztolányi Dezső (1885―1936)『西方』誌グループに属する卓越した市民《ブルジョワ》派詩人、物語作家。ジャーナリスト。

(41) カーライル　Carlyle, Thomas (1795―1881) スコットランドのエッセイスト。歴史家。哲学者。

(42) クーノー・フィッシャー　Fischer, Kuno (1824―1907) ドイツの哲学者。新カント派。

(43) プラトーン　Platon aus Athen (B.C. 427―347)

(44) アイスキュロス　Aischylos (B.C. 525／4―456)

(45) カトゥルス　Catullus, Gaius Valerius C. (B.C. 87―54頃)

(46) ティブルス　Tibullus, Albius T. (B.C. 19に夭折) プロペルティウスと並ぶラテン悲歌詩人の代表。

(47) プロペルティウス　Propertius, Sextus. P. (B.C. 50―15頃)

(48) ペテーフィ〔・シャーンドル〕　Petőfi Sándor (1823―1849) 詩人。一八四八／四九年のハンガリー革命の指導者。執政。数奇な運命の人。放浪しつつ民謡風の抒情詩・叙事詩で文名を上げる。独立戦争の序曲たる一八四八年三月の市民蜂起では自作の詩を民衆の前で朗読して戦意を昂揚。翌年戦死。国民詩人として偶像的存在。

(49) モンテーニュ　Montaigne, Michel Eyquem du (1533―1592) フランスの文筆家、モラリスト。『随想録《エッセ》』。

(50) マーク・トゥエイン　Twain, Mark（1835—1910）米国の作家。南北戦争期のミシシッピーなど辺境を背景に豁達な悪童物語で国民的作家に。

(51) シラー　Schiller, Friedrich von（1759—1805）

(52) ヘーラクレイトス　Herakleitos（B.C. 500頃）

(53) エレディア　Hérédia, José Maria de H.（1842—1905）キューバ生まれのフランス高踏派詩人。

(54) シュリ＝プリュドム　Sully-Prudhomme, Armand（1839—1907）フランスの詩人。ノーベル文学賞。

(55) リシュパン　Richepin, Jean（1849—1926）フランスの詩人、劇作家。

(56) バイロン　George Gordorn, 6th Baron Byron（1788—1824）英国の詩人、貴族。社交界の花形でありつつ自己嫌悪、国外巡遊。ギリシア独立運動に参加するも、従軍早々病歿。

(57) ゲーテ　Goethe, Johann Wolfgang von（1749—1802）

(58) ユハース・ジュラ　Juhász Gyula（1883—1937）詩人。『西方《ニュガット》』に参画。

(59) テーヌ　Taine, Hippolyte（1828—1893）フランスの哲学者。批評家。独自の実証論と環境論。歴史論。『現代フランスの起源』はフランス革命を断罪、保守主義のバイブルの一つとなる。

(60) ブランデス　Brandes, Georg Morris Cahen（1842—1927）デンマークのユダヤ系思想家。文学史家、批評家、伝記作家。

(61) フレンセン　Frensen, Gustav（1868—1945）ドイツの作家、牧師。ゲルマン的な民族信仰に篤い北ドイツの農民を題材とする。

(62) オヴィディウス　Ovidius, Publius O. Naso（B.C. 43—A.D. 17）

(63) カールマーン・ヨージェフ　Kármán József（1769—1795）作家。啓蒙理念を一貫して鼓吹。

(64) アウグストゥス　Augustus, Imperator Caesar divi filius（初代ローマ皇帝。在位B.C. 27—A.D. 14）

(65) ルイ十四世　Louis XIV, Roi Soleil（在位1643—1715）

(66)『反時代的考察』"Unzeitgemäße Betrachtungen"（1873—76）『悲劇の誕生』（1872）につづく第二作。時評家としてのニーチェの冴え。ワーグナーからの訣別が間近い。

(67) ハトヴァニ・ラヨシュ　Hatvany Lajos（1880—1961）作家、批評家、学究。

(68) フランチェスコ　Francesco da Assisi（1181／2—1226）

(69) イグノトゥシュ　Ignotus〔不識庵?·〕本名Veigelsberg Hugó（1869—1949）進歩的ブルジョワ編集者、作家、批評家。一九一九—四八年亡命。『週間』、『水曜日』の編集を経一九〇八年『西方』創刊。

(70)「ローマ建国以来」'ab urbe condita' 因みに古代ローマの建国とされるのはB.C. 753。一般にハンガリーの建国にまつわり、honfoglalás（故地占住、その発端の日付には諸説があるが、政府公認のそれは八九六年）から国家建設（államalapítás）へといたる草創期は、九—一〇世紀。

第三章　1

(1)「特性のない都市」('Stadt ohne Eigenschaften') ムジールの名作『特性のない男』("Der Mann ohne Eigenschaften") のもじりであろう。

（2）『フィリッピカ』“Philippika” I, II, III　前四世紀、フィリッポス二世率いる北方マケドニアの駸々たる脅威に対し、ポリス世界の国論は分裂するが、結局結束して、やがてカイローネイアの決戦にいたる。この間アテーナイの弁論家デーモステネース（Demosthenes B.C. 384―322）が、市民の覚醒と覚悟を促す諄々且つ烈々たる熱弁を揮った一連の対フィリッポス演説。

（3）キルケゴール　Kierkegaard, Søren（1813―1855）〔正確にはソェーン・キアケゴーア〕。

（4）トーマス・マンもリューベックの豪商の息子で、ルカーチが生を享けた家庭環境と共通の境位がある。

（5）ゴーギャン　Gauguin, Paul（1848―1903）フランスの画家。南海異国情調《エクゾティク》の発見者。

（6）ヘルツェグ・フェレンツ　Herczeg Ferenc（1863―1954）戦間期に喝采を博したユーゴ出身作家。

（7）リポート街　Lipótváros　ドナウ左岸（東岸）なるペシュト街で、北側（川上側）を占める第五区。聖女マルギットに因む川中島《シゲト》の南端を中心にドナウの両岸をわたすマルギット橋《ヒード》の畔《たもと》を北限として、南へむけ吊橋《ラーンツヒード》の畔を経、エルジェーベト橋《ヒード》の畔にむかう区間のペシュト側地区であるが、河面に威容の影漾《ただよ》わす国会議事堂を背後から押し包むような恰好となる。聖イシュトヴァーン大聖堂もこの地区にあり、ほか数々の重要建築物を擁するが、一八世紀には、商工業都市として発展しゆくペシュト都心街《ベルヴァーロシュ》からすれば、ここはその北辺を占める郊外に過ぎなかった。そこがリポート・ヴァーロシュと称されるようになるのは、一七九〇年、折しもハンガリー王として即位したリポート二世（ハプスブルク・オーストリア皇帝としてはレオポルド二世、1747―1792）に因んでの命名なのだ。以後一九世紀は、ナポレオン戦争期の好況によるペシュト商工業の展開と人口流入、一八三〇年代の改革期から一八四八年革命期とその後の沈滞を経て、一八六七年のアウスグライヒ《キエジェゼーシュ》（和協）、更に五年後のブダペスト市の成立となるや、都市としての発展は目を瞠らせるものがあって、特に成長の担い手ユダヤ人の進出は華々しく、リポート街《ヴァーロシュ》はユダヤ人を重要な一翼とする特権層の最高級住宅地区をなすにいたった。

（8）ベンチュール通り《ウッツァ》　Benczúr Utca　一八六七年のハンガリー建国千年祭では祝典関連国家事業の一環としてペシュト中心部に英雄群像広場《ホェーシェク・テレ》（Hösök Tere）なども整備された。リポート街《ヴァーロシュ》の南東角あたりから市民公園《ヴァーロシュリゲット》めざし真直走るアンドラーシ大通りと——市立公園に近づく部分で——一街区おいてその東を併走する裏通り。命名の基礎となったベンチュールは一九世紀後半からの画壇の大御所ベンチュール・ジュラ　Benczúr Gyula（1844—1920）。なおアンドラーシとは和協《アウスグライヒ》成立後のハンガリー初代宰相、やがて二重帝国外相として辣腕を揮うアンドラーシ・ジュラ伯爵（1823-90）のことで、この大通りは、第一次大戦後は人民共和国《ネープケズタールシャシャーグ》大通りが正式名に。（序手ながら、リポート街を背後から押し包むバイチ・ジリンスキー大通りの名に示されるのは、反ナチ闘争に殉じた論客・出版人でこれは更に新しい。）ルカーチ家が居を構えたベンチュール通りを含むそのあたり一帯は、隣接のリポート街につづきテレーズ街《ヴァーロシュ》と呼ばれ、前者がレオポルド二世に因むのに対して、マリア・テレジアに関わる。ここもリポート街に劣らず、新興富裕層の高級邸宅地区に属した。一八九六年―ルカーチは当時一一歳―、建国千年祭が催された折の中扉裏地図には、まだかの広場も特記されず、ドナウ河にもエルジェーベト橋はいまだ影もないが、やがて（1896-1904）架されるこの橋の名が王朝最期の光芒フランツ・

ヨーゼフ帝の艶麗その比を見ぬ后妃エリーザベトのそれであることは、説くまでもない。いたるところこの都の底辺にたゆたうハプスブルクの眩ゆい光《かげ》は当時蔽うべくもなかった。ところでこのベンチュール通りも件《くだん》の地図には「大《ナジ》ヤーノシュ通り《ウッツァ》」なる旧称で示されている。恐らくは、サポヤイ・ヤーノシュ（Szapolyai János, 侯位 1526—40）、並びにヤーノシュ・ジグモンド（János II. Zsigmond, 侯位 1540—71）に関わるが、モハーチュの天下分け目（一五二六）でヤゲウォ家の王を失い国土の大半をトルコ軍に奪われたハンガリーは、対オスマン防衛を西隣のハプスブルクに委ねたまま、偶々参軍に間に合わず無傷だった大貴族サポヤイ家が東部トランシルヴァニア（エルデーイ）にこの父子を擁して、これとてトルコの傀儡政権、東西の谷間での難行歩は、カトリック西欧圏にとり順逆常ならなかった。近代政治胎動期に当っての意味するところ深甚なる一幕であるが、これをしも記憶に刻もうとする点が興趣をそそる。

（9）アルフレッド・ケル　Kerr, Alfred（1867—1948）ドイツの劇評家、作家。

（10）『モヒカン族の最後の者』“The Last of the Mohicans”（1826）米国の作家クーパー（Cooper, James Fenimore 1789—1851）の代表作の一つ。クーパーは海軍々人で、海洋小説に先ず手を染めた。その辺境ロマンスはアメリカ人の郷愁をそそる。西部劇の元祖。モヒカン族はハドソン川上流の北米原住民。

（11）ノルダウ　Nordau, Max（1849—1923）オーストリア＝ハンガリーの作家。ブダペスト生まれ。パリに移住。シオニズムの樹立に貢献。

（12）スウィンバーン　Swinburne, Charles（1837—1909）米国の詩人。貴族の血。ギリシア悲劇風詩劇をはじめエリザベス朝演劇の研究なども。

(13) レクラム叢書 Reclam-Ausgabe ドイツの出版業者アントン・フィリップ・レクラムの手で一八九六年に始まったUniversal-Bibliothek.

(14) マルクス Marx, Karl (1818—1883)

(15) ベネデク・マルセル Benedek Marcell (1885—1969) 唯美主義者。翻訳家。

(16) ハイデッガー Heidegger, Martin (1889—1976) ドイツの哲学者。ヒトラー政権下、フライブルク大学総長。このことが後日大問題となる。実存主義的存在論哲学。

(17) サルトル Sartre, Jean-Paul (1905—1980) フランスの哲学者。作家。実存主義を代表する一人。

(18) ロスタン Rostand, Edmond (1868—1918) フランスの詩人。劇作家。

(19) 『シラノ』"Cyrano de Bergerac" 一八九七年、ポルト・サンマルタン座での公演は空前の大当り。「二〇世紀を打ち拓く新しい芸術」を人々がここに見出したほどであった。

(20) ターリア協会 Thalia Gesellschaft (Thalia Társaság) 一九〇四年に始まるハンガリー版自由劇場運動の母胎をなすもの。ヨーロッパ前衛劇のハンガリー導入に力をつくし、労働者公演さえ組織したが、一九〇八年禁止された。

(21) バーノーツィ・ラースロー Bánóczi László (1884—1945) 演出家。「ターリア協会《タールシャシャーグ》」創立者の一人。演劇界の重鎮。幾多の戯曲をハンガリー語訳。

(22) バーノーツィ・ヨージェフ Bánóczi József 哲学者。

(23) カント Kant, Immanuel（1724―1804）

(24) ベネデク・エレク Benedek Elek（1859―1929）ハンガリー児童文学の草分け。

(25) ペテシュ・イムレ Pethes Imre（1864―1924）俳優。

(26) オスカー・ザウアー Sauer, Oscar（1856―1827）ドイツの俳優。ベルリーン・ドイツ劇場の指導的メンバー。「ライゼ・ヴァールハイト」（'Leise Wahrheit'）の代表者。

(27) エレオノーレ・ドゥーゼ Duse, Eleonore イタリア人の俳優。サラ・ベルナールに比肩する有名な悲劇女優エレオノーラ・ドゥーゼ Duse, Eleonora（1858―1924）も同じ旅回り役者一家の出。

(28) ルカーチの父はセゲド出身の中小企業者で、ルカーチ出生（一八八五）の頃はレーヴィンガー・ヨージェフと呼ばれていた。しかし一八九〇年内務大臣の決定でルカーチの名を受け、一九〇一年にはハプスブルク家により貴族とされ、フォン・ルカーチを名乗る。その間この国有数の「ブダペスト信用銀行」の頭取になっていた。母はウィーンの貴族ヴェルトハイマー家から。第一次大戦前後は、ハンガリー政界の大立者ティサ・イシュトヴァーン（Tisza István 1861―1918）のスポンサーになるほどの名門実業家であり、一九一八年のハンガリー革命でもびくともしない。ただ息子が一九一九年三月、短命ながらクン・ベーラを主班とする共産党ソヴィエト政府の教育人民委員となるに及んでは、さすがに銀行の要職からは退いた。因みにルカーチとは福音書記者ルカのハンガリー語名。

(29) ボェーティ・ジョルト Beöthy Zsolt（1848―1922）文学史家にして著述家。ブダペスト大学教授。ポピュラーな文学史の著者。

（30）『フサディク・サーザド〔二〇世紀〕』"Huszadik Század" 一九〇六―一九一九年に刊行。ハンガリーの指導的社会科学雑誌。投稿者にはヤーシ・オスカール（Jászi Oszkár 1875―1957）や、後年亡命して国外に盛名を馳せる若手のマンヘイム・カーロイはじめ経済人類学者ポラーニ・カーロイ（Polány Károly 1886―1964）などが居た。

第三章 2

（1）マンヘイム・カーロイ Manheim Károly（1893―1947）亡命後カール・マンハイムとして活躍。第一章、註（43）参照。

（2）ハウゼル・アルノルド Hauser Arnold（1892―1978）美術史家。芸術社会学の国際的泰斗。専らアーノルド・ハウザーとして知られる。一八一八／九年の革命ではソヴィエト政権の教育人民委員。ウィーンに亡命。一九三三年ロンドンに移り活躍。

（3）トルナイ・カーロイ Tolnay Károly（1899―1981）ブダペスト生まれの美術史家。ハンブルク大学およびプリンストン大学で教鞭をとる。

（4）ポッペル・レオー Popper Leo（1886―1911）美学徒。『キッチュ論』など。

（5）バラージュ・ベーラ Balázs Béla（1884―1949）マルクス主義詩人、作家。映画美学の草分け。ドイツとオーストリアで映画理論書上梓。

（6）ジンメル Simmel, Georg（1858―1918）ドイツの哲学者、社会学者。

(7) パウル・エルンスト　Ernst, Paul (1866—1933) ドイツの作家。新古典主義の代表者。厳格な形式と絶対的倫理価値を結ぶ道を模索。

(8) ゴルドマン　Goldmann, Lucien (1913—1970) ブクレシュティ（ブカレスト）生まれのフランスの哲学者、文学理論家。

(9) パスカル　Pascal, Blaise (1623—1662) フランスの数学者、哲学者。「真空」実験。ジャンセニスム擁護の論陣。『パンセ』。

(10) ノヴァーリス　Novalis　本名　Friedrich Leopold Frhr, von Hardenberg (1772—1801) ドイツの詩人。製塩技師。初期のロマン派を代表。

(11) カスナー　Kassner, Rudolf (1873—1959) オーストリアの思想家。「観想学」の理念。晩年には「禅」への開眼。

(12) ベーア・ホフマン　Beer-Hofmann, Richard (1866—1945) オーストリアの作家、演出家。ユダヤ教に帰依。一九三八年ニューヨーク移住。シュニッツラーやホーフマンスタールと親交。

(13) シュトルム　Storm, Theodor (1817—1888) ドイツの小説家。北独の暗鬱な風土の物哀しい抒情性。

(14) ブロッホ　Bloch, Ernst (1885—1977) ドイツの哲学者。

(15) ホーニクスハイム　Honigsheim Paul (1885—1963) ドイツの民族学者。

(16) マックス・ヴェーバー　Weber, Max (1864—1924) ドイツの社会科学者。宗教社会学の樹立者。

(17) エッカーマン　Eckermann, Johann Peter (1792—1854) ドイツの詩人。ゲーテ晩年の秘書。『ゲー

テとの対話』(“Gespräche mit Goethe in den letzten Jahren seines Lebens”, 1837―48)。

(18) スターン Sterne, Laurence (1713―1768) 英国の作家、牧師。『トリストラム・シャンディ』(“The Life and Opinions of Tristram Shandy, Gentleman”, 1860―67)。

(19) ユルゲン・フォン・ケンプスキ Kempski Rokoszyn, Jurgen von (1910―) ドイツの法哲学者。

(20) ハイデルベルクの旅行鞄《スーツケース》 Heidelberger Koffer マイヤ・フェルスター (Meyer-Förster, Wilhelm 1862―1934) の戯曲『アルト・ハイデルベルク』(“Alt-Heidelberg”, 1903) より。これは彼の小説『カール・ハインリッヒ』の劇化で、一九〇一年ベルリンで初演され、大評判をとった(日本でもその翌年、松井須磨子らにより公演)。筋はハイデルベルクの大学生としてしばしの青春を謳歌していた仮空の某小公国の王子が、父王の不例により突如帰国させられて、次代の王たるべく気の進まぬ政略結婚も待っている。恋心を寄せた宿のおぼこ娘と別れを惜しむ間もあわただしく、学生帽やリボンを旅行鞄《スーツケース》につめて学都を去った。宮殿での心染まぬ灰色の日々。華燭の典の準備も着々とすすんで、その日を待つばかりの或る日、意を決して王宮を抜け出した王子は、あの旅行鞄《スーツケース》を携えて、わが思い出をたしかめるべく学都へと急行する。帰館の時が迫る土壇場、遂に再会した宿の娘との別離の抱擁を以て哀切極まりない幕となる。平凡ながら、はかなくも美わしい青春讃歌として今なお人口に膾炙する。ルカーチの潔《いさぎよ》さの背後にそうした甘美な感傷がひそめられていたのであろうか。

(21) 『トーニオ・クレーガー』(“Tonio Kröger”, 1903) トーマス・マンの代表的短篇。

(22) 『大公殿下』(“Königliche Hoheit”, 1909) トーマス・マンの初期の長篇。

（23）ルベク問題　Rubek-Problem　イブセン最晩年の絶筆『我ら死者の目ざめるとき』（"Nár vi døde vagner", 1899）は、主人公ルベク教授が己が人生の失敗とその業績への疑念を告白する筋書きとなっている。イブセンの場合における芸術家の到達点がそこでの問題となる。

（24）ザイドレル・イルマ　Seidler Irma　次節『精神の貧困について』本文を参照。

（25）ボルトシュティーベル・ゲルトルード　Bortstieber Gertrud

第三章　3

（1）ザイドレル・イルマ　（補）第三章第二節、註（24）参照。ハンガリー共産党創始者の一人ザイドレル・エルネー（Seidler Ernö）はその弟。また経済人類学者ポラーニィ・カーロイ（Polányi Károly 1886—1964）とは従姉弟の関係になる。

（2）レギーネ・オルセンとの理由不明の婚約解消が哲人キルケゴールの諸作品の主要なテーマへの伏線乃至契機となる。

（3）『ミダース王の伝説』（"Midás Király legendája"）ミダースは、小アジアのプリュギアPhrygia王。キュベレーKybele女神の子とされるゴルディアースGordiasの王子。プリュギア王朝第二代目に当る。手に触れるもの悉くが黄金になる話と、倨傲が神の怒りに触れてロバの耳をつけられてしまう話とで人口に膾炙する。オヴィディウス（Ovidius, B.C. 43—A.D. 17）の『転身物語《メタモルフォーセス》』に面白く劇化された。

（4）ムイシュキン侯爵（Knyaz' Myshkin）ドストエフスキーの『白痴《イディオット》』（"Idiot"）の主人公。

(5) ゴンクール兄弟。兄はGoncourt, Edmond de (1822—96)、弟はGoncourt, Jules de (1830—70) 自然主義文学の一頂点をなすが、概ね合作。弟の死後、その遺言によって「アカデミー・ゴンクール」を設立(一九〇二年正式発足)。

(6) ロレンス・スターン Sterne, Laurence (1713-68) 英国の作家。もと牧師。代表作『トリストラム・シャンディ』全九巻。ロックの観念連合説にヒント。ラブレーの影響も。ジョイスやV・ウルフら「意識の流れ」派の源流か。

(7) イプセンの『我ら死者の目ざめるとき』の登場人物。第三章第二節、註(23)を参照のこと。

第三章 4

(1) 人格を自己目的としてその尊厳を強調するカントに対し、ヘーゲルでは、絶対無限の神に等しい理性こそが一切に優先し、理性の現実態たる国家が世界史の主題である。人間はその世界史の手段と化すのだ。かかるヘーゲルに入ってヘーゲルを出た者に、片やキルケゴールがあり、片やマルクスがある。マルクスの場合は、理性の自己運動の論理であったヘーゲルの弁証法が、物象の自己運動の論理へと転換し、思惟に対する存在の優越が確定する。因みにヘーゲルはHegel, Georg Wilhelm Friedrich (1770—1831)。

(2) ジョゼフ・ガベル Gabel, Joséph (1912—?) ハンガリー系フランス精神科医、ミンコフスキー(一八八五—一九七二)に師事。のちマルクス主義社会学へ。『虚偽意識—物象化試論』(一九六二)。

（3）ビンスワンガー　Binswanger, Ludwig（1881―1966）スイスの精神科医。
（4）J・ヴィルシュ　Wyrsch, Joseph（1892―）スイスの精神分析医。
（5）愛餐《コムニオ》　Communio　父と子と聖霊という三つのペルソナでありながら唯一なる神のうちに「すべての人が一つになる」こと。そのための聖餐式《ミサ》における聖体拝領を指す。
（6）『チャンドス卿の手紙』（"Der Brief des Lord Chandos", 1902）ホーフマンスタール（Hofmannsthal, Hugo von 1874―1929）の書簡体エッセイ。二〇世紀ドイツ文学の出発点の一つともされる。はじめ神秘的恍惚の中に信ぜられていた存在の統一が、今や完全に失われているという現実と言語への深刻な認識。「文学の不能を語る文学」という逆説であって、現実との調和を失い、無秩序の世界に耐えねばならぬ二〇世紀の苦悩がそこに垣間見られる。

第四章　1

（1）ヨーブ・ダーニエル　Jób Dániel（1880―1955）演出家、舞台監督、作家。
（2）アンドレ・ヘラー　Heller, André〔Franz Ⅱ〕一九世紀の多元的芸術家、芸能人、シャンソン歌手。
（3）「のらくら者的」（'Kakanisch'＝'kaiserlich-königlich'）没落しゆくハプスブルク二重帝国を愛惜と軽蔑をこめて評する形容。そんな形容詞を冠せられた生活感情《レーベンスゲフュール》とは、つまり「唐様で書く三代目」の生きざま。皮肉をこめて揶揄したものか。
（4）ヴィルヘルム・ドロステ　Droste, Wilhelm『ブダペスト』（"Budapest"）Hamburg 1988

（5）『アンドル』（"Andor"）

（6）『バラージュ・ベーラと奴は真平御免の人たち』（"Balázs Béla és akiknek nem kell"）

（7）独裁時代　diktatorische Zeit　第一次世界大戦末期、一九一八年一〇月に民主々義革命が起きて、翌一九一九年三月にはハンガリー・ソヴィエト共和国《タナーチ・ケズタールシャシャーグ》が誕生するが、僅か四ヶ月余で崩壊し、復活した（国王なき）王国で、摂政ホルティ（Holthy Miklós 1868—1957）、並びに僚友ベトレン（Bethlen István 1874—1947）が一九四〇年にいたるまで権威主義的反動体制を維持した。一九三〇年代には、世界恐慌での経済的難局を背景にゲンベシュ（Gömbös Gyula 1886—1936）を先頭とする右翼急進派が伸び、全体主義的な親ナチ政策に取って替られることになる。

第四章　2

（1）「ターリア協会」（'Thalia-Gesellschaft', 'Thalia-Társaság'）一九〇四年ルカーチらにより旗上げされたハンガリー版自由劇場運動の拠点。イブセン、ハウプトマン、ストリンドベルイ（Strindberg, Johan August 1849—1912）など当時の前衛劇をハンガリーに導入、労働者公演なども企画したが、一九〇八年禁止処分。

（2）一月、「血の日曜日」（皇帝請願労働大衆への軍隊発砲）。六月、戦艦ポチョムキンの水兵叛乱。八月、ロシア国会設置法。

（3）『バラージュ・ベーラと奴は真平御免の人たち』、第四章第一節、註（6）参照。

(4) シュテファン・ゲオルゲ　George, Stefan（1868—1933）ドイツの詩人。マラルメ（Mallarmé, Stephane 1842—1898）の知遇を得て、フランス象徴主義の影響を受ける。ナチスを避け、スイスに亡命。詩誌『芸術草紙』（"Blätter für die Kunst"）を中心にゲオルゲ派なるサークルが出来る。訳業も多い。

(5) リリエンクローン　Liliencron, Detler von（1844—1909）ドイツの詩人。プロイセンの軍人として戦争を体験。貴族的な尚武の精神と享楽的な趣好。

(6) ヴェルフェル　Werfel, Franz（1890—1945）オーストリアの抒情詩人、物語作家、劇作家。プラハ生まれでユダヤ系の出自。ナチス政権成立でフランスに遁れる。

(7) ヨナ　Jona　旧約聖書の十二小預言者の一人。

(8) ニネヴェ　Ninive　ティグリス河畔のアッシリアの大邑。ヤハヴェの命で異邦の町ニネヴェに預言者ヨナJonaが悔いあらためを説きに赴く物語が『ヨナ書』だけれども、初め神命に逆らいタルシシに逃れようとするヨナが、却て海中に大魚の呑むところとなるなど転変を経て、結局ニネヴェに悔悛を実現させる話をユーモラスに展開。ヤハヴェ信仰の民族的偏狭を難ずる趣も秘める。前四世紀頃の成立になる。

(9) 最初期の国王たち　カルパティア盆地に移住して故地占住《ホンフォグララーシュ》したマジャル部族連合を率いる大首長アールパードÁrpád（?—907頃）に初まるアールパード朝の諸王たち。その支配は一三〇一年にまで及ぶが、男系相続者断絶の後、女系を辿って国外から迎えたナポリのアンジュー家出身カーロイ・ローベルト（Károly Róbert, 在位1308—1342）もそこにつけ加えるべきかも知れない。アールパード家の大首長から正式にハンガリー初代国王となったのは、ゲーザの息子バイク（Balyk）で、キリスト教に改宗してイシュトヴァーン（István）を名乗り、紀元一〇〇〇年、ローマ教皇から贈られた王冠を以て戴冠式が挙行された。一〇三八年崩御の後、異教を捨てぬ部族長らの反乱に国内は混乱したが、ラースロー一世（László I, 在位1077—1095）、カールマーン一世（Kálmán I, 在位1095—1116）は秩序を回復した。一三世紀になると、モンゴルの襲来（一二四一／四二）など外患もあるほか地方の大貴族の独立傾向も加わって、ベーラ四世（Béla IV, 在位1235—1270）の懸命の施策にも拘らず、王権は弱体化してゆく。そしてアンドラーシュ三世（András III, 在位1290—1301）の他界とともに男系相続者は絶えるのである。

(10) ハンガリーの一八世紀は、オスマン・トルコ撃退の後、支配権を強めたハプスブルク王家の絶対主義に対し、予《かね》てより不屈の在地農民指導層が愛国義勇軍《クルツ》の統領にラーコーツィ・フェレンツ二世（Rácóczi Ferenc II, 1676—1735）を仰いで展開した反ハプスブルク解放戦争（1703—1711）に始まり、大赦とハンガリー貴族の自治を認めることで乱を収めた政府が以後は懐柔的なドイツ化政策をすすめることにより対オスマン戦争以来胎動していた国民文学も開花せぬまま低調のうちに世紀前半は推移する。だが世紀後半は全欧的に啓蒙の風潮が漲り、ヨーゼフ二世（Joseph II）もマリア・テレジアの共同統治者の時代から、王冠とは国民の幸福のための荆の冠《ドルネンクローネ》という信念の持主であった。母后崩御してこの人の治世となった一七八〇年代、啓蒙的文教政策が大々的にすすめられたのも想像に難くないが、これを多民族文化圏における国民語再生運動と読みかえたハンガリーのブルジョワ知識人たちは、カジンツィ（Kazinczy Ferenc 1759—1831）を先頭に一九世紀前期における標準ハンガリー文語創出の運動へとつなげてゆく。その間一七九〇年代における政府の反動化に対しては、一七九四年に摘発のハンガリー・ジャコバンの底流とつながるなど波乱もあったが、ともあれ言語統一運動を潜在的武器として、当時圧倒的なドイツ浪曼主義の影響も底辺では却ってハンガリー独自のローマン主義展開の培養土として、その温床の上にこの国文化百般にも及ぶ文学的後進性脱却へと夢がふくらんだことになる（cf. Julius Farkas〈1894—1958〉, Die ungarische Romantik, Berlin & Leipzig 1931）。

（11）カールマーン・ヨージェフ（Kármán József 1769—1795）作家。文学活動により啓蒙理念を伸展。

第四章　3

（1）バルザック　Balzac, Honoré de（1799—1850）フランスの作家。『人間喜劇』（"La Comédie humaine"）。

（2）ミクサート・カールマーン　Mikszát Kálmán（1847—1910）物語作家、小説家、ジャーナリスト。もと官界にあり。

（3）一九四六年　第二次大戦でハンガリーは日独伊三国同盟側で戦ったが、一九四五年四月、全土はソ連軍により解放された。民族解放戦線の連合政府の手で抜本的土地改革が遂行され、人民民主々義を目ざして一九四六年一月、共和国が宣言された。ただしいまだ社会主義を意味したわけではない。翌年コミンフォルムが結成されたり、ソ連の対東欧政策が変化して、一九四九年以降、ソ連的政治経済体制が強圧的に移植されるのである。一九五三年のスターリン死去にいたるまでは、殆どラーコシ（Rákosi Mátyás 1892—1971）の個人独裁となる。

（4）ドナウ帝国　Donaumonarchie　一八六七年、アウスグライヒ（和協 kiegyezés）で成立したハプスブルク家のオーストリア・ハンガリー二重帝国。

（5）エンゲルス　Engels, Friedrich（1820—1895）ドイツの政治家、社会主義の理論家。マルクスの盟友、後援者。その影響の具体的内容については不祥ながら、その著書『家族、私有財産と国家の起源』（一八八四）において、ギリシア・ローマの氏族制度や国家の成立についての資料がエンゲルス自身の蒐集にかかることなども想起されていいであろう。

（6）リッケルト　Rickert, Heinrich（1863—1936）ドイツの哲学者。ユダヤ系。新カント派。ヴィンデルバンド（Windelband, Wilhelm 1848—1915）とともにハイデルベルクの西南ドイツ学派の双璧をなす。

（7）クローチェ　Croce, Benedetto（1866—1952）イタリアの哲学者、政治家。ナポリの人。

（8）マサリク　Masaryk, Tomáš Garrigue（1850—1937）チェコの政治家。一九一八年大統領。プラハ大学で哲学を講ず。歴史哲学。『ロシアとヨーロッパ』（"Rusko a Europa"）。

（9）ソロヴィヨフ　Solovjev, Vladimir（1853—1900）ロシアの哲学者、詩人、著述家。

（10）レナ・グラベンコ　Grabenko Lena

（11）ブレヒト　Brecht, Bertolt（1899—1956）ドイツの作家、演出家。

（12）レスナイ・アンナ　Lesznai Anna

(13) コルヴィン・オットー　Korvin Ottó（1894―1919）官僚。ハンガリー共産党（KMP）創立者の一人。内務人民委員長。ハンガリー・ソヴィエト共和国《タナーチ・ケズタールシャシャーグ》の崩壊後、捕縛処刑された。

第四章　4

(1) 一八七〇年代以降　一八四八／四九年の諸民族の抵抗に動揺したハプスブルク帝国では帝国再編構想の模索が始まり、更に一八六六年普墺戦争の敗北は大ドイツ主義の夢を断たれて、むしろ墺洪両民族の共同統治により独・露に対抗し、領内スラヴ系諸民族を抑える和協《アウスグライヒ》（kiegyezés）を一八六七年に成立させた。連邦化を期待したスラヴ族にとっては重大なる裏切りであり、フランツ・ヨーゼフの治世は火種を抱えつづける。

(2) 人口統計　ハンガリー国内のハンガリー人は千万余、うちブダペスト市民は一九九〇年の統計で約二百万。第二章「教養環境としてのブダペスト」の冒頭部分の記述を参照されたし。二〇世紀九〇年間の伸びが著しいことはわかるが、二〇〇四年ヨーロッパ連合への加入のため無理にその基準に合わせようとしてツケが貧民層の重荷となり首都人口は一七〇余万に減ったという。食いつなぎのための地方流出らしいが、総じて都鄙の全国的分布は、人口の六割程が都市住民。また国外には約四五〇万。

(3) コスモポリタンな現代のブダペスト　象徴的な出来事としては、一八九六年ヨーロッパ大陸最初の地下鉄開通のことがある。折しも同年、建国千年祭が祝われ、記念事業の一つという意味があった。経済的好況を背景に自信を得たブダペスト市民階級《ブルジョワ》の新世紀にむけての精神作興である。

（4）一九一八／一九年の二つの革命　第一次大戦で敗北した二重帝国は崩壊し、ハンガリーでは一九一八年一〇月には民主々義革命によりカーロイ・ミハーイ（Károly Mihály 1875—1955）伯の連合政権が成立して共和政《ケズタールシャシャーグ》を宣言した。しかし媾和と土地問題でこの政権が躓くと、戦中捕虜としてロシアの収容所で洗脳され、帰国後祖国の共産党を組織したクン・ベーラ（Kun Béla 1886—1939）により一九一九年三月の再度の革命でハンガリー・ソヴィエト共和国《タナーチ・ケズタールシャシャーグ》が宣された。尤もこの政権も半年とはもたず、ホルティ（Horthy Miklós 1868—1957）による反動的な強権政治に取って代られるのであるが。

（5）ユダヤ人の出自　ルカーチ自身が、このハンガリー・ソヴィエト《タナーチ》共和国で公教育人民委員に選ばれている。だが共和国崩壊後は、暫し非合法活動を行なった上で、一九一九年四月から一九二九年末までウィーンに住むことになる。所謂ヴァイマル文化の息吹、更にはベルリンをも含む本場の雰囲気を吸収したわけだけれども、一九三三年、ファシズムの権力掌握とともにモスクワに活躍の拠点を移して、大戦終幕にまで及ぶ。その間に、祖国はナチス・ドイツに接近して、友邦として軍隊を対ソ戦に送っている始末だけれども。

（6）サボー・デジェー　Szabó Dezső（1879—1945）作家、評論家。反資本主義的な農本的ナショナリズム。ただ些か人種主義的な色合いも。

（7）コーボル・タマーシュ　Kóbor Tamás（1867—1942）作家、ジャーナリスト。

（8）『消息不明の村』（"Az elsodort falu"）

（9）セクフュー・ジュラ　Szekfü Gyula（1883—1955）高名な歴史家。ブルジョワ史観で反ナチ的。

(10)『三世代』(“Három Nemzedek”)

(11) 創業時代 (Gründungsära, Alapításéra) レオポルド (リポート) 二世につづくフランツ (フェレンツ) 二世は、ナポレオンが一八〇四年帝冠を戴くや、神聖ローマ帝国の普遍的権威を捨てて単なるオーストリア皇帝を称し、更に一八〇六年、西南ドイツ諸邦がドイツ連邦を結成すると、神聖ローマの帝冠そのものを脱いでしまった。ゆえに彼は神聖ローマ帝国最後の皇帝 (在位1792―1806) ということになる。そしてこの時点から純粋なオーストリア初代皇帝 (在位1806―1835) フランツ (フェレンツ) 一世が誕生したことになる。新オーストリアの創業である。このあとその帝位はフェルディナンド (フェルディナーンド) 一世〔ハプスブルク家では五世〕(在位1835―1848) に引き継がれるが、総じて一九世紀前半は、ヨーロッパ普き自由主義と民族主義の昂揚する中、移民政策にも極めて積極的なものがあった。この間、一八三〇年代にはセーチェニ (Széchenyi István 1791―1860) ら開明的貴族たちによる穏健改革運動が始まり、それがコッシュート (Kossúth Lajos 1802―1894) らの急進的な改革運動につながって、一八四八年の革命へと雪崩れ込む所謂「改革期」と折り重なる。

(12) 三月革命　一八四八年三月一五日のペシュト革命。三月前期《フォアメルツ》(Vormärz) はほぼ復古的政治を以て特色づけられる。

(13) 一八六七年　和協《アウスグライヒ》(kiegyezés) 成立の年。

(14) カジンツィ・フェレンツ　Kazincy Ferenc (1759―1831) 作家。啓蒙思想の代表者。言語再生運動の指導者。アカデミー設立にも寄与。

(15) 柱頭行者 stylités 苦行のため高い柱の上で生活・瞑想した古代・中世のシリア、メソポタミア、エジプトなどの隠修士。

(16) エトヴェシュ Eötvös József (1813—1831) 詩人、作家、ジャーナリスト、政治家。男爵。一八四八年革命期には、初代責任内閣の宗教・教育相。対オーストリア独立戦争では亡命したが、和協路線《アウスグライヒ》を支持。それの成立後、帰国。自由主義諸立法。その文筆は批判的リアリズムの作風。

(17) ヨーカイ Jókai Mór (1825—1904) 著名な浪曼主義小説家。百巻に及ぶ著作。一八四八年にはペシュトの若者たちのリーダーの一人。ペテーフィと肩を組むが、やがて脱落。その後の政治的閲歴では、リベラルな小貴族を代表した。

(18) モーリツ Móricz Zsigmond (1879—1942) 卓抜な批判的リアリズムの物語作家、小説家、劇作家。農村で辛酸を嘗めつつ長じた。社会派の作家として人気を博す。人民学校の創設者。

(19) 再征服 Reconquista イスラームに占領された国土をキリスト教圏へと奪回したスペインの国土回復運動 (711—1492)

(20) ハンガリーのプロテスタント的血脈 第一章、註 (47) を参照されたし。

(21) 太陽王 Roi Soleil ルイ十四世 (Louis XIV 1643—1715)

(22) リシュリュー Richelieu, Armand Jean du Plassis (1585—1642) 公爵。枢機卿。ルイ十三世の宰相。ヨーロッパにフランスの覇権を確立。一六三五年にフランス翰林院《アカデミー》創設。なおその腹心だったマザラン (Mazarin, Jules 1602—1661) こそはルイ十四世の宰相として国運を頂点に押し上げた人物である。

（23）ヘルダー　Herder, Johann Gottfried（1744—1803）ドイツの詩人、思想家。東プロイセン出身。「疾風怒濤《シュトゥルム・ウント・ドラング》」を鼓舞、ゲーテを感化。フランス革命には、ゲーテと逆に肯定的。近代歴史意識の父。

（24）エドマンド・バーク　Burke, Edmund（1729—1799）英国の哲学者、ジャーナリスト、政治家。ホイッグ党の精神的指導者。雄弁家。アメリカの独立運動を支持。だがフランス革命は峻拒（名誉革命称讃）。『フランス革命の省察』（"Reflexions on the Revolution in France"）は保守党の基本的哲学に。

（25）ドイツ歴史学派　deutsche historische Schule　一九世紀は、人間世界の凡ゆる現象をその歴史的条件から理解しようとする「歴史主義《ヒストリスムス》」（'Historismus'）が凡ゆる分野において主流となった。ランケ（Ranke, Leopold von 1795—1886）を中心としてドイツで展開。一回性の強調が相対主義を絶体化する弊を伴い、ニーチェらの批判を招く。

（26）「芸術のための芸術」（'L'art pour l'art'）耽美主義。唯美主義。一九世紀末、フランスと英国で主に唱えられる。

（27）生の哲学　Lebensphilosophie　一九世紀末から二〇世紀初頭にかけドイツを中心に起こった思潮で、ディルタイ、ジンメル、ニーチェ、フランスではベルグソンなどに代表される。直接知としての体験を「その背後に遡ることのできない」根源的所与として、かかる生をむしろ基盤として思惟や理性も生ずるとする。生を生それ自身から理解しようとする立場で、影響は広汎。ハイデッガー、ヤスパース、サルトルなどの実存主義はもとより、フッサールの現象学やアメリカのプラグマティズムからさえ遠い木霊《こだま》が返ってくる。

(28) 物象化 Verdinglichung 本来人と人との関係にあるものが、恰も物と物との関係であるかのように見えてくること。商品の価格がそれで、貨幣化されることにより、商品の使用価値という質の差が、価値という量的共通項で計られることで以て量の差になってしまう。商品の物象化である。労働力も商品として提供されれば、賃金という量の差で計られることになる。すると賃金闘争はあくまで物象化された量的闘争に過ぎず、資本主義のもたらす物象化の論理を乗り超えぬ限り、真の変革は望みえない。物象化された世界を批判するには、プロレタリア階級自身が自己変革して己が階級意識をもつ以外にない、というのが、ルカーチの『歴史と階級意識』のあらましであって、彼における「物象化」が如何に重要な鍵概念であるかが、わかる筈である。その際の闘争形態が、権力闘争や利益闘争に終始せず、勝義の文化闘争であるべきだとするところにこの哲人の本領はあり、理解を得られなかった所以もあるのではないであろうか。

(29) 一九八九年の曲り角 「ベルリンの壁」の実質撤廃(一一月九日)。やがて明くる一九九〇年、ソ連は幕を下ろすのである(三月一三日)。

(30) ナロードニキ Narodniki 一九世紀六〇年代から一九世紀末にいたるロシアにおいて農民による社会革新をこそと目ざした革命運動の先導者たち。西欧派《ザーパドニキ》(Zapadniki)を対立項とする。

第四章 5

(1) イエーシュ・ジュラ Ilyés Gyula (1902—1972) 詩人、劇作家、物語作家、翻訳家。農場主の下僕の息子で一九一九年赤軍に入るも、ハンガリー・ソヴィエト共和国瓦壊でパリに亡命。シュルレアリズムの詩人となる。二六年帰国して、バビッチの死後『西方』誌を引き継ぐ。戦間期の人民作家の指導者。一九三〇年代には骨太の農民リアリズムの旗手として人民作家たちのリーダーであった。

(2) クン・ベーラ　Kun Béla (1886—1939) ハンガリーの国内国外を問わぬ共産主義運動のすぐれた指導者。一九〇二年から社会民主党員。第一次大戦に応召してロシア軍の捕虜になり感化されてボリシエヴィキに。一九一七年一〇月のロシア革命に加担。翌年帰国してハンガリー共産党(KMP)を設立、その幹部となる。ハンガリー・ソヴィエト共和国《タナーチ・ケズタールシャシャーグ》の最重要人物となったが、その崩壊後、亡命した。コミンテルン執行委員。一九三五年スターリンの粛正に遭うが、一九六五年名誉を回復された。

(3)「ナロードニキ」四章四節、註(30)参照。

(4) デーリ・ティボル　Déry Tibor (1894—1977) ハンガリー散文作家の優れた代表者。ユダヤ系大商人の息子であるが、社会主義思想に目覚めて一九一七年頃から創作活動。一九一九年、共産党員となるものの、一九五六年の動乱で、反党活動のゆえに三年間下獄。以後再び自由な著作家として自伝的要素も含む労働者・市民の世界を描く。『未完のことば』《ア・ベフェエゼトレン・モンダット》(1947) は殊にも大作。国際的評価。

(5)『未完のことば』('A befejezetlen Mondat')

(6) マキャヴェリズム　Machiavelism　マキアヴェルリ (Machiavelli, Niccolo 1469—1537) の思考法は、詮じつめれば、妥協均衡の戯れを超えた極端に直線的なそれと言えそうである。あくまで明瞭正確で曖昧さがなく、道徳化といった迂路とは本質的に無縁の筈だ。

（7）プルースト　Proust, Marcel（1871―1922）フランスの小説家。プチブル家系ながら父は医学界の権威。その重圧と己が病弱に喘ぎつつ成人。若くして文学サロンと関わる。ラスキン（Ruskin, John 1819―1900）に傾倒。ベルグソン（Bergson, Henri 1859―1941）の「持続《デュレ》」概念などを支えに夢と想像力を芸術作品に結晶化する方法を探究。超時間的印象主義の手法で自伝的回想小説『失われし時を求めて』（"À la Recherche du Temps perdu", 1813―1827）を書き継ぐ。同じく人間心理の襞《ひだ》が微妙に追求されるのだとしても、一九世紀の『人間喜劇《コメディ・ユメーヌ》』がそのことにより、人間社会を全体として浮かび上らせるのだとすれば、二〇世紀は、「意識の流れ」の方法が徹底的に追跡されるのだと言っていい。

第四章　6

（1）モンテルラン　Montherlant, Henry de（1896―1972）フランスの詩人。伯爵。また小説家、劇作家。壮年期にはスペイン及び北アフリカに暮して、闘牛も。世界大戦では志願して参戦。

（2）ヴィシー政権　Régime de Vichy（1940―1944）ヒトラーの電撃戦《ブリッツクリーク》によるフランス制圧により、ペタン元帥（Pétain, Philippe 1856―1951）は対独媾和し、ここ中部フランスのヴィシーに政府を移した。その対独協力が戦後問題になる。「アクシオン・フランセーズ」（Action Française）の代弁者モーラス（Maurras, Charles 1868―1952）への終身禁錮刑の判決など一連の耳目を集める論議ともつながって。

（3）ボリ・イムレ　Bori Imre（1929―）ユーゴスラヴィア出身の文学史家。

（4）ヴァシュ・イシュトヴァーン　Vas István（1910―1991）詩人、作家。翻訳家、エッセイスト。古きユダヤ人の家柄。

（5）プーシキン　Puschkin, Aleksandr Sergejewitsch（1799—1837）ロシアの詩人。貴族。決闘で落命。第一章、註（37）参照のこと。

（6）ヨージェフ・アッティラ　József Attila（1905—1937）革命的詩人。貧窮の中に育つ。ウィーンに留学。デーリ（Déry Tibor 1894—）らの知遇を得る。ハンガリー最大の抒情詩人の一人とされる。精神を病み、鉄道自殺。テーマはプロレタリア。後には神秘的なそれも。

（7）オシュヴァート　Osvát Ernö（1877—1922）批評家。『西方』誌編集者。

（8）ビボー・イシュトヴァーン　Bibó István（1911—1979）政治学者、法史家。共産党員。

（9）レーヴァイ・イシュトヴァーン　Révai István　政治家。共産党員。

（10）ラビ　rabbi　ユダヤ教の律法学者。タルムードの権威者。それぞれの地方のユダヤ共同体において説教のみならず実際的問題の解決にも当る。

（11）ソロモンの審判（jugement de Salomon）たとえば、子供を奪い合う二人の遊女に、子供を二分して半分ずつ取らすよう命じ、結局、手を離した方を実の母と認定するごとき名判決は、「ソロモンの知慧の結果であった」（列王紀上）。

（12）カーダール・ヤーノシュ　Kádár János　コミュニスト政治家。一九五七—八八年、ハンガリー社会主義労働者党で要職に。

（13）マダーチ・イムレ　Madách Imre（1823—1864）名門出身の詩人、劇作家。郷土政界で活躍。一八四八年の革命に参加するが、独立戦争に弟妹を失い、自身も禁錮一年、その間、結婚生活破綻して、離婚後、ペシミズムの昂ずるまま、隠栖して創作に没頭。劇詩『人間の悲劇』(“Az ember tragediája”, 1862)は、天地創造から始まる壮大な哲学的詩劇で、人類の運命に幽暗なる問いを投げかけ、ゲーテの『ファウスト』にも劣らぬ名作とされる。没後上演。

(14) ミケランジェロ Michelangelo Buonaroti (1495—1564)

(15) 非スターリン化 Entstalinisierung 第二次大戦に三国同盟側で戦ったハンガリーは、一九四五年、前年よりドイツ軍の進駐していた国土がソ連軍により解放されるや、一九四六年、共和国を宣言。民主化の歩みを始めるが、踵を接して幕が上がった冷戦に一党独裁のソ連的な政治経済体制が導入された。ラーコシ(次註参照)の個人独裁もその尻馬に乗るかたちで農業の集団化を強引にすすめたりする。が、一九五三年三月、スターリンが死去するとともに、この「小スターリン」も地歩を失い、首相の座をナジ(Nagy Imre 1896—1958)に譲った。ただし党書記長の地位は維持して頽勢を一時挽回するも、ソ連における非スターリン化はこの国にも波及して、その延長線上に一九五六年のハンガリー動乱はあり、彼もソ連に再び亡命する。

(16) ラーコシ Rákosi Mátyás (1892—1971) 一九一九年のハンガリー・ソヴィエト政権の時、既に活躍。政権崩壊の後、ソ連に亡命してからは本国との間で数奇な往還を繰り返すが、一九四五年帰国して党書記長となる以前は、亡命共産党員たちの指導者であった。

(17) エウルシ・イシュトヴァーン Eörsi István (1931—) 詩人、作家、翻訳者、批評家。

（18）ウテ・クルーゼ＝フィッシャー　Kruse-Fischer, Ute.

（19）『食いつくされた浪曼主義――ゲオルク・ルカーチのエッセイスト時代の芸術哲学』（“Verzehrte Romantik. Georg Lukacs' Kunstphilosophie der essayistischen Periode〈1903―1911〉”）

（20）ルカーチ総攻撃。冷戦下、一九四七年にはコミンフォルムが結成されて、その翌年にはユーゴスラヴィアの破門、ハンガリーでも、ライク（Rajk László 1909―49）外相らチトー（Tito 本名 Broz, Josip 1892―1980）主義者が粛正された。ラーコシ独裁の下、性急な重工業化と集団農場化が強行されるための地均しだけれど、ルカーチも槍玉にあがる。『人間の悲劇』をめぐる一九五三年の経緯は、ルカーチ退場の道行きへの駄目押しであったとしていい。

（21）ただし一九五八年までは、ブダペストの大学において美学担当の教授の地位にとどまっている。なお一九五六年のブダペスト反乱に際しては、ナジ政府に担ぎ出され、文化相に就任しているが、束の間のことであった。このハンガリー革命は挫折し、彼もルーマニアへと強制退去させられて、帰国は翌年となる。以後は隠遁して学究に専念するが、『美学の範疇としての特殊性』、『美学――第一部　美的なものの特性』（予定した全三部のうち第一部二巻のみを完成）、『社会的存在の存在論のために』（二巻）など厖大な草稿を残した。享年八十六歳で一九七一年六月逝去。本書の著者のルカーチ訪問後五年近い歳月を経てのことである。

訳者あとがき

ソ連が瓦壊して共産体制の桎梏から東欧が蘇生する僅か二年前、袖珍本ながら、小粒でもピリリと辛い小説が世に問われた。『死者たちは疾《と》く馬を駆る』（"A halottak gyorsan lovagolnak"）。無気味な題である。著者はシュケシュド（Sükösd Mihály）、問題作が多い。舞台は一九一九年夏。前年第一次大戦での敗北は、墺・洪二重帝国の解体となって、枠組を失ったハンガリーは、左に右にと激浪に奔弄された。結局、短命だったハンガリー・ソヴィエト政権（1919. 3. 21—8. 1）のあと、一九二〇年春から反革命政権が樹立されて、執政ホルティ（Horthy Miklós, 1868-1957）の独裁下、権威主義的反動体制が第二次大戦の末（一九四四）まで維持されたというのが、戦後世界を迎えるまでの大まかな構図と言っていいが、左から右への曲り角で、左であり且つ右であるごとき政権が、ペイドル（Peidl Gyula, 1873-1943）なる印刷業者を首班として成立した。一九一九年八月一日から六日までだ。文字通り須臾にして果敢《はか》ない六日天下の主《あるじ》こそは小説の主役なのだが、実は影の主役がもう一人居て、小説では彼の祖父という設定になっているゼルフィ・グスターヴ（Zerffi Gustáv, 1820-91）。ハンガリーの読者なら、久しく口の端に上ることはなかったといえ、決して耳新しい名ではないであろう。コシュート（Kossúth Lajos, 1802-94）に象徴される一八四八年のあの革命で、一時期臨時国家元首にさえ選ばれたこの偉人に特にその広報面での参与を認められた件《くだん》の新聞記者が、こと敗れて流亡する元執政の股肱を以て自《みず》から任じつつ、同時にその身辺を探るウィーン政府のスパイとしての役割も勤めるという二股膏薬的人生を過して、一八六七年の和協《アウスグライヒ》で二重帝国が出来上る頃は、何喰わぬ顔をして英国歴史学界の重鎮に収まっている。——それが、東海君子国での欧風史学導入の負託に応えんとする、知らぬが仏の若き末松謙澄の目にとまって、修史館に遙けき足跡をとどめることになる経緯《いきさつ》などについては今は触れぬが——端倪すべからざる激動に身を処して溢れる才気を縦横に発揮しつつ、しかも屈折と背反のアンティ・ヒーローたらざるをえなかった転身《メタモルフォーゼ》の亡命者を正に己が祖父としたとされる、同じく逆境に身を曝した孫ペイドル某の恍惚と哀切、甘美と苦渋の心理劇は、ハンガリーの永劫に回帰する運命を六日という筋のうちに見事凝縮しえた力作と称して差し支えない。

　些か迂路に捗《わた》り過ぎた惧れがある。突拍子もないこんな話から筆を起こしたのは、ほかでもない。六日天下のそのどたばた劇が展開した一九一九年、前年共産党に入党して、この年三月からは、ハンガリー・ソヴィエト共和国《タナーチ・ケズタールシャシャーグ》の教育人民委員となっていたルカーチも、八月共和国崩壊のあと、九月からは出国して、ウィーン、ベルリーン、モスクワなど、一九四五年にいたるまで国外が活動の場となっているからである。「西欧《アーベントラント》の没落」という予想だにしえなかった激震が南東欧に衝撃波を及ぼしたとき、当座の迷走はともあれ、結局身を固くして守成に徹する独裁的な反革命がここハンガリーの戦間期であったとすれば、片や（祖父譲りの？）反間苦肉の詭計を弄さんとして成らなかった策士崩れ、片や、思い立っての吉日とでも言おうか、にわかに志を展《の》べんとして、祖国に地歩を見出せぬまま、半ば亡命の境涯に身を委ねねばならなかった学者崩れが、宛も車の両輪をなすがごときこの風景は、それぞれのアンティ・ヒーロー性において、ネガティヴなその国現代の何たる命運を象徴していることか。

もとより本書の対象は、ルカーチの方、それも若き日の哲人の生い立ちと知的開花、また早熟な天才の成熟と知的遍歴の軌跡である。そこに教養環境としてのブダペストはリポート街の問題があり、「西欧化」への精励とそれに抵抗する伝統主義との「対決」や「軋轢」の物語が常に背景を、否、時として前景を占めた筈である。彼の入党、つまり彼なりの決然たる政界への関与以後は、それ自体としては本書の対象外と言うべく、汗牛充棟もただならぬルカーチ問題文献の一角に席を占めようとするものではない。あくまでハンガリー人たるこの人の青春の彷徨との関連において起承転結の行方を見定める見取図を、極論すれば、付録としたものとさえ言いうるであろう。本書後半をなす第四章が専ら幅をひろげた彼の文学環境に視座を据えつづける所以であるが、一九九五年に上梓の時を迎えた本書が、ルカーチ歿後二〇星霜の時を刻みつつ、執筆の恐らくは最終局面で、ソ連邦の崩壊と世界局面の大転換を見聞させられたとき、折しも還暦の節目を経た著者がみずからの人生への感懐をもこめて、人類史の不可思議に打たれなかったわけがあろうか。そのような思いが刊行時まだ右も左もわからなかった折柄、本書の結構に光を投げているとまでは到底考え得ないが、既にしてそのとき世界史の新次元で、ハンガリー政局の転轍手として登場させられていた人物こそが、従前の政治的人間とは種別を異にする、或いは反政治的人間として生まれ代った、よき意味での地球時代の普遍的人間であったとは！　二〇〇〇年にいたる二〇世紀最後の十年、大統領府でハンガリーの采配を執ったのは、実にゲンツ・アールパード(Göncz Árpád, 1922—)。小説、戯曲からホームドラマまで手びろく文筆活動を繰り展げる文学者であるほか、何と鷗外の『雁』、谷崎の『瘋癲老人日記』、川端の『みづうみ』といった日本文学の訳者ですらあったのである。一九五六年の民衆蜂起に加わって、七年に亘る獄中生活で修めえた英語を介しての重訳だけれど。

若きルカーチの対偶として、ひょんな六日天下のメリー・ゴーラウンドを経験させられたペイドルについても一言つけ加えさせていただくことは出来るであろうか。一九一八年の大戦後民主々義革命で一九一九年三月、クン・ベーラ指導下のハンガリー・ソヴィエト共和国《マジャル・ケズタールシャシャーグ》が成立したとき、忽ちフランスがルーマニア軍を使嗾して介入を企てる経緯のうちにペイドルの幕間劇もあったことになるが、結局ホルティの反動的独裁が望ましからぬその答となったにもせよ、もしペイドルらの抵抗なかりせば、ブダペストはルーマニア軍の占領下におかれたであろう。となれば情況の落着《らくちゃく》がいかなるものとなったかは、必ずしも保しがたい。細工は粒々と参らなかった小才子の変幻にもそれなりの一徳はあったことになるが、冷戦構造いまだ余喘を保つ土壇場（一九八七年）に陽の目を浴びたこの小説《ロマン》に、冷戦以後の新天地がいまだ明け染めぬ幽暗の雲に包まれたままであるのは是非もないといえ、逆に仮構《フィクション》ながら一八四八年へと後向きに足跡を辿りなおしてゼルフィなる謎の人物に主人公を繋いでみせたその着想は、却て現代とも通底するハンガリー人の一筋縄ではいかぬ心象風景を浮かび上らせて心憎いばかりである。あとがきの冒頭、場ちがいと知りつつ、この作品を、ルカーチの参照軸として、持ち出したのも、そのゆえと理解していただきたいが、実はそこに偶々の事情から、個人的な訳者の思いも加わる。ゼルフィに関しては、今を去る十幾年前、フランク・ティボル氏（Frank Tibor, 1948—）によるその伝記『ある亡命者の変身——ゼルフィG・G伝——』（"Egy Emigráns Alakváltásai, Zerffi Gusztáv Pályaképe 1820-1892", 1985）なる大冊の訳出を試みたことがあるからである（彩流社、一九九四年刊）。尤も作品そのものは、晩年の「歴史学者」ゼルフィに関し、これと関わることでわが近代歴史学の黎明に「怪我の功名」を挙げることとなった明治の俊秀末松謙澄の関係文書を蒐集し洪《ハンガリー》訳の労をとる作業において応分のお手伝いはさせていただいたから、単なる訳者というわけではないのであるが。少なくとも一学徒として末席に連なりつつわが史学界の草創の一ページをあらためて繙《ひもと》く業《しわざ》に奇《く》しくも与《あず》かり得たことは、身に余る光栄として、今なお心弾《はず》む労《いたずき》一星霜の思い出となっている。二〇世紀は社会主義なる人類史空前の大実験が音を立てて潰え去ったあと、二一世紀を打ち望むかの国の新地平には、遥けき日本文学に思いを馳せる文人大統領が登場するにいたった。裏街道の曲者ゼルフィと百幾十年後表街道に脚光を浴びる大統領ゲンツと。それぞれの鏡に像を結ぶ日本とは宇宙におけるいったい如何なる存在なのであろうか。ともあれ本書を、訳者の一存ながら、ゼルフィ本拙訳の続篇として世に問う我儘を諒としていただきたい。

　さてこの度び、かくて梓に上せる訳業は、題して『ブダペストのミダース王』。「ルカーチ・ジエルジとハンガリー人（本邦訳では「若きルカーチとハンガリー文壇」）を副題とする（“König Midas in Budapest. Georg Lukács und die Ungarn”, Wien 1995)。著者ヘレンバルト女史（Hellenbart Gyula, 1930―）については、彼女みずからの「はしがき」に添えられた謝辞などから作品にまつわる研究環境を推測するしかない。一九五六年来在独という自己紹介は、同年のあの動乱と何らかの関わりがあったことを窺わせるのみである。が、そのことはさて措き、「ミダース王」と銘打たれて西欧の読者のうちに喚起されるのは、どのような像《すがた》であろうか。もとより最低の常識として、その名を耳にしなかったという人は居ないであろう。わが国とは比較にならぬ筈である。しかしこの伝説の王様には、身に触れるもの悉くが金となって、却て飲み食いさえ叶わなくなり降参するという滑稽話と、神様の逆鱗に触れるままロバの耳をつけられてしまった王様が床屋にだけは隠しもならず、ために持ち上るドタバタ悲喜劇と、この両者に直ちに思い及ぶ人間は、西欧にあってさえ、そんなに数多くはないのではあるまいか。限に最愛の女《ひと》を自死に逐いやった自責に身悶える世慣れぬ学校秀才ルカーチが私《ひそ》かに思いを託した一篇『ミダース王の伝説』でも、そのミダースは、専ら前者、つまり手に触れるもの悉くがというあの黄金の愚王の説話の換骨奪胎であった。尤もこの場合には、話が裏返っていて、黄金眩ゆい乙女たちに結局手を触れることが出来ない。対人恐怖症と自惚れ鏡に自我の殻を破れないのだ。そして糸杉の下に横たわる王の骸《むくろ》が手に握っていたのは白百合、無垢のしるしということであろうか。ただし干からびて。黄金のミダースにむしろなり損ねた話となっている。ミダースについてはもう一・二箇所ちらと顔を出すところがあって、「王の手中では凡ての生けるものが死せる概念となってしまう」とあるから、同じことを言っているのであるが、いずれにせよ行きずりの比喩であって、ミダース王神話を正面から取り上げているわけではない。もう一つのロバの耳の話など、或いはわかり切った上でのことであろう。が、それにしても言及が少なすぎる。書名に麗々しく掲げられるにしては。ましてして訳出の場合、対象は日本の読者である。この王の名を小耳にはさむ程度のことは少なからぬ人にあったとして不思議でないが、それがそもどのような全貌を、となると、戸惑わされる向きは、欧米の読者層とは比較を絶することであろう。そこで「ブダペストの……」といった限定ぬきでミダース王の抑々につき一応の展望をわきまえておくのが望ましいことになるが、幸いにして訳者には、別の事情から、ミダース神話につき、最近一般むきながら、一著をものす機会に恵まれた。ここに僭越ながら件《くだん》の小著、清水書院刊「人と思想」シリーズの一冊『ミダース王』を御参考までに紹介させていただくこととしたい。かなり読み物としての性格がつよいものであるが、御一覧いただけるなら倖せである。

なおこのような方便に恕えるに当っては、老婆心ながら、拙著そのものにつき、一言、筆者の、それに寄せる思いを申し添えることとしよう。先述したごとく、この神話には、黄金の愚王とロバの耳という主として二つの山があって、ルカーチ本での言及では、前者が僅かに序段的に取り上げられるに過ぎなかったが、物欲に目が眩《くら》んだことへの改悛の秘儀を余儀なくされた馬鹿殿が、またぞろ性懲りもなく、といったかたちで一応筋道がつけられているから、「ロバの耳」の後段に話の重心がかかることは、いきおいやむをえまい。拙著の考察もその線ですすめられたから、ルカーチ本となれば、どうせ大金持のお坊っちゃまのお噺なのだ。ミダース王なる肩書は不思議でないし、悲嘆の底で己れに仮託した私家版のあのミダースも専ら黄金の愚王のそれでしかないではないかという読者の些か気軽な一方的把握だけは、お読みいただくことにより、多少は牽制できそうである。つまりミダースなる題材は、ことほど左様に単純な代物ではないのであって、英雄《ヘーローイ》諸家の古伝にシビアに立脚した伝アポロドーロスの言わば「ギリシア神話大全《ビブリオテーケー》」には影も形もないとすれば、黄金の愚王のロバの耳の話が、アウグストゥス帝の御代にオヴィディウスの『変身譚《メタモルフォーセス》』を介し面白おかしく伝えられて、それが通念の座を占めている、そのこと自体が問題になってくるであろう。すると、ことはオリエント世界まで含めての、否ひょっとするとその縛りさえ脱した前提から問いなおされなくてはならないのであって、筆者の場合、偶々ゆき遭ったドイツにおける音楽学の大御所マルティン・フォーゲル（Vogel, Martin）教授の、音楽の起源を問うて、その原風景を浮かび上らせようとする、それこそ目も眩むような問題提起からの触発があって、原古からのロバ飼育文化、そしてそれの西漸にこそ鍵はあるとする、蛮勇のきらいすらある大風呂敷に宛もからめとられた恰好での小著を、「ロバの耳」への新視角として認《したた》めたものに過ぎない。謎の所在を突きとめようと古今東西にわたるその大議論に、本書の読者諸賢までが、ましてや粗雑な紹介の筆を通して、おつきあい下さる必要は毛頭ないと申し上げておきたいのだけれど、たとえば「ロバの耳」が必ずしも貶価の対象なのではなくて、どころか嘗ては王者なる者の仮面（頭巾）として権威の象徴であったこともあるのだ、といった相対化する距離だけは保たれた上で、ブダペストの王様の青春譜にも、深い位層で何かしらを感得していただけたらと念ずるのみである。

「ロバの耳」への誤解を弘めたその元凶としてオヴィディウスが、ここで槍玉に上げられたことになるが、才子才に溺れて神話蒐集者の枠をはみ出してしまった操觚界トリックスターの甘い、潔癖ならぬ編集のおかげで、玉石混淆、ミダース王の話なども鷹揚に抱えこんだギリシア・ローマ神話世界の大水脈が現代にまで流れこむこととなった、負の役割とは正に逆の効能も、今となっては認めぬわけにはいかない。それがすなわち、オリエント世界、或いは更に以前からの夾雑物をいっぱい孕んだヘレニズムの本領であり、そんな文化の産湯につかり育ったローマの詩人の時代の子としての独壇場であったとしていいのだけれども、そのような境位が可能にしたものこそは、三・四世紀の所謂「古代末期《シュペートアンティーケ》」の諸相であって、同じく今、産業革命にはじまりフランス革命以下数々の試錬を経、ソ連という壮大な実験の高転びさえ見届けて、まさに「近代末期《モデルニテ・タルディーヴ》」に身をおく我々二一世紀人、狭くは平成の世の民は、「古代末期」と同じく、つづく未来における負から正への逆転を果して望みうるのか。人類史の「新しき中世」は所詮見果てぬ夢なのだろうか。ドナウ帝国の陽の当る一角に「昨日の世界」の残照を浴びつつ育った若者は、やがて訪れる闇夜に無明の彷徨をくり返しつつ、そのさし望んだ曙光そのものからさえ拒まれたまま、隠遁のうちに生命をおえた。夜明け前の幽暗が帳《とびら》を切り裂かれるのは、漸く歿後二〇年を経てのことである。空位となった祖国の頂点に君臨するのは何と文人大統領であり、また自身の青春譜があらためて書肆の飾り窓の一角を占めたのも、死後四半世期を閲してのことであった。その青春にミダースなる栄冠がかぶせられたのは、それなりに深遠な意味合いがこめられてのことではないだろうか。

ハンガリー文学にさして通じているわけでもない無粋な歴史学徒が若き日の文人ルカーチにつき敢て試訳の筆を染める。年寄の冷水と大目に見ても、これ以上烏滸《おこ》の沙汰があるであろうか。しかもその歴史を学ぶとか称する者、年来の関心は文化史だの精神史だのにあって、社会科学者として市民権を自からに要求しようとする者でもない。たとえば『歴史と階級意識』といった彼の論著に一家の言をなそうとする意欲はなくて、錚々たるルカーチ学のお歴々が門外の徒にとり依然高嶺の花である事実に変りはないのだ。が、にも拘らず、この度びのごとき無謀を冒すにつ いては、嘗てゼルフィ伝という、現地ハンガリー研究者との二人三脚による、彼我いずれの学問文化にもかなり重要な、共同作業の達成があって、邦訳の労も幸い実ったに拘らず、わが国でその反響は単発的に止まった。幸いこの度びのルカーチ研究は、広い視野、深い位層では、ゼルフィのそれと響応するところ少なからぬものがあるのに鑑み、訳者の一存ながら、その続篇としての意義をも担わせて、我々にとってのゼルフィ、またルカーチに、あらためて大方の関心を喚起しようとしたものにほかならない。がそれはそれとして訳者の不敏・未熟による疎漏・錯誤も嘸かし一・二にとどまらぬであろう。識者の御叱正を切に期したい。

はじめ本書を見出して、その邦訳につき旧知の論創社にその可能性を打診したとき、逸早くその重要性を認識された森下紀夫社長は早々と版権の交渉に入って下さった。当時ウラル語学とハンガリー文学のわが国における泰斗でその辱知を忝くしている徳永康元教授はまだ御存命であり、成稿の上は先生の御監修を仰ぐつもりで安んじて作業に入った。然るに人の賢《さか》しらなど天から見そなわせば、何ほどのことがあろう。程もなく先生は鬼籍に入られて、宙に浮いた計画は、打つ手もないまま、遂に訳者が独力でと決意するまで、徒らに森下社長の忍耐を強いることとなってしまった。何ともお詫びの申し上げようもない仕儀であるが、その間よろしくとお声をかけて下さることはあっても、にこやかな表情を絶やされなかった社長の大人ぶりにあらためて舌を捲いたことであった。出版界の苦難にも裂帛の気迫で立ち向かわれる強靱な御意志を夙に知る私にとり、それを和やかに包み込まれた温雅な顔容に、また雅量の極致に接しうるのは、何と心温まることであったろうか。あらためて満腔の敬意と感謝を献げさせていただくものである。なお作業の過程では、少数ながら具体的に親身の御教導にあずかった畏友がたがいられる。お名前を記すだけにとどめるが、まずテュービンゲンでの留学仲間の兄貴分、東大名誉教授でドイツ文学の河原忠彦先生。次いでは、ハンガリー史に関しわが国での先達のお一人で一八九六年版ブダペスト市街図コピーを賜わるほかかの国の映画などにもお詳しく御教示いただいた田代文雄学兄。それから、これは「訳者あとがき」の作成に基軸の一つとして利用することの出来たシュケシュドの

『死者たちは疾《と》く馬を駆る』、この時宜をえた書を、二〇〇三―二〇〇四年、かなり長期の原地御滞在のお土産として頂戴した金沢大学教授の丸山珪一氏。金城鉄壁のルカーチ学とは一味ちがった我流の一般むきを目ざすあまり、お三人には定めし御期待を裏切る所産となったことをひたすら惧れつつ、それぞれの御芳情に衷心よりの御礼を申し上げたい。

訳出に当っては、田代・鹿島正裕両氏の汗の結晶たる『ハンガリー史』(恒文社、原著は一九七三年刊)はもとより『東欧を知る事典』(平凡社、一九九三年)をはじめ邦語による事典類などからも様々の御教示を忝くすることが出来た。一々お名前は摘記しないが、執筆者各位には心からの謝意を献げるものである。

二〇一〇年立秋　訳者　識

【資料】——

第Ⅰ章　関連

〔Bp.＝Budapestの略〕

Adam Mickiewicz, Vorlesungen über slawische Literatur und Zustande（スラヴ民族の文学ならびに情勢をめぐる講義）, Leipzig 1849

Thomas Mann, Betrachtungen eines Unpolitischen（非政治的人間の考察）, Berlin 1918

Dmitrij Mereschkowskij, Règne de l'Antéchrist（アンティクリストの君臨）, Paris 1921

Nikolaj S. Trubetzkoy, Europa und die Menschheit（ヨーロッパと人類）, München 1922

Hans Mühlestein, Rußland und die Psychomachie Europas（ロシアとヨーロッパの心理戦）, München 1925

Alexander von Schelting, Rußland und Europa（ロシアとヨーロッパ）, Bern 1948

Michael Babits, Geschichte der europäischen Literatur（ヨーロッパ文学史）, Wien/Zürich 1949

同, Magyar irodalom（ハンガリー文学）, 1913, in: Esszék, tanulmányok（エッセイ、論文）, Bp., 1978

Wilhelm E. Mühlmann, Mahatma Gandhi（マハトマ・ガンディー）, Tübingen 1950

同, Rassen, Ethnien, Kulturen（人種、民族、文化）, Moderne Ethnologie, Neuwied 1964

Miguel de Unamuno, Sobre la Europeización（ヨーロッパ化について）, Ensayos VII, Madrid 1951

Bronislaw Malinowski, Die Dynamik des Kulturwandels（文化変容の動力学）, Wien/Stuttgart 1951

Theodor W. Adorno, Minima Moralia（ミニマ・モラリア）, Frankfurt/M 1951

Jules Monnerot, Soziologie des Kommunismus（共産主義の社会学）, Köln/Berlin 1952

Nikolaj J. Danilevskij, Rußland und Europa（ロシアとヨーロッパ）, 1871, in: Piritim A. Sorokin, Kulturkrise und Gesellschaftsphilosophie（文化危機と社会哲学）, Suttgart/Wien 1953

Arnold Toynbee, Die Welt und der Westen（世界と西欧）, Stuttgart 1953

同, Study of History（歴史の研究）, VIII, Oxford 1954

Maxim Gorki, Über die Superklugen（目から鼻に抜ける者共）, in: Ein Lesebuch für unsere Zeit（現代読本）, hrsg. von H. Müller-Mück, Weimar 1953

Nicholas von Riasanovsky, Rußland und der Westen. Die Lehre der Slawophilen（ロシアと西欧。スラヴ派の人々の教説）, München 1954

Robert Musil, Tagebücher, Aphorismen, Essays und Reden（日記、箴言、随筆、講演）, hrsg. von A. Frise, Hamburg 1955

Friedrich Heer, Experiment des Lebens（人生の実験）, Nürnberg 1957

Kolozsvári-Grandpierre Emil, Legendák nyomában（伝説の跡をたずねて）, Tanulmányok（論文）, Bp. 1959

W. I. Lenin, Über die internationale und die innere Lage der Sowjetrepublik（ソヴィエト共和国の国際情勢と国内情勢）, Rede am 6. März 1922, in: Werke Bd. 33, Berlin 1959

Dmitrij Tschižewskij, Russische Geistesgeschichte（ロシア精神史), I-II, Reinbek 1959/61
同, Hegel bei den Slawen（スラヴ人におけるヘーゲル), Darmstadt 1961
D. Tschižewskij, Dieter Groh (Hrsg.), Europa und Rußland（ヨーロッパとロシア), Darmstadt 1959
G. A. Theodorson, Die Industrialisierung und ihre Folgen für die soziale Struktur nichtwestlicher Gesellschaften（工業化と非西欧社会におけるその結末), in: Peter Heintz（Hrsg.), Soziologie der Entwicklungsländer（発展途上国の社会学), Köln/Berlin 1962
Nyéki Lajos, Egy nemzetnevelö útja（民族教育者の道), in: Eszmék nyomában（理念の足跡を追って), München 1965
Paul A. Baran, Politische Ökonomie des wirtschaftlichen Wachstums（経済成長の経済学), Neuwied 1966
Richard Thurnwald, Psychologie der Akkulturation（文化順応の心理学), in: Kulturanthropologie（文化人類学), hrsg. von W. E. Mühlmann und W. E. Müller, Köln/Berlin 1966
Tibor Déry, Von der Gefährdung des Menschen（危殆に瀕した人類), in: Neue Rundschau, Jg. 77（1966）H. 1; Léopold Sédar Senghor, Négritude und Humanismus（黒人たることとヒューマニズム), hrsg. und übers. von Jahnheinz Jahn, Düsseldorf 1967
Németh László, Magyar Mühely（ハンガリーの作業場), in: Kiadatlan tanulmányok（未刊論文), Bp. 1968

同, A magyar élet antinómiái（ハンガリー生活の二律背反）, in: Sorskérdések（宿命問題）, Bp. 1989
Karl Mannheim, Wissenssoziologie. Auswahl aus dem Werk（知識社会学、作品選）, hrsg. und eingeleitet von K. H. Wolff, Neuwied 1970
Oswald Spengler, Der Untergang des Abendlandes. Umrisse einer Morphologie der Weltgeschichte（西洋の没落。世界史形態学の輪廓）, München 1972
Hans-Georg Gadamer, Wahrheit und Methode. Grundzüge einer philosophischen Hermeneutik（真理と方法。哲学的解釈学の基礎）, Tübingen 1975
Hinrich C. Seeba, Grillparzer und die Selbstentfremdung des Zerrissenen im 19. Jahrhundert（グリルパルツァーと19世紀における自己分裂者の自己疎外）, in: Franz Grillparzer（フランツ・グリルパルツァー）, hrsg. von Helmut Bachmaier, Frankfurt/M 1991

第二章　関連

Julius Bunzel, Zur Kritik der ungarischen Industriepolitik（ハンガリー産業政策批判）, Schmollers Jahrbuch Jg. 26（1902）
Guy de Maupassant, In memoriam Gustave Flaubert（ギュスタヴ・フローベールの思い出）, Leipzig 1913
Wilhelm Offergeld, Grundlagen und Ursachen der industriellen Entwicklung Ungarns（ハンガリー産業

発展の基礎と原因）（Reihe: Probleme der Weltwirtschaft. Schriften des Instituts für Seeverkehr und Weltwirtschaft an der Universität Kiel. 叢書：『世界経済の諸問題』キール大学、海上交通と世界経済研究所, Hrsg. von Prof. B. Harms, Bd. 17), Jena 1914

Magyar Zsidó Lexikon（ハンガリー系ユダヤ人事典), hrsg. von Újvári Péter, Bp., 1929

Kósa János, Pest és Buda elmagyarosodása 1848-ig（1848年にいたるまでのペシュト及びブダのハンガリー化), Bp., 1937

Desider Zentay, Ungarn im Spiegel der Statistik（統計学に照らしたハンガリー), Bp., 1940

Cs. Szabó László, Magyar versek Aranytól napjainkig（アラニから現代までのハンガリー詩), Roma 1953

Lyka Károly, Festészeti életünk a milleniumtól az elsö világháborúig（建国千年祭から第一次世界大戦にいたるわが国の絵画生活), Bp., 1953

Tamás Aczél, Tibor Méray, Die Revolte des Intellekts. Die geistigen Grundlagen der ungarischen Revolution（知識人の反乱。ハンガリー革命の精神的基礎), München o.J.

Babits-Juhász-Kosztolányi levelezése（B-J-K 往復書簡), Red. Belia György, Bp. 1959

Hatvany Lajos, Molnár Ferenc（モルナール・フェレンツ), in: Irodalmi tanulmányok（文学研究), Bp. 1960

Horváth Zoltán, Magyar századforduló. A második reform generáció története 1896-1914（ハンガリー

における世紀転換。第二次改革世代史　1896—1914），Bp., 1961（dt.: Neuwied 1966）
Szabolcs Ottó, A modern értelmiség kialakulásának történetéhez Magyarországon（ハンガリーにおける現代知識人発達史に寄せて），Századok（諸世紀），Jg. 102（1968）
A magyar irodalom története 1905-től napjainkig（1905年から現代までのハンガリー文学史），red. von Béládi Miklós, Bodnár György, Bp. 1967
Lackó Miklós, A magyar munkásosztály fejlödésének fö vonásai a tökés korszakban（資本主義期におけるハンガリー労働階級発展の主要特性），Bp. 1968
Bernat Tivadar, Viszkei Mihály（Hrsg.），Budapest társadalmának és gazdaságának száz éve 1872/73-1972（ブダペスト社会と経済の百年　1872/73—1972），Bp. 1972

第三・四章　関連　ルカーチの論著

A modern dráma fejlödésének története（近代演劇発展史），I-II, Bp. 1911（dt.: Darmstadt/Neuwied 1981）
Balázs Béla és akiknek nem kell（バラージュ・ベーラと奴は真平御免の人々），Bp. 1918
Irástudók felelössége（知識人の責任），Bp. 1945
Beitrag zur Enquête über Dezsö Szabó（デジェー・サボーについてのアンケートのために），In: Szivárvány（虹），Nr. 8/1946
Irodalom és demokrácia（文学と民主々義），Bp. 1947

Új magyar kultúráért（新たなハンガリー文化のために）, Bp. 1948
Essays über Realismus（リアリズムについての試論）, Berlin 1948
Nagy orosz realisták. Kritikai realizmus（ロシアの偉大なリアリズム作家たち。批判的リアリズム）, Bp. 1951
Thomas Mann（トーマス・マン）, Berlin 1957
Die Zerstörung der Vernunft（理性の破壊）, Neuwied/Berlin 1962
Faust und Faustus. Vom Drama der Menschengattung zur Tragödie der modernen Kunst. Ausgew. Schriften（ファウストと原ファウスト。人間種族の戯曲から近代芸術の悲劇へ。選集）, Hamburg 1967
Müvészet és társadalom（芸術と社会）, 2. erw. Aufl., Bp. 1969
Magyar irodalom, magyar kultúra（ハンガリー文学、ハンガリー文化）, Bp. 1970
Die Seele und die Formen（魂と形式）, Essays, Neuwied/Berlin 1971
Die Theorie des Romans. Ein geschichtsphilosophischer Versuch über die Formen der großen Epik, Essays（小説の理論　大叙事詩の形式についての歴史哲学的試論）, Neuwied/Berlin 1971
Geschichte und KlassenbewuBtsein. Studien über marxistische Dialektik（歴史と階級意識。マルクス主義弁証法の研究）, Neuwied 1970
Történelem és osztálytudat（歴史と階級意識）, Bp. 1971

Curriculum vitae（履歴）, in: Text + Kritik, Lukacs-Heft Nr. 39/40, Okt. 1973

Ifjúkori müvek（1902-1918）（青春期作品群 1902-1918）, Bp. 1977

Napló（日記）, Tagebuch（1910-11）. Das Gericht（審判）（1913）, Bp. 1981

Lukács György levelezése 1902-1917（ルカーチ・ジェルジ往復書簡 1902-1917）, Auswahl und Edition: Fekete Éva, Karádi Éva, Bp. 1981（dt.: Stuttgart 1982）

二次文献と他の引用著作家たち

Sören Kierkegaard, Abschließende unwissenschaftliche Nachschrift（非科学的最終メモ）, Werke, Bd. 7, Jena 1910

Ady Endre, Ismeretlen Korvin-kódex margójára（コルヴィナ未刊文書、欄外註）, in: A. E. válogatott cikkei és tanulmányai（A. E. 記事と論説選）, Bp. 1954

Theodor W. Adorno, Kulturkritik und Gesellschaft（文化批判と社会）, in: Prismen, München 1963

同, Meinung, Wahn, Gesellschaft（世論、狂気、社会）, in: Eingriffe（手術）, Frankfurt/M. 1963

Ludwig Binswanger, Drei Formen mißglückten Daseins, Verstiegenheit, Verschrobenheit, Manieriertheit（失敗におわった人生の三つの形式、すなわち自負、ひねくれ、わざとらしさ）, Tübingen 1956

Árpád Szélpál, Les 133 jours de Béla Kun（クン・ベーラの一三三日）, Paris 1959

Móricz Zsigmond, Gyötrödés（苦悶）

同, Hagyd a politikát: épitkezz!（政治なんかほっとけ、建設せよ！）
上記両者とも in: Tanulmányok, cikkek（論文、記事）, Bp. 1959
Meszáros István, A "tertium datur" filozófusa（〝第三は与えらる〟の哲学者）, in: Irodalmi Újság（文学新聞）, 15. 4. 1960
Bibó István, Harmadik út. Politikai és történeti tanulmányok（第三の道、政治および歴史叙述の研究）, red. von Szabó Zoltán, London 1960
Laszló Németh, Die Revolution der Qualität. Studien zur Literatur（質の革命。文学研究）, Stuttgart 1962
同, A kritika feladatai（批評の課題）, In: Sorskérdések（宿命問題）, Bp. 1989
Benedek Marcell, Naplómat olvasom（己が日記を読みて）, Bp. 1965
Joseph Gabel, Ideologie und Schizophrenie（イデオロギーと精神分裂症）, Frankfurt/M. 1967
同, Formen der Entfremdung（疎外の諸形式）, Frankfurt/M. 1964
Paul Honigsheim, Erinnerungen an Max Weber（マックス・ウェーバー回想）, in: Kölner Zeitschrift für Soziologie und Sozialpsychologie（ケルン社会学ならびに社会心理学雑誌）, Sonderheft（特輯号）, 7, 1963
Jürgen von Kempski, Literatur und Lukács（文学とルカーチ）, in: Brechungen（屈折）, Reinbek 1964
Gotthart Wunberg, Der frühe Hofmannsthal. Schizophrenie als dichterische Struktur（初期のホーフマ

ンスタール。詩的構造としての精神分裂症), Stuttgart 1965
Lesznai Anna, Kezdetben volt a kert（初めに庭園ありき),（Roman）I-II, Bp. 1966
Somlyó György, Bevezetés-vázlat a mai magyar költészetbe（今日のハンガリー詩へのスケッチ風入門), in: Új Irás（新著作), 8/1966
Komlós Aladár, Gyulaitól a marxista kritikáig. A magyar irodalmi kritika hét évtizede（ジュライからマルクス主義的批評へ。ハンガリー文学批評70年), Bp. 1966〔なおジュライGyulai Pái 1826—1909. は詩人、作家、文学史家、批評家。〕
Irodalmi múzeum（文学博物館), Bp. 1967
Németh László, Irodalmunk jövöje（我らが文学の将来), In: Kiadatlan tanulmányok（未刊論文), Bd. 2, 1968
Balázs Béla naplójegyzeteiböl 1911-1920（バラージュ・ベーラの日記 1911-1920から), in: Valóság（真実), Jg. 16, 2/1973
Dokumentumok Lukács György heidelbergi korszakából（ハイデルベルク時代のルカーチ・ジェルジ関係記録), hrsg. von Karádi Éva, in: Valóság（真実), Jg. 17, 11/1974
Popperné Lukács Mici, Emlékek Lukács Györgyröl（ルカーチ・ジェルジの思い出), in Nagyvilág（大世界), Jg. 20, 10/1975
Lucien Goldmann, Lukács und Heidegger. Nachgelassene Fragmente（ルカーチとハイデッガー。遺稿断

片），Texteinrichtung und Einleitung（本文のアレンジと序論），Youssef Ishaghpour, Darmstadt/Neuwied 1975
Fekete Éva, Lukács György az elsö világháború éveiben（第一次世界大戦の年月におけるルカーチ・ジェルジ），in: Valóság（真実），Jg. 20, 2/1977
Georg Lukács. Gelebtes Denken. Eine Autobiographie im Dialog（生涯の思想——対話風自叙伝），red. von István Eörsi, Frankfurt/M. 1980
Lackó Miklós, Egy szerep története（或る役割の歴史），in: Szerep és mü（役割と仕事），Bp. 1981
Lendvai F. Ferenc, A messianisztikus szektásság jegyében. Lukács György 1918/19-1930（メシア主義的異端派のしるしの下に　1918/19年—1930年のルカーチ・ジェルジ），in: A magyar filozófiai gondolkodás a két világháború között（戦間期のハンガリー哲学思想），Bp. 1983
Bárdos Judit, Németh László "harmadik" útja（ネーメト・ラスローの「第三」の道），in: A magyar filozófiai gondolkodás a két világháború között, Bp. 1983
Bori Imre, Lukács György és a magyar irodalom（ルカーチ・ジェルジとハンガリー文学），in: Bori Imre huszonöt tanulmánya（ボリ・イムレの論考25篇），Újvidék（Novi Sad）1984
Wilhelm Droste, Budapest（ブダペスト），Hamburg 1988
Ute Kruse-Fischer, Verzehrte Romantik. Georg Lukács' Kunstphilosophie der essayistischen Periode（1908-1911）（食いつくされた浪曼主義——エッセイスト時代のゲオルク・ルカーチの芸術哲学），

Stuttgart 1991

Eörsi István, Üzenet mélyvörös levélpapíron（深紅の便箋にしたためられたメッセージ）, Bp. 1993

本文にあげられた（ルカーチの）ハンガリー語作品の原書名

Lukács, Esztétikai kultúra（審美的文化）

A lélek és a formák（魂と形式）

A lelki szegénységröl（精神の貧困について）

Midás király legendája（ミダース王の伝説）

その他の著作家たちのそれ

Ady Endre, Új versek（新詩）

Arany László, Délibábok höse（幻想の英雄）

Babits Mihály, Jonas könyve（ヨナの書）

Déry Tibor, A befejezetlen mondat（未完のことば）

Fejes Endre, Rozsdatemetö（屑鉄墓場）

Gárdonyi Géza, Göre Gábor bíró úr könyvei（村長ゲレ・ガーボルの帳簿）

Herczeg Ferenc, A Gyurkovics-fiúk（ジュルコヴィッチ家の息子たち）

Kárman József, A nemzet csinosodása（国民の美化）

Illyés Gyula, Hunok Párizsban（パリのフン族）

同, Magyarok（ハンガリー人たち）

Madách Imre, Az ember tragediája（人間の悲劇）

Szabó Dezsö, Az elsodort falu（行方不明の村）

Szekfü Gyula, Három nemzedek（三世代）

著者：ジュラ・ヘレンバルト（Hellenbart Gyula）

1930年　ハンガリー生まれ。

1956年　（ハンガリー動乱の年）以来在独

1966年　ハンブルクよりブダペストのルカーチを私宅に訪問

1979年　カトリック学術文庫社（Kathol. Akad, Hbg.）刊のG. Gorschenek & B. Towes 共編 «Dokumentation zu dem Film» (Cineforum 1) に執筆協力

1995年　本書（Passagen Verlag, Wien）

訳者：西澤龍生（にしざわ　りゅうせい）

1928年東京生まれ。京都大学文学部卒業。筑波大学名誉教授。専攻：西洋史学。

主要著書：『史の辺境にむけて――逆光のヨーロッパ――』（未来社　1986）、『スペイン――原型と喪失』（彩流社　1991）、『ミダース王』（清水書院　2010）。

主要訳書：オルテガ・イ・ガセー『傍観者』（筑摩書房　1973）、オルテガ・イ・ガセー『沈黙と隠喩』（河出書房新社　1975）、カルロス・フエンテス『メヒコの時間――革命と新大陸――』（新泉社　1975）、フランシス・イエイツ『星の処女神エリザベス女王』（正木晃と共訳。東海大学出版会　1982）、フランク・T『ある亡命者の変身――ゼルフィG・G伝――』（彩流社　1994）、ライムンドゥス・ルルス『愛する者と愛された者についての書』（野村鋭一と共訳。上智大学中世思想研究所『中世思想原典集成』18　所収、1998）、オルテガ・イ・ガセー『狩猟の哲学』（吉夏社　2001）他。

ブダペストのミダース王
——若きルカーチとハンガリー文壇

2010年10月15日　初版第1刷印刷
2010年10月20日　初版第1刷発行

著　者　ジュラ・ヘレンバルト
著　者　西澤龍生

発行者　森下紀夫
発行所　論 創 社
東京都千代田区神田神保町2-23　北井ビル
tel. 03 (3264) 5254　fax. 03 (3264) 5232　web. http://www.ronso.co.jp/
振替口座　00160-1-155266

装幀／佐藤俊男
印刷・製本／中央精版印刷

ISBN978-4-8460-0837-6　